W0195401

GOLDMANN
Lesen erleben

Buch

Es gibt kaum etwas Traumatischeres im Leben als die Erkenntnis, dass der Partner eine Affäre hat. Man muss nicht nur Schmerz und Wut bewältigen, sondern auch mit dem Gefühl zurechtkommen, dass der Partner zu einem Fremden wurde. Wie kann jemand, den man liebt, den man zu kennen glaubt, einen so behandeln? Wie kann man jemals wieder Vertrauen finden? Der bekannte Paartherapeut Andrew G. Marshall zeigt, warum manche Menschen für Liebschaften besonders anfällig sind, definiert die verschiedenen Spielarten von Affären und erklärt die sieben Phasen, die Paare von der Aufdeckung der Affäre bis zum Neuanfang durchlaufen. Dafür stellt er einige helfende Verhaltensregeln zur Verfügung, denn wenn ein Paar den Neuanfang nach einem Seitensprung wagt, kann es aus diesem Heilungsprozess gestärkt hervorgehen. Andrew G. Marshall dazu: »Auch wenn es seltsam klingen mag, aber Sie können diese Krise vom Schlimmsten, was Ihnen beiden je passiert ist, zum Besten verwandeln.«

Autor

Andrew G. Marshall verfügt über 30 Jahre Berufserfahrung als Paartherapeut. Er arbeitete für RELATE, eine der führenden Paarberatungen in Großbritannien, und ist nun in privater Praxis in London und Sussex tätig. Seine Bücher wurden in über 20 Sprachen übersetzt. Zum Thema Beziehungen schreibt er Beiträge für *Daily Mail, Mail on Sunday* und zahlreiche Frauenzeitschriften. Mehr Informationen zum Autor unter www.andrewgmarshall.com

Andrew G. Marshall

Kann ich dir jemals wieder vertrauen?

So bewältigen Sie den
Seitensprung Ihres Partners

Aus dem Englischen von Tatjana Kruse

GOLDMANN

Alle Ratschläge in diesem Buch wurden vom Autor und vom Verlag sorgfältig erwogen und geprüft. Eine Garantie kann dennoch nicht übernommen werden. Eine Haftung des Autors beziehungsweise des Verlags und seiner Beauftragten für Personen-, Sach- und Vermögensschäden ist daher ausgeschlossen.

Sollte diese Publikation Links auf Webseiten Dritter enthalten, so übernehmen wir für deren Inhalte keine Haftung, da wir uns diese nicht zu eigen machen, sondern lediglich auf deren Stand zum Zeitpunkt der Erstveröffentlichung verweisen.

Verlagsgruppe Random House FSC® N001967

Dieses Buch ist auch als E-Book erhältlich

10. Auflage
Deutsche Erstausgabe Juni 2011
Wilhelm Goldmann Verlag, München,
in der Verlagsgruppe Random House GmbH
Copyright © 2011 der deutschsprachigen Ausgabe Wilhelm Goldmann Verlag,
München, in der Verlagsgruppe Random House GmbH,
Neumarkter Str. 28, 81673 München
Copyright © 2010 Andrew G. Marshall
Originaltitel: How Can I Ever Trust You Again?
Infidelity: From Discovery to Recovery in Seven Steps
Originalverlag: Bloomsbury Publishing, London 2010
Umschlaggestaltung: Uno Werbeagentur, München
Umschlagillustration: FinePic®
Redaktion: Dunja Reulein
Satz: Buch-Werkstatt GmbH, Bad Aibling
Druck und Bindung: GGP Media GmbH, Pößneck
CB · Herstellung: IH
Printed in Germany
ISBN 978-3-442-17228-3
www.goldmann-verlag.de

Besuchen Sie den Goldmann Verlag im Netz

Für meine Agentin Rachel Calder.
Danke für Deinen Rat, Deine Unterstützung
und Dein Verständnis.

Inhalt

- Die Auslöser, die zu Seitensprüngen führen.
- Häufige Fehler in den ersten Wochen nach der Aufdeckung und wie man sie vermeidet.
- Wir lernen: Verständnis aufbringen.

- Sollten Sie gehen oder bleiben? Sollten Sie Ihren Partner bitten zu gehen oder zu bleiben?
- Die acht Formen der Untreue: Zufall, Schrei nach Hilfe, Selbsttherapie, Don Juan beziehungsweise Doña Juana, Dreiecksbeziehung, Rache, Neugier, Flucht.
- Wie Sie die Zukunft erahnen können, wenn Sie die Spielart der Affäre verstehen.
- Wir lernen: Zuversichtliche und produktive Entscheidungen fällen.

- Die kürzeste und gleichzeitig die gefährlichste Phase von allen, doch sowohl der Überführende als auch der Überführte fangen an zu glauben, dass die Beziehung gerettet werden kann.
- Wie wichtig es ist, diesen fragilen Augenblick zu feiern.
- Das Fundament für die Heilung legen: Sicherheitsmaßnahmen und das Rekonstruieren der Liaison.
- Der Unterschied zwischen der Liebe in der Ehe und in einer Affäre.
- Wir lernen: Das Positive im Negativen finden.

5. Phase: Versuch der Normalität

- Die anfängliche Krise ist vorüber, aber die Nachwehen können gleichermaßen gefährlich sein.
- Zwei völlig unterschiedliche Ansätze in Bezug auf Untreue (»Wie sollen wir das je hinter uns bringen, wenn du ständig auf der Vergangenheit herumreitest?« und »Wie kann ich weitermachen, wenn ich es nicht verstehe?«) und wie Paare dadurch auseinanderdividiert werden.
- Was bei Paaren Hinterhältigkeit auslöst und wie schon kleine Dinge zu großen Streitigkeiten führen können.
- Die drei Bewältigungsstrategien, die eine Heilung verhindern können: Unterdrückung, zwanghaftes Besessensein und allzu misstrauische Wachsamkeit.
- Wir lernen: Hinter die Kulissen schauen.

6. Phase: Verzweiflung – Die Leichen im Keller kommen hoch

- Wie sich der Scheinwerfer auf tiefere, zuvor verborgene Probleme richtet.
- Das Entdecken neuer Informationen und die Angst, dass noch mehr davon kommen könnte.
- Häufige Probleme, die in dieser Phase auftreten, und wie man sie gemeinsam lösen kann.
- Wir lernen: Akzeptieren.

7. Phase: Intensives Lernen

- Die Kommunikation verbessern und die vier Grundlagen einer guten Beziehung.

- Die goldenen Regeln, um Ihre Beziehung in Zukunft »affärensicher« zu machen.
- Wie man Wiedergutmachung leistet.
- Der Unterschied zwischen Vergeben und Vergessen.
- Wie man lernt, seinem Partner wieder zu vertrauen.
- Wir lernen: Ständige Weiterentwicklung.

- Was, wenn sich das goldene Zeitfenster geschlossen hat?
- Was soll man seinen Kindern von der Affäre erzählen?
- Schwule Beziehungen und Untreue.
- Was, wenn Ihr Partner alles will (Haus, Kinder und Ersparnisse), nur Sie nicht?
- Vom Umgang mit einem Jo-Jo-Partner (der zwischen Ihnen und einer anderen Person hin- und herpendelt).
- Was, wenn Ihr Partner ausgezogen ist? Müssen Sie alle Hoffnung fahren lassen?
- Wie man auf sich allein gestellt Heilung findet.
- Wir lernen: Den Unterschied zwischen Abschluss und Bewältigung verstehen.

Einführung

Eins von fünf Paaren, die meine Beratungspraxis aufsuchen, hat mit den negativen Folgen einer Affäre zu kämpfen. Es ist der vierthäufigste Grund, warum Paare meine Hilfe in Anspruch nehmen. Laut dem *British Sexual Fantasy Research Project* waren 55 Prozent aller Briten irgendwann im Leben untreu. Die bahnbrechenden Studien von Kinsey aus den 1940er- und 1950er-Jahren in Amerika ergaben, dass 26 Prozent aller verheirateten Frauen und 50 Prozent aller verheirateten Männer ihre Partner betrogen hatten. Nachfolgende Studien zeigten ähnliche Resultate. Wenn man alle Paare zusammenfasst, auch die unverheirateten, ist die Zahl sogar noch höher. Manchmal habe ich das Gefühl, dass eine wahre Flutwelle an Elend, Betrug und Verletzungen in mein Büro schwappt.

Das ist jedoch nicht nur eine schlechte Neuigkeit. Untreue mag eine furchtbare Krise heraufbeschwören, aber das chinesische Schriftzeichen für Krise besteht aus zwei Teilen: Gefahr und Chance. Wenn Sie dieses Buch gekauft haben, weil Sie feststellen mussten, dass Ihr Partner eine Liebschaft hat, oder weil Ihre eigene Affäre entdeckt wurde und Ihre Beziehung nun auf der Kippe steht, dann sind Sie sich der Gefahr nur allzu deutlich bewusst. Mein Ziel besteht darin, Ihren Blick auch für die Chance zu öffnen. Untreue stellt das ganze Leben auf den Kopf und bringt Sie dazu, alles zu hinterfragen. Die Angst, dass es wieder geschehen könnte, wirft ein grelles Licht auf alle dunklen Ecken Ihrer Beziehung und bietet im besten Fall den Anstoß für Veränderung. Manchmal klagen meine Klienten: »Ich will einfach nur mein altes Leben zurück.« Das ist unmöglich, aber wenn man sich auf den Aspekt der Chance konzentriert, die eine Krise bietet, findet man womöglich zu einer tieferen, dauerhafteren und letzten Endes besseren Beziehung.

Ich habe versucht, in diesem Buch einen verständnisvollen Ton anzuschlagen. (Es gibt natürlich Ausnahmen, aber nur sehr wenige Menschen nehmen sich vor, untreu zu werden.) Mein Buch zielt vor allem auf die Personen ab, die einen Ehebruch entdecken mussten – denn sie trifft es im Allgemeinen härter, und sie suchen dringend nach Antworten. Aber in jedem Kapitel gibt es auch einen Abschnitt, der speziell den Personen gilt, die beim Ehebruch entdeckt wurden. Ich hoffe, dass Paare dieses Buch gemeinsam lesen und durch meine Übungen zu einem besseren gegenseitigen Verständnis finden. Wenn Sie die dritte Person in einem Ehebruch sind, werden Sie keinen so großen Nutzen aus diesem Buch ziehen können, aber ich hoffe dennoch, dass dieses Buch Ihnen Einblicke in die Dynamik eines Ehebruchs verschafft und Ihnen, falls die Affäre endete, in Ihrem Heilungsprozess weiterhilft.

Bei meiner Arbeit an *Kann ich dir jemals wieder vertrauen?* konnte ich mich auf Erfahrungen mit Klienten aus über 25 Jahren Paarberatung beziehen, darüber hinaus auf Interviews mit Menschen, die keine Beratung in Anspruch nahmen, und auf Fragebogen, die Besucher meiner Website ausgefüllt haben. (Die Ergebnisse der Fragebogenaktion wurden in mehreren Artikeln über Untreue in führenden britischen Zeitungen und in der Internetzeitschrift *The Huffington Post* veröffentlicht. Insgesamt gingen 1500 ausgefüllte Fragebogen aus aller Welt ein. 68 Prozent davon wurden von Menschen ausgefüllt, die der Untreue ihres Partners auf die Spur gekommen war, 32 Prozent von Menschen, die untreu gewesen waren – und von Letzteren beichteten nur 32 Prozent ihrem Partner die Affäre.) Zum Schutz der Privatsphäre habe ich bisweilen zwei oder drei Fälle zu einem zusammengefügt. Wie immer danke ich allen, die mir ihre Erlebnisse mitgeteilt haben. Ich hoffe, ich konnte im Gegenzug zu ihrem Verständnis der Situation beitragen und die Bausteine für eine bessere Zukunft bereitstellen.

Wie man dieses Buch lesen sollte:

Alle Kapitel wurden in erster Linie für die Menschen geschrieben, die von der Untreue ihres Partners erfahren haben.

Am Ende jedes Kapitels gibt es jedoch einen Abschnitt für die Personen, die selbst untreu gewesen sind. Dem folgt ein Abschnitt über die Lektion, die man in der jeweiligen Phase lernen kann, sowie eine Zusammenfassung des Kapitels.

Im Idealfall sollten sowohl Sie als auch Ihr Partner das ganze Buch lesen. Ich habe jedoch die Übungsprogramme so gestaltet, dass es auch funktioniert, wenn Ihr Partner nur die Abschnitte liest, die auf ihn (oder sie) zutreffen.

Keine Sorge, wenn Ihr Partner Selbsthilfebüchern misstraut oder sich bezüglich der Zukunft noch unsicher ist. Dieses Buch will Ihnen helfen, mit der Situation besser zurechtzukommen, nachzudenken, bevor Sie handeln, und wieder zu einem Gleichgewicht zu finden. Das wiederum wird sich positiv auf das Verhalten Ihres Partners auswirken, und Sie beide werden in Zukunft besser kooperieren.

Lesen Sie das ganze Buch, damit Sie ein Gespür für den anstehenden Weg bekommen, und konzentrieren Sie sich anschließend jeweils auf die Phase, in der Sie sich gerade befinden.

Wenn Sie in eine Krise geraten, deprimiert oder gestresst sind, dann kehren Sie zum vorigen Kapitel zurück. Es könnte sein, dass Sie einen wichtigen Bestandteil der Heilung übersehen haben und die vorige Phase noch einmal durchlaufen müssen, um den nächsten Schritt tun zu können.

Holen Sie tief Luft. Bleiben Sie ruhig. Die Dinge werden sich bessern!

1. Phase: Schock und Unglauben

Eine gute Beziehung gründet auf drei Bausteinen: Vertrauen, Ehrlichkeit und Mitgefühl. Wir brauchen keine minutengenaue Auflistung, wo unser Partner war oder was er getan hat, denn wir *vertrauen* ihm. Wenn es ein Problem gibt, gehen wir davon aus, dass unser Partner *ehrlich* ist und es eingesteht. Wir hoffen, dass der Mensch, den wir lieben, nur unser Bestes will, und dass er sich, wenn wir ins Stolpern geraten, als *mitfühlend* erweisen wird. Und das Wunderbare an der Liebe ist, dass wir bereit sind, es im Gegenzug ebenso zu halten. Unter dem Schutz einer guten Beziehung – mit Vertrauen, Ehrlichkeit und Mitgefühl – kann ein Paar nicht nur wachsen und gedeihen, es fühlt sich auch in der Lage, es mit der ganzen Welt aufzunehmen. Aber weil diese Bausteine so grundlegend sind, halten wir sie leider oft für selbstverständlich. Nur selten sprechen wir im Alltag über Vertrauen, Ehrlichkeit und Mitgefühl. Sie sind einfach da, wie Essen, Wasser und ein Dach über dem Kopf. Erst wenn unser Partner untreu war, wenn er unsere emotionale Intimität verletzt und unser Gefühl der Sicherheit zerstört hat, wird uns klar, wie kostbar Vertrauen, Ehrlichkeit und Mitgefühl sein können.

Wenn Ihr Partner Ihnen untreu war oder Sie das vermuten – oder falls Sie selbst vom Weg abgekommen sind –, dann ist Ihnen zweifelsohne überdeutlich bewusst, wie schwer es ist, eine angeknackste Beziehung neu aufzubauen. Vermutlich fürchten Sie sogar, dass der Schaden irreparabel ist. Womöglich hegen Sie auch gar nicht den Wunsch, die Beziehung wieder aufzubauen. Das Vertrauen ist auf einem absoluten Tiefpunkt angekommen, und wahrscheinlich gibt es sehr viel mehr Wut als Mitgefühl. Schlimmer noch, Sie zweifeln daran, ob Sie Ihrem Partner jemals wieder vertrauen können (beziehungsweise ob er Ihnen je wieder vertrauen kann). Doch meine Botschaft an Sie lautet, dass es nicht nur möglich ist, eine Beziehung trotz Untreue zu retten, sondern dass sie danach sogar noch stärker sein kann. Wahrscheinlich sind Sie skeptisch, aber Sie müssen mir diesbezüglich einfach vertrauen. Da ist es wieder, dieses Wort.

Dieses Buch ähnelt einer Reise – von dem Augenblick, in dem die Untreue nur eine vage Vermutung ist, das Gefühl, dass etwas nicht stimmt, über den Moment, in dem man Gewissheit erlangt, und weiter zu dem Punkt, an dem man Mitgefühl mit dem Partner entwickelt (oder, wenn Sie untreu waren, auch mit sich selbst), bis hin zur gegenseitigen Ehrlichkeit (egal, ob Sie Ihren Partner der Untreue überführten oder umgekehrt) und am Schluss zu dem letzten und wichtigsten Baustein: der Erneuerung des Vertrauens. Unterwegs werden Ihnen sicher Zweifel kommen, Sie werden quälende Verzweiflung durchleben, aber auch Momente der Hoffnung. Sie werden mehr über Ihren Partner und über sich selbst herausfinden, als Sie je für möglich hielten. Was immer auch geschieht, am Ende der Reise werden Sie tapferer, weiser und stärker sein.

Dem Namenlosen einen Namen geben

Bevor man den Partner der Untreue überführt, gibt es immer Verdachtsmomente: eine Ahnung, dass etwas nicht stimmt, ein wachsendes Unbehagen. Ihr Partner kommt wiederholt spät von der Arbeit, ist geistesabwesend, reizbar oder euphorisch – alles scheinbar grundlos. Er scheint über Gebühr an seinem Aussehen interessiert oder spricht besonders oft über eine bestimmte Person aus dem Kollegenkreis. Es kann eine Million Gründe für dieses Verhalten geben, viele davon absolut harmlos. Die Vorstellung, dass Ihr Partner untreu sein könnte, ist anfangs völlig unvorstellbar, so unglaublich, dass Sie diesen Gedanken energisch beiseiteschieben. Sie finden Entschuldigungen. Sie geben der Arbeit die Schuld, finanziellen Problemen oder dem Stress durch die Kinder – seien diese nun klein, Teenager oder kurz davor, das Haus zu verlassen. Sie sagen sich, dass es in jeder Beziehung auch einmal schlechte Zeiten gibt oder dass es schon besser wird, sobald erst der Druck an der Arbeitsstelle nachlässt. Sie stecken den Kopf in den Sand und machen einfach weiter wie bisher. Leider können Beziehungen auf diese Weise ganz allmählich auf den Hund kommen, und man übersieht leicht, wie schlimm es in Wirklichkeit schon ist. Aus diesem Grund wird einem meist auch erst in der Rückschau klar, welche Hinweise es gab.

»Mein Mann ging immer mit dem Handy ins Bad«, erzählte Melanie (42). »Ich hielt das für merkwürdig – und selbst die Kinder zogen ihn damit auf. Erst später, als ich seine Affäre entdeckte, wurde mir klar, dass er im Bad in aller Ruhe simsen konnte. Wie konnte ich dem gegenüber nur so blind sein?« Als Gregory (35) herausfand, dass seine Frau das gemeinsame Kind zum falschen Eingang in der Schule brachte, fand er das seltsam. »Ich hatte einen Bericht zu Hause vergessen und musste zurückfahren, um ihn zu holen. Da sah ich, wie sie das Schulgelände auf der Rückseite verließ – das sind von unserem Haus zehn Extraminuten Weg. Sie jammerte immer, wie viel sie zu tun hat, warum sollte sie also den längeren Weg wählen?« Als er seine Frau darauf ansprach, ging sie in die Defensive und warf ihm vor, er würde sie bespitzeln. Er ließ die Sache auf sich beruhen, aber später wurde ihm klar, dass er den Beginn einer Affäre mitbekommen hatte. »Sie hatte den hinteren Ausgang benützt, weil sie hoffte, dem anderen zu begegnen.«

Manchmal muss uns eine dritte Person die Augen für das Offensichtliche öffnen. Obwohl Karens Ehemann schon einmal untreu gewesen war und ihr die Anzeichen hätten bekannt sein sollen – »er verhielt sich kühl, war abends unnatürlich müde, ruhelos und redete im Schlaf« –, war ihr doch nicht gleich klar, dass er ihr gegenüber etwas verbarg. »Es fing damit an, dass er mindestens zwei Tage die Woche außer Haus verbrachte, manchmal auch das Wochenende. Er erzählte mir, er habe einen großen Computerauftrag im Ministerium bekommen und dass er der Einfachheit halber in einer Wohnung in Whitehall übernachtete. Sein Handy habe dort keinen Empfang und ich solle einfach eine Nachricht hinterlassen, dann würde er mich am nächsten Morgen anrufen. Mein jüngster Bruder musste mir erst klarmachen, wie leichtgläubig ich war.« In der Rückschau scheint offensichtlich, dass ihre Sorgen »nicht nur eingebildet« waren.

Aber es gibt tatsächlich Menschen, die Computer in Whitehall betreuen, und manche von ihnen müssen auch am Wochenende arbeiten. Menschen entscheiden sich manchmal urplötzlich, einen anderen Weg zur Schule zu nehmen oder veraltete Adressen in ihrem Handy zu löschen, während sie in der Wanne liegen. Um es in der Sprache eines Krimis auszudrücken: Es handelt sich womöglich nur um falsche Fährten und nicht um rauchende Colts. Woran können Sie also den Unterschied zwischen berechtigter Sorge und paranoider Angst erkennen?

1. Messen Sie die Temperatur Ihrer Beziehung.
Wie gut kommen Sie im Alltag miteinander aus? Wie schwer ist es, Ihre Sorgen zur Sprache zu bringen? Stehen Sie oft so sehr unter Druck, dass Ihnen keine Zeit bleibt, Ihrem Partner zuzuhören? Wenn Sie die Atmosphäre im Haus mit der von vor zwölf Monaten vergleichen, gibt es dann einen signifikanten Unterschied? Auch wenn Ihnen die Antworten auf diese Fragen Sorgen bereiten, sollten Sie dennoch keine voreiligen Schlüsse ziehen und Ihren Partner nicht übereilt der Untreue bezichtigen. Vielleicht hat Ihr Frühwarnsystem einfach nur ein Problem am Horizont ausgemacht. Eventuell entwickelt Ihr Partner nur gerade eine »besondere Freundschaft«, die sich in einer »harmlosen« Phase befindet, und es ist noch Zeit, die Weichen richtig zu stellen. Wenn Sie jetzt aus allen Kanonen feuern, könnten Sie eine Barriere zwischen Ihnen beiden errichten, wo Sie doch vielmehr einen Weg finden müssen, effektiver zu kommunizieren.

Tipp: Nehmen Sie sich mehr Zeit füreinander, damit sich auf ganz natürliche Weise die Gelegenheit ergibt, über Ihre Beziehung zu sprechen oder Ihren Partner zu fragen, ob er glücklich ist. Das ist besser, als »Wir müssen reden« zu sagen, was manche Leute sofort in Panik versetzt beziehungsweise ihre Abwehrmechanismen auslöst. Fragen Sie Ihren Partner, ob er Stress hat, und wenn ja, wie er damit umgeht und wie Sie ihn am besten unterstützen können. Wenn Sie wirklich zuhören – ohne sich ständig zu verteidigen oder Ihrem Partner Vorwürfe zu machen –, dann wird er sich nicht nur öffnen, sondern im Gegenzug auch Ihren Sorgen Gehör schenken.

2. Werfen Sie einen prüfenden Blick auf Ihre Vergangenheit.
Gibt es Gründe, warum Ihnen Vertrauen schwerer fällt als dem Durchschnittsmenschen? Sind Sie ganz allgemein immer auf der Hut? Ließen sich Ihre Eltern scheiden, nachdem einer von beiden Ehebruch begangen hatte? Hat Sie ein ehemaliger Partner schwer enttäuscht? Manche Menschen übersehen selbst das verdächtigste Verhalten, andere dagegen halten schon ein absolut harmloses Gespräch mit einem Fremden für Hochverrat. Sie müssen wissen, wo Sie sich auf dieser Skala einzuordnen haben. Fragen Sie sich also: Blähe ich meine Sorgen eher auf oder neige ich dazu, sie zu ignorieren? Wenn Sie kein von Natur aus misstrauischer Mensch sind, Ihre innere Alarmglocke aber dennoch läutet, dann würde ich dem Beachtung schenken. Wenn Sie jedoch ein Wachhund sind, der schon anschlägt, wenn der Postbote drei Häuser weiter ein Paket zustellt, dann gehen

Sie noch einmal in sich. (Am Ende des Kapitels finden Sie einige Übungen, wie Sie übertriebenes Misstrauen umprogrammieren können.)

Tipp: Häufig haben die Betroffenen allen Grund, sich Sorgen zu machen. Etwas stimmt nicht. Doch es muss sich keineswegs immer um Ehebruch handeln. Möglicherweise sind Sie beide ausgelaugt und fühlen sich vernachlässigt. Vielleicht haben Sie in letzter Zeit nicht viel Zeit zusammen verbracht. Bitten Sie direkt um das, was Sie brauchen – beispielsweise »Kriege ich eine Umarmung?« –, anstatt in den Angriffsmodus überzugehen und zu hoffen, dass Sie dadurch einen Moment der Zärtlichkeit oder des Trostes von Ihrem Partner erzwingen können.

3. *Unterziehen Sie Ihre Gedankengänge einer Überprüfung.*
Neigen Sie zu Mutmaßungen und übermäßigem Analysieren? Spielen Sie stundenlang die Geschehnisse gedanklich durch und versuchen Sie, zwischen den Zeilen zu lesen? Fällt es Ihnen schwer, Entscheidungen zu treffen, weil Sie sämtliche Optionen so oft durchgehen, bis Sie völlig gelähmt sind? Wenn Sie diese Fragen jetzt mit Ja beantworten, früher jedoch nicht alles zu Tode analysiert haben, dann stimmt vermutlich etwas nicht. Wenn jemand lügt, ist das äußerst destabilisierend. Fehlt eine entscheidende Information, sind Sie nicht in der Lage, das vollständige Bild zu sehen, und Ihr Kopf scheint förmlich explodieren zu wollen. Wenn Sie jedoch häufig zu viel grübeln und zufällige und eigentlich nicht zusammengehörende Fakten in einen Topf werfen, um

Ihren Fall zu untermauern, dann ist das letzte Urteil noch lange nicht gefällt.

Tipp: Anstatt unablässig über mögliche Anschuldigungen zu grübeln – was Sie zunehmend ängstlich, aber auch zunehmend wütend macht –, versuchen Sie einfach, alles aufzuschreiben. Listen Sie auf einem Notizblock alle »Beweise« auf. Egal wie klein, schreiben Sie sie auf. Gehen Sie als Nächstes die Liste durch und überlegen Sie, ob einer der Punkte bei nochmaligem Durchlesen unwichtig oder übertrieben wirkt. Nehmen Sie sich daraufhin die verbliebenen Punkte vor und spielen Sie den Anwalt der Gegenseite: Gibt es aus diesem Blickwinkel noch mehr Punkte, die sich von der Liste streichen lassen? Wenn ich diese Übung mit Klienten durchführe, bleiben in der Regel nur ein oder zwei kleine, durchaus lösbare Problem übrig, die sie anschließend mit ihrem Partner durchsprechen. (In Phase fünf, Versuch der Normalität, geht es ausführlicher um das Grübeln.)

4. *Versuchen Sie, mit Ihrem Partner über Ihre Sorgen bezüglich Ihrer Beziehung zu sprechen.*
Wie reagiert Ihr Partner, wenn Sie über konkrete Befürchtungen sprechen? Räumt er bereitwillig ein, dass Ihre Sorgen berechtigt sind? Ist er wirklich daran interessiert, an der Beziehung zu arbeiten? Ich habe einmal ein Paar beraten, bei dem der Ehemann des Ehebruchs überführt worden war. Nach sechs Monaten zunehmender Frustration und sogar Verzweiflung musste die Frau feststellen, dass er seine Affäre heimlich fortgesetzt hatte. Sobald der Staub sich gelegt

und er die Liaison tatsächlich beendet hatte, fingen wir von vorn an. Die Atmosphäre in meinem Beratungszimmer hatte sich daraufhin in zweierlei Hinsicht verändert: Zuvor war die Stimmung verächtlich und aggressiv gewesen, jetzt war der Mann bereit, zuzuhören und sich zu ändern. Wenn Ihr Partner allzu herablassend oder untypisch aggressiv reagiert, würde ich mir sehr große Sorgen machen. Wenn Ihr Partner sich einfach nur verteidigt, kann es aber auch daran liegen, dass er sich angegriffen fühlt.

Tipp: Nehmen Sie sich Ihre Kommunikation vor und achten Sie darauf, dass Sie die ohnehin bedenkliche Situation nicht noch verschlimmern. Es gibt Wörter, die unweigerlich hitzige Reaktionen hervorrufen, beispielsweise absolute Begriffe wie »immer« und »nie«. (Wenn Sie etwa sagen: »Du räumst nie auf!«, wird Ihr Partner sofort die wenigen Male aufführen, in denen er mit dem Staubsauger zugange war.) Meiden Sie auch andere kontroverse Formulierungen wie »du musst« oder »ich bestehe darauf«. Verwenden Sie stattdessen sanftere Ausdrücke wie »häufig«, »manchmal« oder »ich wünsche mir«, »es wäre mir lieber«. Auf diese Weise regen Sie eine Diskussion an und brechen keinen Streit vom Zaun. (Im Abschnitt mit den Übungen finden Sie weitere Vorschläge zur Verbesserung Ihrer Kommunikation.)

5. *Halten Sie die Augen offen.*
Wenn Ihnen keine dieser Strategien Seelenfrieden bringt oder wenn Sie unwiderlegbare Beweise finden, dann achten Sie besonders auf das Verhalten Ihres Partners. Im nächsten

Abschnitt wird erklärt, warum er möglicherweise unbewusst Hinweise liefert.

Tipp: Halten Sie Ausschau nach Verhaltensweisen, die untypisch für Ihren Partner sind und die für Sie die Frage aufwerfen, ob Sie diesen Menschen wirklich kennen. Interessiert er sich plötzlich für etwas Ungewöhnliches? Schaut er sich beispielsweise zum ersten Mal einen Grand-Prix-Wettbewerb im Fernsehen an? Äußert er Ansichten, die Sie noch nie zuvor von ihm gehört haben? Könnten das die Ansichten einer anderen Person sein?

Wenn alles darauf hindeutet, dass Ihr Partner Sie betrügt ...

Die meisten Affären sind von unglaublich kurzer Dauer. In meiner Umfrage zum Thema »Ehebruch in Großbritannien« dauerten zehn Prozent aller Seitensprünge nur wenige Wochen und ungefähr 40 Prozent weniger als sechs Monate. In den meisten Fällen lag es an der Sorglosigkeit des untreuen Partners, dass die Affäre so rasch aufgedeckt wurde. »Ich habe dumme Sachen gemacht, ließ Restaurantquittungen in meinen Hosentaschen stecken und eine Geburtstagskarte im Handschuhfach des Wagens liegen«, erzählte Julian (43). »Es war nur eine Frage der Zeit, bis ich überführt wurde. Rückblickend ist mir klar, dass ich meine Affäre sabotiert habe.«

Immer wieder stelle ich fest, dass der untreue Partner zwar Angst vor der Entdeckung hat, aber dennoch alles in seiner Macht Stehende tut, um sie unvermeidlich zu machen. Jennifer (39) war sieben Jahre verheiratet, als sie von der Bettgeschichte ihres Mannes erfuhr: »Eines Nachts während eines Familienurlaubs, als sich mein Mann wahrscheinlich besonders einsam fühlte, erzählte er meiner Schwester von seiner Affäre. Sie wusste nicht, was sie tun sollte, und erzählte es meiner Mutter, die mich – so subtil es ihr möglich war – ermutigte, ihn zur Rede zu stellen. Schließlich tat ich das. Er leugnete es kategorisch, und ich glaubte ihm, doch er nahm mich unter Beschuss, machte unsere Beziehung schlecht, sowohl was die Gegenwart als auch die Vergangenheit betraf. Er sagte, dass er mich und die Kinder nicht mehr liebte. Mein Mann und ich hatten ursprünglich geplant, einen Tag zusammen wegzufahren, ohne die Kinder, um uns richtig auszusprechen, aber meine Mutter hatte das Gefühl, dass ich vorher die ganze Geschichte kennen sollte.« Es scheint kaum glaubhaft, dass ihr Ehemann wirklich dachte, seine Schwägerin würde Stillschweigen wahren. In Wahrheit erwartete er das wohl auch nicht. Unterbewusst wollte er, dass seine Frau es erfuhr – auch wenn sein bewusster Verstand alles tat, damit sie es nicht herausfand.

Wenn Sie also vermuten, dass Ihr Partner untreu ist, dann ist er es vermutlich auch, weil er – auf gewisse Weise – überführt werden will. Ich rate jedoch nicht, das Haus auf den Kopf zu stellen und nach »Beweisen« zu suchen. Sprechen Sie lieber mit Ihrem Partner über Ihre Ängste. Dieser direkte Ansatz legt den Grundstein für eine ehrliche und offene Kommunikation – und die ist entscheidend, wenn sich Ihre Beziehung wieder erholen soll. Außerdem erhält Ihr Partner dadurch die Gelegenheit, sich ehrenhaft zu verhalten und eine umfassende Beichte abzulegen. Das wiederum erhöht nicht nur die Chance, dass Ihre Beziehung überlebt, sondern dass sie auch gestärkt aus der

Krise hervorgeht. Das Travis Research Institut in Pasadena begleitete 139 Paare mit einer Vielzahl von Problemen durch die Paarberatung. Anfangs klagten die Paare, bei denen es um Untreue ging, am stärksten über tiefe Verzweiflung. Doch während der Therapie machten die Paare, bei denen der untreue Partner von sich aus gebeichtet hatte und nicht überführt worden war, die größten Fortschritte. Außerdem berichteten sie am Ende der Therapie, wie zufrieden sie jetzt mit ihrer Beziehung waren – sogar noch zufriedener als die Paare, bei denen es nicht um Untreue ging.

Wie Sie Ihren Partner konfrontieren können

Ihr Ziel muss darin bestehen, all die derzeit unaussprechlichen Dinge ans Licht zu bringen und sich ihnen zu stellen.

1. Planen Sie voraus

- Sorgen Sie für ein Zeitfenster, in dem Sie sich ungestört unterhalten können.
- Wenn Sie nicht zu Hause reden wollen, dann wählen Sie einen neutralen Ort, an den Sie höchstwahrscheinlich nicht wieder zurückkehren werden.
- Wenn Sie dazu neigen, Dinge aufzuschieben, dann setzen Sie sich einen Termin, bis zu dem Sie mit Ihrem Partner gesprochen haben wollen.
- Platzen Sie mit Ihren Verdächtigungen nicht mitten in einem Streit heraus und auch nicht im selben Moment, in dem Sie belastendes Material gefunden haben.

2. Überlegen Sie, wie Sie das Thema angehen wollen

- Ihre erste Strategie sollte darin bestehen, mit einem allgemeinen Gespräch über die Beziehung anzufangen – wie es so läuft, welche Probleme es in jüngster Zeit gibt –, erst dann sollten Sie Ihre Befürchtungen hinsichtlich einer möglichen Untreue vorbringen.
- Ihre zweite Strategie besteht darin, rundheraus zu fragen. Achten Sie darauf, dass die Frage ehrlich ist (»Gibt es jemand anderen in deinem Leben?« oder »Hast du eine Affäre?«), und werfen Sie Ihrem Partner keine Anschuldigung an den Kopf (»Du betrügst mich« oder »Ich weiß, dass du lügst«). Fragen führen zu einem Gespräch, Anschuldigungen zu einem Streit.

3. Bereiten Sie zusätzliche Fragen vor

- In Interviews mit Politikern und anderen aalglatten Charakteren sind es immer die Folgefragen, die ihnen die meisten Informationen entlocken. Hier einige Beispiele: »Hast du in letzter Zeit mit jemand Bestimmtem über deine Probleme geredet?«, »Telefonierst du viel mit jemandem oder schickst E-Mails?«, »Ist jemand mehr als nur ein Freund für dich?« oder »Hast du jemand anderen geküsst?«
- Um die Meinung Ihres Partners bezüglich Ihrer Beziehung in Erfahrung zu bringen, könnten Sie ihn auch fragen: »Warum fällt es dir schwer, mit mir über deine Probleme zu reden?«, »Wie können wir unsere Kommunikation verbessern?« oder »Warum haben wir uns auseinanderentwickelt?«

4. Stellen Sie Ihre Fragen ruhig und gefasst

- Dieser Punkt ist von entscheidender Bedeutung, um das Gespräch mit Ihrem Partner erfolgreich zu gestalten.
- Wenn Sie angreifen oder flüchten wollen, dann können Sie weder vernünftig denken noch angemessene Folgefragen stellen.
- Wenn Sie ruhig bleiben, werden Sie sich auch nicht angriffslustig verhalten, und Ihr Partner wird seine Verteidigungsmechanismen nicht aktivieren. Außerdem bewahren Sie sich dann die nötige Distanz für den nächsten Punkt.

5. Achten Sie darauf, was der Reaktion zugrunde liegt

- Scheint Ihr Partner Ihre Vermutungen allzu heftig entkräften zu wollen? Beispielsweise: »Ich würde niemals, niemals etwas so Gemeines und Hinterhältiges tun!« Vor allem, wenn ein einfaches Nein oder echte Verblüffung vollkommen ausgereicht hätten. Ihr Partner versucht, sich hinter der Fassade eines moralischen Menschen zu verstecken und auf diese Weise den Verdacht von sich abzulenken.
- Vergleicht Ihr Partner sich mit Freunden oder Bekannten, die sich noch schlimmer verhalten? Wenn dem so ist, fühlt er sich aus irgendeinem Grund unwohl und benützt das Versagen anderer, um sich selbst in einem besseren Licht zu präsentieren.
- Beteuert Ihr Partner Dinge, nach denen Sie ihn gar nicht gefragt haben? Wenn Sie beispielsweise wissen wollten: »Warum bist du in letzter Zeit so geistesabwesend?«, antwortet er: »Du weißt doch, welche Einstellung ich zu Lügen habe.«
- Kommt die Antwort Ihres Partners wie aus der Pistole geschossen, als ob er sie bereits Hunderte Male geprobt hätte?

- Achten Sie auf Formulierungen wie »um ganz offen zu sein«, »um ehrlich zu sein«, »würde ich dich jemals anlügen?« und »um die Wahrheit zu sagen«. Wenn Ihr Partner diese Floskeln nicht auch sonst oft verwendet, ist das ein Zeichen, dass er Ihre Aufmerksamkeit von dem, was wirklich vor sich geht, ablenken will.

6. Achten Sie auf seine Körpersprache

- Fällt es Ihrem Partner schwer, Augenkontakt zu halten? Wenn er ständig den Blick abwendet, weist das darauf hin, dass er lügt. Jemand, den man fälschlicherweise beschuldigt, sucht den Augenkontakt, während er versucht, Sie von seiner Unschuld zu überzeugen.
- Fasst sich Ihr Partner häufig ans Gesicht? Das ist ein weiteres unbewusstes Zeichen für eine Lüge. Es ist fast so, als ob die Hände versuchen, die Lügen zu verdecken, die ihm über die Lippen kommen.
- Versteift sich der Körper Ihres Partners, bewegt er sich zögerlich? Ähnelt er einem unqualifizierten Politiker oder talentlosen Schauspieler im Fernsehen? Das liegt daran, dass unser Körper locker ist und unsere Bewegungen fließend erfolgen, solange wir entspannt sind. Versuchen wir dagegen, etwas zu verbergen, erstarren wir.

7. Bringen Sie die Gründe für Ihren Verdacht vor

- Denken Sie immer daran, ruhig zu bleiben, wenn Sie die jüngsten Ereignisse ansprechen, die Ihnen merkwürdig vorkamen.
- Bauschen Sie Ihre Beweise nicht auf, und verknüpfen Sie

nicht beliebige Sachverhalte, um zu einer Schlussfolgerung zu gelangen.

- Fragen Sie Ihren Partner, zu welchen Schlussfolgerungen er im Umkehrfall gelangt wäre.
- Wenn Sie konkrete Beweise haben – beispielsweise eine Kreditkartenquittung oder eine Telefonrechnung –, legen Sie diese auf den Tisch und bitten Sie um einen Kommentar: »Warum hast du diese Nummer letzten Monat 99 Mal angerufen?«

8. Bieten Sie Ihrem Partner eine »Karotte« an, damit er gesteht

- Wenn Sie bis jetzt ruhig und logisch waren, wird Ihr Partner höchstwahrscheinlich schon gebeichtet haben.
- Sollte Ihr Partner nicht mitteilsam sein, braucht er womöglich einen Anreiz, um die letzte Hürde zu nehmen.
- Bieten Sie ihm also eine »Karotte« an, indem Sie ihm sagen, dass Sie seine Position verstehen: »Ich weiß, es ist hart«, »Du willst mir nicht wehtun« oder »Du willst es nicht noch schlimmer machen«.
- Bieten Sie ihm noch einen weiteren Anreiz an, es einzugestehen: »Du wirst dich besser fühlen, wenn du es dir von der Seele redest«, »Für mich ist es am schlimmsten, nicht Bescheid zu wissen« oder »Solange wir uns nicht der Wahrheit stellen, wird sich nichts verändern«.
- Appellieren Sie an sein Urteilsvermögen: »Es wird nur schlimmer, wenn ich irgendwann herausfinden sollte, dass du mich heute belogen hast.«

9. Lassen Sie sich nicht in einen Streit verwickeln

- Für manche Menschen ist Angriff die beste Verteidigung, darum könnte Ihr Partner Ihnen Paranoia, Wahnsinn, Hinterhältigkeit oder Eingriffe in seine Privatsphäre vorwerfen oder Sie sogar beschuldigen, selbst eine Affäre zu haben.
- Allzu leicht lässt man sich ablenken und verteidigt sich selbst. Doch in der Hitze eines Streits findet man höchst selten zur Wahrheit.
- Schlimmer noch, Sie können dadurch an moralischem Boden verlieren, werfen mit Beleidigungen um sich oder zielen auf Verletzungen ab. Bisweilen führen untreue Partner einen solchen Streit sogar absichtlich herbei, damit sie ihre Untreue vor sich selbst »rechtfertigen« können.
- Sollten Sie merken, dass sich Ihr inneres Thermometer dem Siedepunkt nähert, oder wenn es den Anschein hat, dass Ihr Partner gleich die Fassung verliert, dann legen Sie eine Pause von zehn Minuten ein. Sobald Sie beide sich beruhigt haben, können Sie das Gespräch fortsetzen.

10. Kehren Sie zur Ursprungsfrage zurück

- Manchmal reichen 24 Stunden und die Chance, über alles nachzudenken, damit Ihr Partner zu einer Beichte bereit ist.
- Kehren Sie dann zum Ausgangspunkt zurück und fragen Sie: »Ich möchte die Wahrheit wissen: Warst oder bist du mir untreu?«

Andere Möglichkeiten, die Wahrheit aufzudecken

Bei den meisten Menschen funktioniert es, den Partner in aller Ruhe zu konfrontieren, aber es gibt immer wieder Ausnahmen. Hier einige alternative Strategien und Beispielfälle aus meiner Praxis:

Werden Sie zum Detektiv

Ellie (26) wurde misstrauisch, als ihr Partner mit einem Knutschfleck nach Hause kam. »Er erzählte mir, es sei nur ein blauer Fleck, den er sich bei der Arbeit an seinem Auto zugezogen hätte. Aus irgendeinem Grund habe ich ihm das abgekauft, obwohl mir tief im Innern bewusst war, wie lächerlich das klang.« Wie viele Partner, die man in eine Ecke drängt, wurde Ellies Ehemann wütend und warf ihr vor, paranoid zu sein. »Ich war damals schwanger, darum gab er meinen Hormonen die Schuld.« Als Nächstes fand Ellie Fotos der Frau auf seinem Laptop. »Ich fand auch Haare in meiner Dusche, die mit der Haarfarbe der Frau auf einem seiner Videos übereinstimmten. Doch die Telefonrechnung war der Tropfen, der das Fass zum Überlaufen brachte. Er rief sie rund hundert Mal im Monat an und schickte ihr Videos und Fotos. Wir hatten einen gewaltigen Streit, und er meinte, ich sei verrückt.«

Der Nachteil, wenn Sie aktiv nach Beweisen suchen, ist der, dass Sie nie wissen, was Sie finden werden oder wie es Ihnen emotional danach geht. Obwohl man denken könnte, dass es eine Erleichterung ist, wenn man die Wahrheit erfährt, kann es sich vollkommen anders anfühlen, wenn Sie einen Liebesbrief in der Hand halten oder ein Foto der beiden finden. Viele Betroffene berichten von Übelkeit, Schwindelgefühlen und dass ihre Gedanken nur so rasten. Wenn man daraufhin seinen Partner zur Rede stellt, ist es viel wahrscheinlicher, dass man wütend und kampflustig ist, als dass es zu einem produktiven Gespräch kommt. Das liegt daran, dass der untreue Partner versuchen wird, den Entdecker zu beruhigen und die Bedeutung der Affäre herunterzuspielen.

Es kann einem jedoch Kraft geben, wenn man sich als Detektiv betätigt. »Ich habe den Verlauf seiner Internetrecherchen auf seinem Computer verfolgt, um herauszufinden, welche Seiten er besucht hat. Das hat meinen Ehemann zutiefst schockiert, weil er immer dachte, ich würde mit Computern auf dem Kriegsfuß stehen«, erzählt Carol (53).

Wenn man es von anderen hört

Obwohl Menschen, die untreu sind, gern denken, niemand wüsste von ihrem Verhältnis, wissen im Allgemeinen ihre Arbeitskollegen Bescheid. Die beiden Liebenden mögen für ihre geheimen Treffen abgelegene Orte wählen, aber die Chance, dass sie von irgendjemandem gesehen werden, ist groß. Es ist oft nur eine Frage der Zeit, bevor jemand einen deutlichen Hinweis fallen lässt oder die Wahrheit offenbart. Hannah (38) erfuhr von einem Fremden an der Haustür, dass ihr Ehemann, mit dem sie fast 20 Jahre verheiratet war, sie betrog: »Es war ein großer Mann Anfang 40, und er wollte ins Haus kommen. Er war hochgradig erregt. Ich fühlte mich in seiner Gegenwart unwohl und wollte schon die Tür zuschlagen, als er sagte: ›Es geht um Ihren Mann und meine Frau.‹ Instinktiv ahnte ich den Rest. Wie in Trance trat ich zur Seite und ließ ihn ein. Er hatte Briefe und alle möglichen anderen Sachen gefunden.

Und er zeigte mir alles. Er war wirklich wütend – als ob es meine Schuld sei, dass ich meinen Ehemann nicht besser unter Kontrolle hatte. Ich konnte ihn gar nicht schnell genug wieder aus dem Haus bekommen. Danach saß ich einfach nur da und starrte aus dem Fenster.«

Wenn man es von jemand anderem hört, dann ist das peinlich und demütigend, selbst wenn die schlechte Nachricht von einem Freund oder Familienangehörigen kommt, der alles tut, um den Schlag abzumildern. Der getäuschte Partner fragt sich sofort besorgt, wer noch davon weiß, und kommt sich dumm vor, weil er es offenbar als Letzter erfahren hat. In manchen Fällen lassen es die Betroffenen am Überbringer der Nachricht aus und zerstören eine gute Freundschaft, oder sie beeilen sich automatisch, ihren Partner zu verteidigen. Wenn der Bote nicht mit handfesten Beweisen aufwarten kann oder die Information aus einem anonymen Brief beziehungsweise Anruf stammt, dann wird der betrogene Partner manchmal behaupten, die Person hege einen Groll, und wird das Ganze als dummes Geschwätz abtun. Wie die genauen Umstände auch immer aussehen mögen, der getäuschte Partner fragt sich, wem er noch vertrauen kann.

Leider hat es kaum Vorteile, von der Untreue des Partners auf diese Weise zu erfahren. Wenn die Nachricht vom Ehepartner der dritten Person kommt, dann können Sie einander Zuspruch geben und Informationen austauschen. Doch es ist immer besser, die Wahrheit aus dem Mund Ihres Partners zu hören anstatt von einem Dritten und dann auch noch durch dessen Blick gefiltert.

Wenn man es von dem oder der anderen hört

Hat sich eine Affäre etabliert und denkt die andere Person allmählich, sie habe »Rechte«, dann kommt sie womöglich zu dem Schluss, es sei am besten, die Liebschaft »ans Licht« zu bringen. Cecilia erfuhr von der Untreue ihres Mannes, als eine ihrer Freundinnen sich besonders unschön benahm. »Wir besuchten eine Wohltätigkeitsveranstaltung. Ich trug meine Brille nicht, und offenbar verbrachte sie den ganzen Abend damit, meinem Mann über den Tisch hinweg deutliche Zeichen zu geben und mit den Lippen ›Ich liebe dich‹ zu formen. Sie steckte ihm auch die Speisekarte eines überaus teuren Restaurants in Paris in die Tasche, in das sie ihn auf ihr Spesenkonto eingeladen hatte, damit ich sie am nächsten Morgen finde.« Es auf diese Weise herauszufinden ist schwer zu verdauen. Der getäuschte Partner ist wütend, verzweifelt und voller Angst – manchmal kann es für ihn so schrecklich werden, dass er um sich schlägt und gewalttätig wird. Das Hauptproblem ist jedoch, die Verlässlichkeit der Aussage dieser Person einzuschätzen, die immer nur ihre eigenen Interessen verfolgt.

Manchmal existiert zwischen dem betrogenen Partner und der dritten Partei ein gewisses Mitgefühl. Schließlich wurden beide vom untreuen Partner »benutzt«. Der betrogene Partner findet Trost in der Erkenntnis, dass der oder die andere nicht so attraktiv oder klug oder erfolgreich ist, wie befürchtet. Oder er ist verwirrt und versteht nicht, warum sich sein Partner zu der dritten Partei hingezogen fühlt. Am schlimmsten ist, dass die dritte Person dem betrogenen Partner ein Gefühl der Unzulänglichkeit und mangelnden Liebenswürdigkeit vermitteln kann.

Wann ist eine Affäre keine Affäre?

Unsere Kultur hat ziemlich klare Regeln, was Untreue angeht, aber Veränderungen am Arbeitsplatz und die größere Akzeptanz gegenüber Freundschaften mit dem anderen Geschlecht lassen die Grenzen verschwimmen. Darum ist es absolut möglich, sehr vertraute Textbotschaften von Ihrem Partner an eine andere Person zu finden und dann gesagt zu bekommen, es sei völlig »harmlos« und dieser andere Mensch sei nichts weiter als »ein guter Freund«. Doch Ihr Bauch schlägt Alarm. Wann ist denn nun die Grenze zum Ehebruch überschritten, und wie genau definiert sich Untreue?

Mark und Carrie sind in den Dreißigern; er arbeitet bei einer Bank, und sie ist Vertretungslehrerin. Ihre Beziehung geriet unter Druck, als er wegen irregulärer Transaktionen ins Visier der Börsenaufsicht geriet. »Carrie hatte alle Hände voll mit den Kindern zu tun, und obwohl sie hinter mir stand, verlor sie irgendwann über meinen komplizierten Erklärungen das Interesse«, erzählte Mark (35). »Also fing ich an, mit einer Kollegin darüber zu sprechen – einfach nur, um es mir von der Seele zu reden. Zugegeben, das geschah oft bei einem Glas Wein – aber es ging ja auch um Dinge, über die man im Büro nicht sprechen konnte.« Carrie wurde misstrauisch. »Eines Samstags, als er sich eigentlich um die Kinder kümmern sollte, hat er drei Mal mit ihr telefoniert, und jedes Mal über 20 Minuten. So viel haben wir seit Jahren nicht miteinander geredet.«

Mark gab zu, dass er nicht nur über seine Arbeits-, sondern auch über seine privaten Probleme sprach – vor allem über Carries mangelndes Interesse an Sex –, aber er sah darin nichts Verkehrtes: »Ich dachte, sie könnte mir die weibliche Sicht erläutern«, versicherte er. Mark wurde beruflich von der Börsenaufsicht entlastet, Carrie zeigte sich nicht so nachsichtig. »Er mag nichts ›getan‹ haben, wie er mir versichert, aber es fühlt sich trotzdem wie Untreue an.«

Mark und Carrie versuchten nicht herauszufinden, was schiefgelaufen war, um so ihre Beziehung zu retten – dafür waren sie viel zu sehr damit beschäftigt, darüber zu streiten, ob er nun eine Affäre hatte oder nicht. Glücklicherweise gab Mark in der Paarberatung zu, dass diese Freundschaft aus dem Ruder gelaufen war und nun seine Ehe untergrub. Carrie akzeptierte, dass Mark nicht mit der anderen Frau geschlafen hatte: »Vermutlich muss ich ihm das zugute halten, aber für mich fühlt es sich trotzdem wie Betrug an.« Um sinnlose Auseinandersetzungen abzukürzen, verwende ich den Begriff »unangemessene Freundschaft«, wenn es um diese intensiven und gefährlichen außerehelichen Beziehungen geht.

Was ist also der Unterschied zwischen echter Freundschaft und einer unangemessenen Freundschaft? Der Lackmus-Test ist das Maß der Geheimhaltung. Eine echte Freundschaft hält jederzeit einer Überprüfung stand, und es gibt keinerlei Veranlassung, die Anzahl der Treffen zwischen den Freunden zu »beschönigen« oder das, worüber dabei gesprochen wurde. Im Gegensatz dazu wird eine unangemessene Freundschaft dem Partner gegenüber nur beiläufig erwähnt, wenn überhaupt. Wahre Freundschaften basieren auf gemeinsamen Interessen oder Aktivitäten. Eine unangemessene Freundschaft basiert auf den starken Gefühlen zwischen den Freunden. Natürlich sprechen wir mit unseren Freunden über unsere Probleme. Aber wir respektieren dabei die Privatsphäre unseres Partners und teilen keine Details mit, die ihm peinlich wären. Unangemessene Freundschaften ignorieren diese Grenze, und es werden vertrauliche Informationen ausgetauscht, um die Bindung zu vertiefen. Besonders gefährlich wird es, wenn man seinem »Freund« etwas erzählt, das man seinem Partner nicht erzählen kann oder will.

Aus einer unangemessenen Freundschaft kann sich sehr schnell eine ausgewachsene Affäre entwickeln. Die »Freunde« führen lange, heimliche Telefonate und tauschen kokette Textbotschaften aus. Jeder Mensch fühlt sich durch eine Zusatzportion Aufmerksamkeit geschmeichelt, und diese Beziehung wird zunehmend wichtig für das Alltagsglück. Über kurz oder lang kommt es zwischen den »Freunden« zu Küssen, und der Übergang zu einer sexuellen Beziehung ist dann keine große Sache mehr. Mark räumte ein, dass aus seiner Freundschaft wahrscheinlich eine sexuelle Beziehung geworden wäre, hätte Carrie ihn nicht überführt. Es gibt auch die Online-Version einer unangemessenen Freundschaft, wenn zwei Menschen über gemeinsame Interessen chatten, aber die Kommunikation sehr rasch persönlich wird. Bald bleiben die Freunde lange auf, um am Computer »zu arbeiten«, und lügen ihre Partner bezüglich der Zeit, die sie online verbringen, an.

Die Anzahl der Fälle in meiner Praxis, bei der es um unangemessene Freundschaften geht, hat sich drastisch erhöht. Das liegt zum Teil daran, dass Männer endlich akzeptieren, wie gut es ihnen tut, über ihre Probleme zu reden – nur dass die meisten ihrer männlichen Freunde einfach nicht zuhören können. »Wenn mir etwas nachgeht, rede ich normalerweise mit meiner Frau darüber, aber dieses Mal war sie das Problem«, sagt David (42), Feuerwehrmann. »Meine Kumpel bei der Arbeit hätten nur gelacht, und mit meiner Schwester verstehe ich mich nicht.« Eine Arbeitskollegin schien die natürliche Lösung, aber der Schuss ging nach hinten los, und David verstrickte sich in eine unangemessene Freundschaft.

Der zweite Grund für die Zunahme an unangemessenen Freundschaften ist der Trend zu weniger hierarchischen und informelleren Arbeitsumfeldern. Alice (29) hatte ein gutes Verhältnis zu ihrem Chef, der zu ihrem Mentor wurde, ihr bei der Beförderung half und dabei, die Fallgruben der Büropolitik zu umschiffen: »Ich wusste, dass er mich attraktiv fand, aber da ich durch ihn weiterkam, hielt ich das nicht weiter für schlimm. Tja, eines Tages war ich wegen irgendeiner privaten Sache echt am Boden zerstört, und er erwischte mich in einem schwachen Moment. Er erkundigte sich nach meinem Problem, und es endete damit, dass ich immer öfter in seinem Büro saß und ihm alles erzählte – ausführlich. Schließlich freute ich mich auf unsere kleinen Gespräche. Ohne es damals zu wissen, hatte ich eine Grenze überschritten.« Wenn dazu noch die längeren Arbeitszeiten kommen, der Trend, Freundschaften mit Vertretern beider Geschlechter zu schließen, und die Allgegenwart des Internets, sind unangemessene Freundschaften beinahe unvermeidlich.

Was sollten Sie also tun, wenn Sie vermuten oder herausfinden, dass Ihr Partner eine unangemessene Freundschaft führt? Wenn Sie das Ganze zu einer Affäre aufbauschen – wie Carrie es bei Mark getan hat –, wird aus einem durchaus besorgniserregenden Problem eine ausgewachsene Krise. Aber es ist ebenso gefährlich, diese Freundschaft zu ignorieren oder herunterzuspielen. »Mein Mann hatte lauter Textbotschaften auf dem

Handy, wie ›ich vermisse dich‹ und ›ich liebe dein Lachen‹, aber da ich das hinter seinem Rücken herausgefunden hatte, schämte ich mich und sagte nichts«, erzählt Jo Ellen (28). »Ich ließ Hinweise fallen und hoffte, er würde etwas sagen, aber das tat er nicht. Einige Monate später verkündete er, unsere Ehe habe große Probleme und er wolle mich verlassen. Da schossen all meine Vorwürfe aus mir heraus, und er gab zu, dass er mit dieser Frau geredet hatte, mehr nicht, aber dass sie ihm geholfen habe, einen Entschluss zu fassen.« Jo Ellen war erbost, dass er nie mit ihr darüber geredet hatte, damit sie ihre Probleme gemeinsam lösen und vielleicht ihre Ehe retten konnten.

Wenn Ihr Partner eine unangemessene Freundschaft hatte oder hat, diese jedoch nicht zu einer Bettgeschichte führte, dann ist es wichtig, diesen Umstand anzuerkennen. Seien Sie dankbar, dass er diese Grenze nicht überschritten hat. Dennoch muss man unangemessene Freundschaften ernst nehmen, und ebenso wie eine ausgewachsene Affäre weisen sie auf ein Problem in Ihrer Beziehung hin, dem Sie sich dringend widmen müssen. Wichtiger noch, das Gefühl des Betrugs ist ebenso stark, und Sie müssen denselben Sieben-Phasen-Prozess durchlaufen, um zu einer Heilung zu gelangen.

Schock

Wenn man herausfindet, dass der Partner untreu ist, besteht die erste Reaktion in Schock und Unglauben. Häufig treten auch starke körperliche Symptome auf, beispielsweise Herzrasen, Schmerzen in der Brust, Knoten im Bauch, Übelkeit und

Kopfschmerzen. Das ist eine normale Reaktion auf ein Trauma. Stresshormone wie Adrenalin werden in den Blutkreislauf abgegeben, damit Sie mit der enormen Tragweite des Geschehens zurechtkommen.

»Es war, als hätte er in meinem Schoß eine Atombombe explodieren lassen«, erklärt Kirsty (35). Ihr Mann, mit dem sie zehn Jahre verheiratet war, kam völlig ruhig ins Wohnzimmer und beichtete ihr das Verhältnis mit einer ihrer Freundinnen, das nun schon drei Monate ging. »Bis zu diesem Augenblick war ich davon überzeugt, alles sei in Ordnung. Ja gut, es war ziemlich hektisch geworden – die Kinder, unsere Jobs, die finanzielle Situation –, aber es war doch nicht wirklich schlimm. Wie konnte er mir das antun?« Kirsty fühlte sich so ungeheuer hintergangen, dass sie meinte, an ihren Gefühlen ersticken zu müssen. Sie rannte auf die Toilette und übergab sich. »Danach wusch ich mir die Hände und versuchte, mich gelassen zu geben, aber wie sollte mein Leben von nun an weitergehen?«

Häufig tritt auch das Gefühl völliger Distanzierung auf, als ob die Untreue jemand anderen betrifft. Als Elli, deren Partner Knutschflecke hatte, von der Geliebten ihres Mannes die Bestätigung der Affäre bekam, war sie gerade in der Mittagspause. »Ich spazierte wie in Trance durch das Stadtzentrum, ungefähr eine halbe Stunde lang. Mein Herz pochte, und ich konnte kaum atmen. Ich habe keine Ahnung, wie es mir gelang, nicht unter ein Auto zu geraten, denn ein paar Mal ging ich einfach über die Straße, ohne mich umzuschauen.« Zu den weiteren Symptomen gehören Schlafstörungen, Appetitlosigkeit, Schreckhaftigkeit und die Unfähigkeit, sich zu konzentrieren oder sich wichtige Dinge zu merken. Daher kommt es auch häufig vor, dass man ein- und dasselbe Gespräch nochmals führen muss, sobald die erste Schockwirkung nachgelassen hat.

In den meisten Fällen dauert dieser intensive Schockzustand etwa 48 Stunden. Gar nicht selten werden jedoch die Symptome durch Erinnerungen an das Trauma – beispielsweise neue Beweise – wieder hervorgerufen, wenn auch nicht in derselben Intensität, und man erholt sich auch schneller. Leider dauert der Schock bei manchen Menschen länger. Vor allem wenn es früher schon ein Trauma gab, beispielsweise Missbrauch in der Kindheit, einen schweren Autounfall oder eine frühere Affäre. Dauern das Herzrasen, die Übelkeit und der Gedächtnisverlust länger als einen Monat an, spricht man von einer Posttraumatischen Stressstörung. Sollte Ihnen das bekannt vorkommen, dann suchen Sie bitte einen Arzt auf. Ich möchte jedoch betonen, dass der Schock eine völlig normale Reaktion ist – er dient dazu, die schreckliche Entdeckung abzufedern.

Im Gegensatz dazu wirkt sich der Schock auf manche Menschen energetisierend aus. Das Adrenalin fängt an zu wirken und der primitive »Flucht oder Angriff«-Instinkt setzt ein. Natasha (47) ertrug ihren Ehemann nicht länger in ihrer Nähe und ergriff »die Flucht«: »Ich nahm meinen Ehering ab und machte mich auf einen 21-Kilometer-Marsch, um allein zu sein.« Andere suchen Zuflucht im »Angriff«. Als Karen – deren Ehemann sich angeblich um die Computer in Whitehall kümmerte – sich endlich eingestanden hatte, dass ihr Ehemann sie betrog, wurde sie aktiv: »Ich ging nach oben und zog die Schublade in seinem Nachttisch auf, wo ich dann belastende Fotos und ein Tagebuch fand, in dem er seine Bettgeschichte während einer Segelregatta auf dem Atlantik beschrieb. Anschließend prüfte ich seine Kreditkartenabrechnungen und seine Handyrechnung – das hatte ich noch nie zuvor getan. Und das war es dann. Ich war am Boden zerstört.« In diesem Fall wirkte sich der Schock positiv aus und riss Karen aus ihrer willentlichen Blindheit.

Warum Sie das Gefühl haben, als würde Ihre Welt auf den Kopf gestellt

Bei der Beschreibung der Untreue ihres Partners verwenden die Betroffenen äußerst drastische Bilder. »Mir wurde der Boden unter den Füßen weggerissen« oder »seitdem ist in meinem Leben nichts mehr wie zuvor« oder »ich fühle mich wie eine Zeichentrickfigur, die rennt und rennt und plötzlich merkt, dass unter ihr nur Luft ist, und schon stürzt sie in einen Abgrund«. Trotz der Tatsache, dass es in den Printmedien vor untreuen Berühmtheiten nur so wimmelt, kaum eine Fernsehserie ohne Ehebruch auskommt und wir Arbeitskollegen, Freunde und Angehörige kennen, die das schon erlebt haben, versetzt Untreue uns unausweichlich in einen Schock, wenn sie uns persönlich passiert. Das liegt daran, dass Untreue drei Grundüberzeugungen unseres Lebens untergräbt:

1. Die Welt meint es gut mit uns. (Guten Menschen widerfährt nur Gutes.)
2. Die Welt hat einen Sinn. (Es gibt einen Plan, und nichts geschieht grundlos.)
3. Ich bin wertvoll. (Darum widerfährt mir nur Gutes.)

Obwohl wir tief im Innern wissen, dass die Welt weitaus komplizierter ist, haben wir weder das Verlangen noch die Zeit, uns dieser beunruhigenden Wahrheit zu stellen. Stattdessen segeln wir im Schutz unseres festen Glaubens an diese drei Überzeugungen durch unser Leben. Erst wenn wir betrogen werden, halten wir abrupt inne und erkennen die hässliche Wahrheit. Auch wenn wir immer gut für die Familie gesorgt oder gute Eltern waren, reicht das nicht unbedingt aus, damit unser Partner uns treu ist. Die Welt kann grausam sein, und schlimme Dinge können völlig grundlos passieren. Wenn nicht einmal unsere Beziehung sicher ist, was ist dann mit unserem Job? Und was ist mit unseren Freunden: Werden sie uns auch hintergehen?

Einerseits scheint es grausam, auf die ganzen verheerenden Folgen der Untreue hinzuweisen. Haben Sie nicht schon genug zu erdulden? Andererseits müssen Sie unbedingt verstehen, warum es so wehtut, und dafür sorgen, dass Sie mit sich selbst nicht zu hart ins Gericht gehen. Ich werde auf diese drei Überzeugungen im Lauf dieser Reise noch zu sprechen kommen. Seien Sie jedoch versichert, dass Ihr Glaube mit der Zeit zurückkehren wird, und auch wenn er durch diese Erfahrung angekratzt sein mag, wird er dafür umso realistischer, bodenständiger und dauerhafter sein.

Welche Folgen die Aufdeckung der Affäre mit sich bringt

Möglicherweise fühlt es sich so an, als wolle Ihnen das Herz brechen, aber trösten Sie sich: Alles, was im Dunkeln lag, ist jetzt aufgedeckt. Die Alternative wäre mehr als trostlos, wie meine Umfrage zum Thema Ehebruch zeigt. Connie (64) war

23 Jahre lang verheiratet. »Ich wusste von Anfang an von dem Verhältnis. Er warf sein Abendessen in den Müll, weil er mit ihr schon im Restaurant essen war. Ich fand auch Quittungen für Schmuck, den ich nie bekam.« Sie sprach ihren Ehemann und die andere Frau darauf an, aber aus irgendeinem Grund zog sie es nicht konsequent durch. »Ich sagte ihm, wenn ich konkrete Beweise fände, würde ich mich sofort von ihm scheiden lassen. Wenn er mich geliebt hätte und mich nicht hätte verlieren wollen, dann hätte er die Sache mit ihr beendet, aber er traf sich vier Jahre lang mit ihr. Ich wurde krank vor Kummer, aber das war ihm egal. Ihm war nur wichtig, sich weiter mit ihr zu treffen.«

Dieser merkwürdige Schwebezustand, bei dem sie Bescheid wusste, aber eben nicht offiziell, währte so lange, weil Connie meinte, sie habe keine Alternative. Sie hoffte, wenn sie die Affäre ignorierte, wäre das für ihre Ehe von Vorteil. Zum Teil hatte sie damit recht. Letzten Endes beendete die andere Frau die Liaison und kehrte zu ihrem Ehemann zurück. Doch selbst noch zehn Jahre später ist Connies Ehe wie eingefroren. »Nicht der Umstand, dass er eine Affäre hatte, ließ unsere Ehe zerbrechen, sondern dass er bereit war, einfach alles wegzuwerfen. Ich bin nur die zweite Wahl, und das werde ich bis ans Ende meines Lebens auch bleiben. Selbst jetzt existiert keine Hoffnung, unsere Ehe noch zu retten. Zwischen uns gibt es keinerlei Zuneigung und auch keinen Sex.« Ihre Antworten auf die letzten beiden Fragen meiner Umfrage sind vielleicht die trostlosesten überhaupt. Was hat zur Heilung beigetragen? »Nichts.« Was haben Sie über Ihre Beziehung gelernt? »Dass wir nie hätten heiraten sollen.« Ich frage mich, wie Connies Leben aussehen würde, wenn sie vor all diesen Jahren tapferer gewesen wäre. Eigentlich könnte es unmöglich schlimmer sein. Wenn Sie also merken, wie Ihnen der Mut schwindet, und Sie sich fragen, ob es nicht besser wäre, die Augen vor der Wahrheit zu verschließen, dann denken Sie an die Alternative. Sich dem Schock der Entdeckung zu stellen mag schmerzhaft sein, aber es ist auch der erste Schritt auf dem Weg zur Heilung.

Der Überführte und sein Schock

Es ist keine Überraschung, dass der Entdecker der Untreue geschockt ist. Schließlich wurde er angelogen und im Dunkeln gelassen. Doch auch der Überführte fällt oft in einen Schockzustand, sobald man ihn mit der Affäre konfrontiert. Das liegt daran, dass er, ebenso wie der Entdecker, den Ernst der Lage lange verdrängt hat. »Ich habe sie bei einem Lehrgang kennengelernt, und es sprang gleich ein Funke über, darum haben wir Kontakt gehalten«, erklärt Edward (51). »Wir hielten uns bedeckt, sahen uns nur alle sechs Wochen ein Mal. Es war wirklich keine große Sache. Wir waren keine Seelenverwandten oder so, aber wir kamen uns doch recht nahe. Sie gab mir das Gefühl, immer noch attraktiv zu sein. Ich sagte mir, dass es nur mich etwas anging und auf meine Frau keinerlei Auswirkung hatte – die mich ohnehin wie ein Möbelstück behandelte.« Als seine Frau es herausfand – und ihm die Beweise vorlegte –, war er schockiert, wie oft er die andere Frau getroffen und wie viel Geld er für sie ausgegeben hatte. »Es schien unmöglich. Ich hätte schwören können, dass wir uns nur halb so oft getroffen und immer nur eine Kleinigkeit gegessen hatten, aber die Kreditkartenabrechnungen sagten etwas anderes.« Er hatte die Bedeutung der Liebschaft so erfolgreich *bagatellisiert,* dass er sich sogar selbst davon überzeugt hatte.

Es ist noch eine zweite tödliche Kraft im Spiel, wenn Menschen eine Affäre haben: *Schubladendenken.* Dieser Begriff wurde von Karen Horney geprägt, einer deutschen Psychologin, die in den 1930er-Jahren nach Amerika auswanderte und dort Gründerin und Dekanin des American Institute for Psychology wurde. Sie interessierte sich dafür, wie die Menschen mit widersprüchlichen Gedanken, Gefühlen, Überzeugungen oder Rollen umgingen. Ein klassisches Beispiel ist der inbrünstige Katholik, der Verhütungsmittel verwendet, oder jemand, der an gleiche Chancen für alle glaubt, aber sein Kind auf eine Privatschule schickt. Bis zu einem gewissen Grad errichten wir alle Mauern um bestimmte Bereiche unseres Lebens. Auf diese Weise können wir bei der Arbeit knallhart und zu Hause liebevoll sein und uns sagen: So ist es eben. Beim Schubladendenken werden aus diesen beiden Welten wasserdicht verschlossene Einheiten, wo das, was man in der einen Welt tut, vermeintlich keine Auswirkungen auf die andere Welt hat. Darum kann jemand, der untreu ist, behaupten: »Das geht nur mich etwas an« oder »Es hilft mir im Umgang mit dem Stress«, ohne sich der Wirkung auf den Partner oder die Familie zu stellen.

Julia (42) füllte meinen Fragebogen über Untreue aus. Sie war 21 Jahre lang verheiratet und fing vor zehn Monaten ein Verhältnis mit einem Mann an, den sie kannte, seit sie 16 war. »Meine Affäre ist mir sehr wichtig, aber wir halten uns extrem bedeckt«, schrieb sie. »Ich habe keine Schuldgefühle, sondern bin sehr glücklich und führe auch eine relativ glückliche Ehe. Es gibt keine Probleme, weil wir vorsichtig sind. Wir wohnen

60 Meilen auseinander und können uns manchmal zwei oder drei Wochen lang nicht sehen. Doch ich fühle mich jetzt geliebter, sexuell begehrenswerter und nicht mehr nur wie eine Ehefrau und Mutter, sondern mehr wie ein Individuum.« Auf meine Frage, was sie am meisten bedauere, antwortete sie: »Noch bedauere ich gar nichts. Alles ist unter Kontrolle, und beide Situationen sind gut zu kontrollieren.« Diese Einstellung war nur möglich, weil sie die Hälften ihres Lebens in Schubladen steckte.

Doch das Leben ist selten so ordentlich, und im Lauf der Zeit werden die Mauern zwischen den beiden Welten ins Bröckeln geraten. David (40) ist Akademiker und traf seine Geliebte auf einer Konferenz: »Damals hatte ich nicht das Gefühl, meine Frau zu betrügen. Ich dachte eher: ›Was auf einer Konferenz passiert, bleibt auf der Konferenz.‹ Meine Geliebte hatte einen wachen Verstand und half mir, meine Gedankengänge zu präzisieren und meine Arbeiten in einigen wichtigen Publikationen unterzubringen. Es war gut für meine Karriere.« Gleichzeitig sah sich David als gewissenhafter Ehemann und Vater. Er arbeitete hart, verdiente gut und versuchte, genügend Zeit für seine Teenagerkinder freizuschaufeln.

Doch es lässt sich unmöglich verhindern, dass etwas aus dem einen Leben ins andere durchsickert. David fing an, seine Geliebte häufiger zu treffen. Er wurde launisch und geistesabwesend: »Ich fing wegen Kleinigkeiten Streit mit meiner Frau an, und irgendwie rechtfertigte der Umstand, dass wir nicht miteinander auskamen, die Tatsache, dass ich mich mit einer anderen Frau traf.« Als seine Frau die Affäre entdeckte – er hatte Kondome in seinem Wagen vergessen –, war er über die Tiefe ihrer Gefühle schockiert: »Sie war wütend, verletzt, fühlte sich betrogen. Gab sich selbst die Schuld. Weinte endlos. Ich konnte es nicht glauben. Ich hatte mir eingeredet, dass ich ihr nicht mehr wichtig war.« Seine so gewissenhaft eingerichteten Schubladen brachen auseinander. »Die Kinder waren wirklich durcheinander und machten sich große Sorgen. Ich hatte nie darüber nachgedacht, welche Wirkung das auf sie haben würde.«

Als David zu mir in die Beratung kam, überlegte er, was er als Nächstes tun sollte. Er und seine Geliebte planten, eventuell ein gemeinsames Leben aufzubauen, und er sprach darüber, das Wirklichkeit werden zu lassen. »Die Kinder kommen schon zurecht, so etwas ist heute ja nicht mehr ungewöhnlich«, fand er. Das ist die dritte Verteidigungsstrategie gegen die Realität: *Rationalisierung.*

Mithilfe dieser Strategie ist es möglich, die emotionale Wirkung der Untreue zu übertünchen. »In der Schule weiß man, wie man damit umgehen muss. Die haben dort Therapeuten, und die Kinder haben Freunde, die schon Ähnliches durchgemacht haben«, ließ David mich wissen. Rational gesehen hat er recht. Schulen sind dafür ausgerüstet, Kindern bei emotionalen Abstürzen zur Seite zu stehen, und das Stigma der Scheidung gehört der Vergangenheit an. Doch als David aufhörte, seine Kinder als Gruppe zu betrachten, und sie als individuelle Persönlichkeiten wahrnahm, wurde ihm klar, dass die Scheidung für sie keineswegs so einfach sein würde. »Mein Jüngster klammert jetzt sehr«, gab er zu. Ich fragte ihn nach den Kindern seiner Geliebten: Wie würden sie seiner Meinung nach damit umgehen? Er sah mich erstaunt an. »Darüber habe ich noch nicht nachgedacht.« In der Welt der Affäre konnte er deren Kinder mühelos ausblenden. In der realen Welt hatte er es mit zwei wütenden und aufsässigen Stiefkindern im Teenageralter zu tun. Sein Schubladendenken hatte diese beiden Welten strikt voneinander getrennt.

Wenn die Mauern des Schubladendenkens zusammenbrechen, kommt die ganze Auswirkung der Untreue ans Licht, und die Rationalisierungen lösen sich in Luft auf: Viele Überführte verfallen in einen Schockzustand und sind, wie die Betrogenen, nicht mehr in der Lage, vernünftig zu denken. Ihnen ist unwohl, und sie sind entsetzt über das, was sie angerichtet haben. Graham (43) hatte 18 Monate lang eine Affäre mit einer Kollegin, dann fand seine Frau Briefe und E-Mails. »Solche Gefühle hatte ich nie zuvor erlebt«, sagte er über den Moment, als seine Bettgeschichte aufflog. »Ich befand mich im Schock. Es war, als sei ich aus einem Albtraum erwacht – nur dass ich gar nicht erwacht war. Die Realität dessen, was ich getan hatte, war entsetzlich und widersprach allem, woran ich eigentlich glaubte. Ich hatte meine Frau im Stich gelassen, hatte ihr Vertrauen missbraucht. Und ich hatte auch Freunde, Verwandte angelogen, alle, die mir hätten helfen können. Ich musste bei der Arbeit, zu Hause, in allen Bereichen meines Lebens so unendlich viel erklären. Ich hatte keine Ahnung, wo ich anfangen sollte, an wen ich mich wenden könnte. Ich wünschte mir dringend Hilfe, hatte aber das Gefühl, dass es keine gab.« Grahams Geschichte unterstreicht sehr deutlich, dass der Schock nicht nur für die Betrogenen reserviert ist.

Für den Überführten:
Schock und Unglauben

Wenn Sie nicht wissen, was Sie wollen und wie Sie jetzt vorgehen sollen, dann bietet Ihnen dieses Buch Klarheit und einen Weg, um Ihre Hauptbeziehung zu heilen und letzten Endes das Vertrauen wiederherzustellen.

Wie sind Sie in diese Zwickmühle geraten? Je weniger man in eine Beziehung investiert, desto weniger bekommt man von ihr zurück. Umgekehrt, je mehr Energie Sie in eine Beziehung stecken, desto besser wird sie.

Am Ende meines Sieben-Phasen-Programms wird Ihre Beziehung stärker und liebevoller sein – aber nur, wenn Sie aktiv werden und wieder mehr Zeit und Energie investieren.

Es ist besser, Ihrem Partner von Ihrer Untreue zu erzählen, als bewusst oder unbewusst Hinweise zu streuen. Diese Strategie überlässt der Person, die am wenigsten dafür ausgerüstet ist, mit den Folgen einer Affäre zurechtzukommen, die Verantwortung für den ersten Schritt.

Wenn Sie die Beichte vor sich her schieben, steigt die Wahrscheinlichkeit, dass jemand anderes es Ihrem Partner sagt – ein Arbeitskollege, Freund oder sogar Ihre Liebschaft.

Wenn Sie ein Verhältnis gestehen, dann halten Sie sich an die wichtigsten Tatsachen und überlassen es darüber hinaus Ihrem Partner, wie viele Details er hören will.

Es ist wichtig, dass Sie von nun an die Schiene der Ehrlichkeit fahren. Versuchen Sie nicht, den Schlag zum mildern, indem Sie unangenehme Details verheimlichen – sie werden letzten Endes doch ans Licht kommen. Denken Sie daran: Politiker stolpern nicht über ihre Verfehlung, sondern über die Vertuschung. Umgekehrt sind es jene, die vor der Öffentlichkeit eine Beichte ablegen, denen man am häufigsten verzeiht.

Wenn Sie nicht völlig offen sind, was Ihre Gefühle für die dritte Partei angeht, hat Ihr Partner keine Ahnung, wie viel Arbeit nötig sein wird, um Ihre Beziehung zu retten oder sich gegebenenfalls unter möglichst wenig Schmerzen zu trennen.

Sobald jemand das Schlimmste weiß, schöpft er erstaunlich schnell wieder neue Kraft und lernt, mit der Situation umzugehen. Viel schlimmer sind die Unsicherheit, die fortgesetzte Täuschung und nie zu wissen, woran man ist. Manchmal fragen mich untreue Partner, die allein zur ersten Sitzung der Paarberatung kommen, ob sie wirklich beichten sollen. Ob es nicht gnädiger wäre, die Affäre geheim zu halten und sich einfach nur um die zugrunde liegende Unzufriedenheit zu kümmern? Doch ein Geheimnis steht einer Heilung immer im Weg. Für eine Studie aus dem Jahr 2005, die im *Journal of Consulting and Clinical Psychology* veröffentlicht wurde, rekrutierte man 134 Paare für eine Paartherapie. Man befragte sie vor Beginn der Therapie, nach 13 Wochen, nach 26 Wochen und nach der Abschlusssitzung. Die Paare, bei denen die Liaison geheim

blieb, misstrauten einander signifikant mehr als diejenigen, bei denen die Affäre gebeichtet worden war (und als
die Paare, die andere Probleme als Untreue hatten). Ihr
Kummer war nach 13 Wochen zwar etwas weniger geworden, aber danach verschlechterte sich die Situation rapi-
de. Letzten Endes scheiterte die Therapie bei ausnahmslos
allen Paaren, die die Affäre geheim hielten.
Vergessen Sie nicht: Lügen haben Sie in diese Situation
gebracht. Die Wahrheit ist jetzt der einzige Ausweg.

Neue Fertigkeit: Erweitern Sie Ihren Blickwinkel

Mit jedem Schritt auf dem Weg von der Aufdeckung zur Heilung werden Sie eine neue Fertigkeit erlernen. Diese helfen
Ihnen nicht nur über die emotionalen Folgen der Untreue
hinweg, sondern sind auch für Ihr Leben im Allgemeinen hilfreich. Die erste Fertigkeit besteht darin, Ihre Sichtweise auszu-
dehnen. In gewisser Weise haben Sie bereits damit begonnen,
weil Sie sich Ihrem Misstrauen stellten und die Wahrheit herausfanden. Es gibt allerdings noch eine schwierigere Kompo-
nente. Leider behagt es uns Menschen nicht, uns mit komplizierten Gedanken und Ansichten auseinanderzusetzen. Wie
kann unser Partner behaupten, uns immer noch zu lieben, wo
er uns doch betrügt? Wie kann er untreu sein, aber doch ein
guter Elternteil? Diese Dinge sind logisch nicht zu vereinbaren, und das macht uns Angst und verursacht uns Unbehagen.

In der Psychologie nennt man das *kognitive Dissonanz*. Diesen Begriff prägte der amerikanische Sozialpsychologe Leon

Festinger. In den 1950er-Jahren untersuchte er eine UFO-gläubige Weltuntergangssekte, die von einer Hausfrau aus Chicago geleitet wurde. Sie behauptete, die Stadt würde von einer gewaltigen Sintflut vernichtet werden. Als die Prophezeiung nicht eintraf, erwartete er, dass die Anhänger sich von der Sektenchefin abwenden würden. Doch diese verstärkten ihre Bekehrungsbemühungen: Zuvor waren sie den Medien aus dem Weg gegangen, nun aber gaben sie Interviews und erklärten, ihr Glaube hätte die Stadt gerettet. Das ist ein gutes Beispiel für kognitive Dissonanz: Die Anhänger ignorierten alle Beweise, die ihren Ansichten zuwiderliefen, und suchten stattdessen nach Beweisen, die sie verstärkten.

Wenn man dieses Modell auf die Untreue anwendet, so finden wir es schwer, mit der Möglichkeit umzugehen, dass unser Partner gleichzeitig ein guter und ein schlechter Mensch sein kann. Wir neigen dazu, uns für eine Variante zu entscheiden – in diesem Fall die böse. Im Griff der kognitiven Dissonanz bemerkt man ausschließlich die Beweise für die Schlechtigkeit des Partners und spielt jeden Hinweis auf seine guten Seiten herunter. (Aus diesem Grund halten manche ihren untreuen Partner auch für einen schlechten Elternteil und wollen verhindern, dass er die Kinder zu sehen bekommt.)

Dasselbe trifft auf die Verantwortung für die Affäre zu, die allein einem der Partner zugeteilt wird. Im allgemeinen Sprachgebrauch sprechen wir von der *schuldigen* und der *unschuldigen* Partei. Doch in den 25 Jahren meiner Paartherapie ist mir noch nie ein Paar begegnet, das man so eindeutig in Schwarz und Weiß hätte aufteilen können. Und die Paare, die so dachten, zeigten sich einer Therapie auch am unzugänglichsten. Aus diesem Grund ist es wichtig, dass Sie Ihre Sichtweise erweitern. Erst dann können Sie all die widersprüchlichen Informationen über Ihren Partner verarbeiten, ohne allzu schnell ein Urteil zu fällen. Es wird nicht einfach sein, aber Sie werden feststellen, dass es sich ungeheuer auszahlt.

Zusammenfassung

- Wenn Ihr Instinkt Ihnen sagt, dass Sie an der Treue Ihres Partners zweifeln sollten, dann machen Sie Inventur. Wie vertrauenswürdig war Ihr Instinkt in der Vergangenheit?
- Es ist besser, den Partner in aller Ruhe zu konfrontieren und ihm die Chance zu geben, alles zu beichten, als nach Beweisen zu suchen.
- Eine unangemessene Freundschaft beziehungsweise eine Online-Affäre schadet der Beziehung, auch wenn es keine sexuelle Untreue gibt. Darum darf sie nicht ignoriert werden.
- Es ist ganz natürlich, dass sowohl der Betrogene als auch der Betrüger nach der Aufdeckung des Seitensprungs in einen Schockzustand fallen.
- Es fällt schwer, ein über Jahre hinweg aufgebautes Bild eines liebevollen Partners und Elternteils mit dem Menschen in Übereinstimmung zu bringen, der log, betrog und das Glück aller gefährdete.
- Wenn man jedoch lernt, mit der kognitiven Dissonanz umzugehen, kann man sowohl die eigene Vision der Beziehung als auch die des Partners gleichzeitig sehen – und akzeptie-

ren, dass sie nicht immer deckungsgleich sein werden. Das ist eine unschätzbare Erkenntnis, nicht nur für die sieben Schritte dieses Buches, sondern für Ihr ganzes gemeinsames Leben.

Übungen

Verbessern Sie Ihre Kommunikation

Es folgen sechs Ratschläge, wie man im Alltag besser kommuniziert, wie man schwierige Themen anschneidet und verhindert, dass Auseinandersetzungen eskalieren.

1. Sorgen Sie für eine bessere Stimmung
Einer der Schlüsselfaktoren bei der Beurteilung einer Beziehung ist das Verhältnis von positiven Strokes* (Komplimente machen, sich bedanken, Aufmerksamkeit schenken, nette Dinge füreinander tun) zu negativen Strokes (nörgeln, kritisieren, ignorieren, gehässige Dinge tun). Wir meinen oft, dass ein positiver Stroke einen negativen Stroke ausgleicht. Aber Forscher an der University of Washington in Seattle fanden heraus, dass es fünf positive Strokes braucht, um einen negativen auszulöschen. In meiner Paarberatung konnte ich feststellen, dass Paare, die behaupten, nicht miteinander kommunizieren zu können, durchaus kommunizierten – nur eben mit negativen Strokes.

---

* *Strokes* ist ein Begriff aus der Transaktionsanalyse; damit ist ein zwischenmenschlicher Kontakt gemeint, der positiv oder negativ ausfallen kann.

- Beobachten Sie sich 24 Stunden lang: Wie oft machen Sie Ihrem Partner ein Kompliment, bedanken sich bei ihm oder tun etwas Besonderes für ihn? Wie oft nörgeln Sie, kritisieren ihn oder reagieren schnippisch?
- Können Sie die Anzahl der positiven Strokes erhöhen?
- Ich fordere Sie nicht auf, Komplimente zu erfinden oder sich zu verstellen. Achten Sie einfach auf den inneren Dialog in Ihrem Kopf. Wie oft denken Sie: »Das ist ein schönes Kleid« oder »Es hat mich wirklich entlastet, dass er die Kinder von der Schule abgeholt hat«, behalten aber diese Gedanken für sich? Sprechen Sie sie von nun an laut aus und teilen Sie sie Ihrem Partner mit.

2. Arbeiten Sie an Ihrer Körpersprache

Stress und Zeitmangel führen oft dazu, dass wir mit unserem Partner kommunizieren, indem wir eine Treppe hinaufbrüllen, oder uns mit ihm unterhalten, während er gerade fernsieht, die Zeitung liest oder am Computer arbeitet.

- Nehmen Sie sich vor, immer im selben Raum zu sein, wenn Sie Ihren Partner etwas fragen wollen oder ihm etwas zu sagen haben. Selbst wenn es nur um eine Kleinigkeit geht: »Wann kommst du heute nach Hause?« Das minimiert Missverständnisse.
- Sehen Sie Ihren Partner an, wenn Sie mit ihm sprechen, schalten Sie das Fernsehgerät aus, legen Sie die Zeitung beiseite oder kehren Sie dem Computerbildschirm den Rücken zu.
- Halten Sie Augenkontakt.

- Nicken Sie hin und wieder mit dem Kopf, das ermutigt Ihren Partner, mit dem Gespräch fortzufahren.
- Verschränken Sie nicht die Arme, das wirkt abwehrend.

3. Achten Sie darauf, wie Sie mit Ihrem Partner reden
Bei vielen Paaren besteht das Problem nicht darin, was sie sagen, sondern wie sie es sagen. Üben Sie die nachfolgenden Tipps in weniger stressigen Situationen ein – beispielsweise am Arbeitsplatz, mit Freunden oder Familienangehörigen – und setzen Sie das Erlernte anschließend bei der Kommunikation mit Ihrem Partner um.

- Verwenden Sie »Ich«-Aussagen, keine »Du«-Aussagen. Hier ein Beispiel: »Ich bin wütend« – da kann Ihnen keiner widersprechen, denn was Ihre Gefühle angeht, sind Sie der Experte. Wenn Sie dagegen »du machst mich wütend« sagen, wird Ihr Partner defensiv reagieren oder Sie verbal angreifen.
- Bei Paaren, deren Auseinandersetzungen rasch eskalieren, verbanne ich das »du« fünf Minuten lang völlig aus dem Gespräch. Versuchen Sie es einmal, und sehen Sie selbst, welchen Unterschied das macht.
- Stehen Sie zu Ihrer Meinung, anstatt allgemeine Aussagen zu treffen. Beispielsweise: »Meiner Meinung nach sollte es in der Küche nicht so aussehen.« Sie können auch eine Erklärung mitliefern: »Ich kann eine solche Unordnung nicht ausstehen« oder »Das ist unhygienisch«. Das führt zu einer Diskussion und somit zu einer möglichen Lösung. Eine allgemeine Aussage wie »Man sollte schmutzige Teller nicht auf der Arbeitstheke stehen lassen« klingt wie die Prokla-

mation eines allmächtigen Herrschers und fordert förmlich zur Meuterei auf.

- Bringen Sie die Meinung anderer nicht mit ins Spiel, dadurch wird aus einer Diskussion unweigerlich ein Streit. Es ist vollkommen egal, was Ihre Freunde, Ihre Mutter oder jeder Mensch, der bei Verstand ist, davon hält. Hier geht es um Ihr Haus und Ihre Beziehung, und nur das, was Sie beide denken, ist von Bedeutung.

4. Respektieren Sie gegenseitig Ihre Meinungen

Respekt ist die eindrucksvollste Möglichkeit, seinem Partner positive Strokes zukommen zu lassen. Im Gegensatz dazu wird jede Beziehung von mangelndem Respekt ernsthaft untergraben.

Hören Sie zu, was Ihr Partner zu sagen hat, und unterbrechen Sie ihn nicht.

- Hören Sie ihm aufmerksam zu und überlegen Sie sich nicht schon Ihre Retourkutsche, während er noch spricht.
- Zeigen Sie ihm, dass Sie zugehört haben und ihn auch richtig verstehen wollen, indem Sie Schlüsselaussagen wiederholen: »Du planst also, erst die Garage auszuräumen« oder »Du warst also von Anfang an zu spät dran«.
- Geben Sie ihm ein positives Feedback: »Das ist ein gutes Argument« oder »Dem stimme ich zu«.
- Stellen Sie sicher, dass Sie Ihren Partner auch richtig verstanden haben: »Du willst also sagen, dass du wütend bist, weil ich meinen Teller nicht in die Spülmaschine gestellt habe.« Wenn Sie damit falsch liegen, wird Ihr Partner Sie daraufhin korrigieren: »Nein, nicht wütend, nur frustriert.«

5. Behandeln Sie einen Problempunkt nach dem anderen
Wenn Paare unter Stress stehen, versuchen sie oft, alle negativen Strokes zu vermeiden und keinerlei Klagen zu äußern. Doch es ist unmöglich, dass zwei Menschen zusammenleben, ohne dass sie nicht auch in einigen Punkten unterschiedlicher Meinung sind. Akzeptieren Sie, dass es unterschiedliche Auffassungen geben wird, und eignen Sie sich Strategien an, um Probleme zu lösen.

- Es ist immer leichter, ein Problem nach dem anderen anzugehen, als sie auflaufen zu lassen und dann über alle auf einmal zu streiten.
- Wenn Sie ein Problem gleich zur Sprache bringen, sobald es auftaucht, geben Sie Ihrem Partner die Gelegenheit, darauf zu reagieren. (Bitten Sie ihn beispielsweise »Könntest du mich vom Bahnhof abholen?«, um Ihrem Partner die Chance zu geben, das auch zu tun. Wenn Sie dagegen nichts sagen, legt das den Grundstein für einen künftigen Streit: »Und du hast dir nicht einmal die Mühe gemacht, mich am Freitagabend vom Bahnhof abzuholen!« Schon am Samstagmorgen ist das alles Geschichte und es ist zu spät, als dass Ihr Partner daran noch etwas ändern könnte.)
- Beschweren Sie sich nur über konkrete Verhaltensweisen (»Lass deine nassen Handtücher nicht einfach auf dem Badezimmerboden liegen«), und kritisieren Sie nicht generell die Persönlichkeit Ihres Partners (»Du bist faul und rücksichtslos«).

6. Lassen Sie einen Streit nicht in der Luft hängen
Ein Streit kann sehr produktiv sein. Bei ihm kommen die Gefühle ans Licht. Das Wichtige trennt sich vom Unwichtigen. Ein Streit reinigt die Luft. Allerdings ist er nicht produktiv, wenn er nach tagelangen Patt-Situationen, gegenseitigem Anschweigen und vergifteter Atmosphäre erfolgt.

- Wenn genug Zeit verstrichen ist und sich die Gemüter beider Partner abgekühlt haben, sollten Sie den Streit einer Autopsie unterziehen: Wann lief er aus dem Ruder? Hätten Sie sich anders verhalten können, und wenn ja, wie?
- Entschuldigen Sie sich für Ihren Anteil an der Eskalation: »Es tut mir leid, dass ich ausgerastet bin« oder »Ich wollte dich nicht kritisieren«.
- Erläutern Sie den Hintergrund. Manchmal braucht Ihr Partner einfach nur eine zusätzliche Information: »Ich hatte heute einen wirklich schlimmen Tag bei der Arbeit, darum war ich so mürrisch und habe überreagiert« oder »Meine Mutter hat meinem Vater immer genau dasselbe vorgeworfen«.
- Halten Sie Ausschau nach einem Kompromiss. Was könnte jeder von Ihnen beisteuern beziehungsweise ändern? Können Sie einen Handel eingehen? Beispielsweise: »Ich werde … tun, wenn du … tust.«
- Lösungen, die beide zufriedenstellen, sind von Dauer. Also halten Sie Ausschau nach etwas, das beiden Seiten etwas bringt.

Wie man übertriebenes Misstrauen umprogrammiert

Es gibt zweierlei Formen von Misstrauen: »natürliches« und »übertriebenes«. Ersteres basiert auf unwiderlegbaren Beweisen für ein seltsames oder untypisches Verhalten über einen längeren Zeitraum hinweg. (Normalerweise stellt sich daraufhin heraus, dass Ihr Partner Sie betrügt.) Letzteres basiert auf irgendeinem kleinen Vorfall, der anderen Leuten womöglich gar nicht weiter auffallen würde, aber weil Sie extrem wachsam oder übermüdet oder gestresst sind, schlägt Ihre Fantasie Purzelbäume, und Sie kommen irgendwann zu dem Schluss, dass Ihr Partner Sie einfach betrügen *muss*. (Sobald Sie sich wieder beruhigt haben, gibt es immer eine einleuchtende Antwort, und der vernünftige Teil Ihrer Persönlichkeit weiß genau, dass es sich um falschen Alarm gehandelt hat.) Wenn Ihre Verdachtsmomente in die erste Kategorie fallen, brauchen Sie diesen Abschnitt nicht zu lesen – Sie sollten vielmehr Ihren Partner darauf ansprechen. Wenn Ihre Verdächtigungen jedoch in die zweite Kategorie fallen, haben Sie Ihren Partner höchstwahrscheinlich schon eine Million Mal darauf angesprochen, und er ist mittlerweile Ihre Anschuldigungen, er würde Sie betrügen – obwohl er das ganz offensichtlich nicht tut –, so leid, dass Ihre Beziehung in Gefahr ist. Sie sollten unbedingt weiterlesen:

1. Machen Sie Inventur.

Wie oft waren Sie sich in den vergangenen drei Monaten schon absolut sicher, dass Ihr Partner untreu ist, oder haben gefürchtet, die Beziehung sei vorbei? Vergleichen Sie die Anzahl Ihrer Ausbrüche mit denen des letzten Jahres – kommen sie jetzt häufiger vor? Wie fühlt sich Ihr Partner dabei? Untergräbt Ihr Bedürfnis, ständig zu hinterfragen, zu überprüfen und zu konfrontieren, ernsthaft Ihre Beziehung? Anstatt sich selbst fertigzumachen und zu fürchten, dass Sie Ihren Partner damit vergraulen – was Ihre Ängste nur weiter anfacht –, sollten Sie das Versprechen geben, sich zu ändern.

2. Was springt für Sie dabei heraus?

Auf den ersten Blick lautet die Antwort: nicht viel. Doch tief in Ihrem Innern haben Sie etwas davon, sonst würden Sie es nicht immer wieder so weit kommen lassen. Werfen wir also einen Blick auf dieses Muster und eruieren wir die unterbewussten Antriebskräfte: Sie hatten einen schlimmen Tag. Sie sind gestresst und fühlen sich ungeliebt. Sie brauchen eine Umarmung und die Zusicherung, dass Sie fabelhaft sind. (Es fällt Ihnen jedoch schwer, darum zu bitten, denn Ihre Bitte könnte abgelehnt werden, und das wäre noch schlimmer, als wenn Sie gar nicht erst fragen.) Ihr Partner erkennt nicht sofort, was Sie brauchen – vielleicht hatte er auch einen schlimmen Tag –, und Sie fangen an, sich zu sorgen, ob er Sie noch liebt. Sie brauchen eine Garantie, also stellen Sie ihn auf die Probe. Sie fangen einen Streit an oder setzen ihm so lange zu, bis Sie eine Reaktion aus ihm herauskitzeln (wahrscheinlich eine negative, aber das ist besser als nichts). Letzten Endes versöhnen Sie sich, und Sie bekommen den »Beweis«, dass Ihr Partner Sie noch liebt. Meistens sehnen sich misstrauische Menschen nur nach Zuwendung, Liebe und Aufmerksamkeit. Doch die Art und Weise, wie sie sie einfordern, vertreibt alle und jeden.

3. Werden Sie realistischer.

Misstrauische Menschen haben meistens enorm hohe Erwartungen. Sie wollen nicht nur heiraten und danach glücklich bis ans Ende ihrer Tage leben, sondern das auch noch in einem Reetdachhaus mit einem weißen Zaun. Sie tragen gern Designerkleidung, auf die sich ihr Baby natürlich niemals erbricht. Sie werden Verkäufer des Monats – *jeden* Monat. Sie sind Perfektionisten, und wenn sie auch nur einen Schritt vom Weg abkommen, halten sie sich für Versager, die der Liebe nicht wert sind. Doch sosehr sich die Perfektionisten auch anstrengen, im Leben läuft es leider anders. Es gibt Zeiten, in denen die Anforderungen bei der Arbeit ihren Partner davon abhalten, fünfmal täglich anzurufen oder eingehende Anrufe anzunehmen. Wenn misstrauische Menschen sich – und ihrem Partner – etwas mehr Leine lassen würden, wäre das Leben sehr viel einfacher. Na gut, es ist dann vielleicht nur ein »normales« Leben, aber die Wirklichkeit ist letztlich immer viel befriedigender als die Fantasie.

4. Lenken Sie sich ab.

Wenn Sie Ihr Verhaltensmuster verstanden haben, ist das allerdings erst die halbe Miete. Um Ihr Misstrauen loszuwerden, brauchen Sie auch einen Erste-Hilfe-Kit für Stresssituationen. Sobald Ihre Gedanken ins Rotieren geraten, sollten Sie ein mentales STOPP-Schild aufstellen und sich etwas Gutes tun: Brühen Sie sich eine Tasse Tee auf, lesen Sie ein inspirierendes Buch, nehmen Sie ein Bad, meditieren Sie. Ablenkung ist vor allem dann wichtig, wenn Ihr überaktives Gehirn Sie am Einschlafen hindert. Analysen, die mitten in der Nacht entstehen, bieten nur höchst selten sinnvolle Einblicke und generieren nichts als Angst und Furcht. Stehen Sie lieber auf und tun Sie etwas, das Ihr Gehirn beschäftigt, ohne allzu anspruchsvoll zu sein – lösen Sie ein Kreuzworträtsel oder ein Sudoku oder legen Sie ein Puzzle.

5. *Lernen Sie, wie Sie sich selbst beruhigen können.*
Wenn Sie sich gut fühlen, wenn in Ihrer Beziehung alles zum Besten steht und Ihr Partner liebevoll und aufmerksam ist, dann fällt es Ihnen leicht, auf die vernünftige Stimme in Ihrem Kopf zu hören. Während Sie diese vernünftige Stimme hören, sollten Sie alle positiven Aspekte Ihrer Beziehung aufschreiben. Beispielsweise »Er liebt mich wirklich« oder »Ich muss ihr wichtig sein, sonst würde sie das nicht auf sich nehmen« und »Er ist ganz anders als mein letzter Freund, der mich betrogen hat« oder »Sie ist überhaupt nicht wie meine Mutter«. Überlegen Sie sich so viele positive Aussagen wie möglich und schreiben Sie sie auf Karteikarten. Wenn sich das nächste Mal die misstrauische Stimme in Ihnen meldet, dann ziehen Sie die Karten hervor und lassen sich von ihnen die Augen für die Wirklichkeit öffnen. Sagen Sie sich: STOPP. Und dann erlauben Sie Ihrer vernünftigen Stimme, die misstrauische zu beruhigen. Mit etwas Übung lernen Sie schon bald, sich selbst zu beruhigen, anstatt sich dafür auf Ihren Partner verlassen zu müssen.

Meine Lebenslinie

Diese Übung soll Ihnen helfen, Ihr Leben bis zu diesem Punkt zu verstehen, damit Sie das, was gerade passiert, in einen größeren Zusammenhang stellen können. Sie ist für Überführende und Überführte gleichermaßen geeignet.

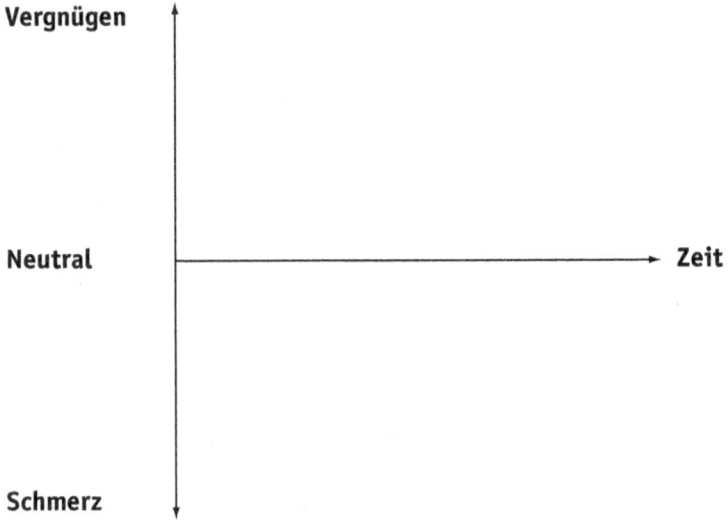

Kopieren Sie die oben stehende Grafik und notieren Sie die Höhe- und die Tiefpunkte von Ihrer Kindheit bis heute. Dann schreiben Sie in die Grafik, was in diesen signifikanten Momenten geschah.

Wie Sie Ihre Lebenslinie interpretieren können

1. Betrachten Sie die bisherigen Tiefpunkte Ihres Lebens.
- Was hat Ihnen geholfen, diese Tiefpunkte zu überstehen?
- Wie könnten Sie diese Fertigkeiten erneut zum Einsatz bringen?
- Was haben Sie aus diesen schlimmen Zeiten gelernt?

2. Betrachten Sie die bisherigen Höhepunkte Ihres Lebens.
- Was hat diese Höhepunkte ausgemacht?
- Was haben Sie von diesen guten Zeiten gelernt? (Keine Sorge, wenn es unter dieser Überschrift weniger Einträge gibt. Wie Sie noch feststellen werden, sind Widrigkeiten die besten Lehrmeister.)

3. Was ist mit den Nulllinien?
- Nulllinien treten auf, wenn die Leute ihr Bestes tun, um unangenehme oder unwillkommene Gefühle zu ignorieren oder zu unterdrücken. Sie sagen sich: »Das ist doch nicht wichtig«, dass sie »die andere Wange hinhalten sollten« oder dass sie »weitaus größere Probleme haben als das«.
- Kurzfristig funktioniert diese Strategie. Doch wir können uns nicht aussuchen, welche Gefühle wir zulassen und welche nicht. Letzten Endes werden auch die guten Gefühle ausgeblendet, und das Leben wird grau und trist.
- Die Wut über eine Affäre kann durch ein Nulllinienleben hindurchfegen wie ein Sturm. Haben Sie keine Angst, die Wut zuzulassen – streiten Sie mit Ihrem Partner und erlauben Sie der Leidenschaft, an die Oberfläche zu kommen.

4. Was ist, wenn ich sehr viele Höhe- und Tiefpunkte habe?

- Fragen Sie sich, was diese Stimmungsschwankungen ausgelöst hat.
- Hatten Sie einfach Pech oder liegt dem ein größeres Muster zugrunde?

5. Was ist, wenn das hier der tiefste Tiefpunkt ist?

- Auf den ersten Blick kann das ziemlich deprimierend sein. Dennoch möchte ich Sie bitten, sich zu fragen, ob Sie das Ganze nicht »allzu« dramatisch sehen. Möchten Sie Ihre Lebenslinie überhaupt ändern?
- Wenn der Ehebruch Ihres Partners wirklich das Schlimmste ist, was Ihnen bislang im Leben zugestoßen ist, dann stellen Sie sich vor, wie Sie in die Vergangenheit reisen, zum ersten Tiefpunkt Ihres Lebens. Vielleicht war es das erste Mal, als Ihnen ein Junge oder ein Mädchen das Herz gebrochen hat?
- Stellen Sie sich vor, der Mensch, der Sie heute sind, könnte mit dieser jüngeren Version von Ihnen sprechen. Welchen Trost könnten Sie anbieten? Welchen Rat könnten Sie geben?
- Geben Sie sich nun selbst diesen Rat, spenden Sie sich denselben Trost und fangen Sie an, sich aus diesem Tief herauszulotsen.

Fixpunkt

Drei Schlüsselstrategien, um die erste Phase – Schock und Unglauben – zu überleben:

1. Werfen Sie Ihrem Partner nicht einfach vor, eine Affäre zu haben – fragen Sie ihn offen danach.

2. Bleiben Sie ruhig, wenn Sie Ihre Ängste darlegen, damit Ihr Partner nicht defensiv oder aggressiv wird.

3. Vermeiden Sie Wörter wie »niemals«, »immer« und »solltest«, wenn Sie über Probleme sprechen, denn diese führen nur zu Streit, nicht zu einer Diskussion.

2. Phase: Intensives Fragen

Wenn der Schock allmählich nachlässt, stellen sich dem Partner, der die Untreue aufdeckte, eine Million Fragen. Wer ist die andere Frau? Wer ist der andere Mann? Wie lange läuft das schon? Wer weiß alles davon? Heißt das, unsere Beziehung ist am Ende? Notfallärzte oder ermittelnde Detektive sprechen von der »goldenen Stunde« – in dieser Zeit ist die Chance am größten, den Patienten zu retten beziehungsweise das Verbrechen zu lösen. Ein solches goldenes Zeitfenster gibt es auch für Beziehungen – in ihm lassen sie sich noch aus der Untreuefalle retten. Seien Sie versichert, es handelt sich dabei um mehr als 60 Minuten. Das Zeitfenster währt ungefähr sechs Monate. Also keine Panik. Sie müssen nicht gleichzeitig in mehrere Richtungen laufen, es jedem erzählen, die Dinge unnötig kompliziert machen und dabei möglicherweise über wichtige Beweise hinwegtrampeln.

Das Bedürfnis, es verstehen zu müssen

Sobald die nackten Tatsachen der Untreue verdaut sind – mit wem, wie lange, wo und wie –, verspürt der Überführende das Bedürfnis, das Warum zu verstehen. Diese zweite Phase nenne ich »intensives Fragen«. Marie (45) erklärte: »Sobald ich die Wahrheit kenne und sie verarbeiten kann, werde ich damit zurechtkommen.« Es gibt jedoch so vieles herauszufinden, dass Sie sich nur allzu leicht davon überwältigt fühlen können, und wenn Sie keine Ahnung haben, was Sie erwartet, kann es Sie auch ängstigen. Darum müssen Sie die Probleme in bissgerechte Happen herunterbrechen, sich auf den Kern dieser Phase konzentrieren – so viel wie möglich über die Affäre herauszufinden – und das Verdauen auf später verschieben. Hier nun fünf Strategien, um das meiste aus diesem goldenen Zeitfenster herauszuholen.

Verbessern Sie Ihre Fragetechniken

Vor allem die ersten ausführlichen Gespräche über das Verhältnis sind von entscheidender Bedeutung und sollten nicht übereilt erfolgen.

- Lassen Sie Ihre Fragen offen. Ein Beispiel: »Wann hast du sie/ihn das erste Mal getroffen?« Fragen Sie nicht: »Hat es vor sechs Monaten angefangen?« Letzteres bringt Ihren Partner nur dazu, genau die Antwort zu geben, die Sie seiner Meinung nach von ihm hören wollen.

- Fällen Sie keine vorschnellen Urteile. Sie mögen den Drang verspüren, die dritte Person als »Schlampe« oder »Mistkerl« zu bezeichnen, aber dadurch würde sich Ihr Partner nur verschließen, in die Defensive gehen und anfangen, die dritte Person zu verteidigen. Das ist eine Sackgasse und verhilft Ihnen nicht zu mehr Verständnis.

- Finden Sie heraus, wie es Ihrem Partner ging, als die Affäre begann. »Was war in deinem Leben zu diesem Zeitpunkt los?« oder: »Wie hast du dich gefühlt?« Das ist der erste Hinweis darauf, warum Ihnen Ihr Partner untreu wurde.

- Am besten werden Sie die Sache verstehen, wenn Sie die Geschichte der Untreue Puzzlestück für Puzzlestück aneinanderreihen. Von Beginn an hat die Menschheit sich Geschichten erzählt, um die Welt zu begreifen. Führen Sie Ihren Partner Schritt für Schritt durch die Ereignisse, mit »Was geschah als Nächstes?« oder »Und dann?«.

- Geschichten haben einen Anfang, eine Mitte und ein Ende. Erliegen Sie nicht der Versuchung, Dinge auszulassen, um zu einem Punkt zu springen, der Ihnen besondere Ängste verursacht, denn das bringt Sie nur durcheinander und hindert Sie daran, das ganze Bild zu sehen.

- Versuchen Sie, ruhig zu bleiben. Je erregter oder vorwurfsvoller Sie werden, desto mehr wird Ihr Partner versuchen, Sie zu beschwichtigen. Dann lässt er vielleicht unangenehme, aber eigentlich wichtige Informationen aus (beispielsweise, dass er seine Geliebte seiner Mutter vorstellte, als sie ihr bei einem gemeinsamen Einkaufsbummel zufällig begegneten) oder spielt die Bedeutung seiner Gefühle für die andere Person herunter oder, schlimmer noch, lügt Sie an.

- Schaffen Sie Klarheit. Viele Informationen werden keinen Sinn ergeben, weil Sie sich einerseits in einem Schockzustand befinden und andererseits Ihre Partnerschaft wahrscheinlich für völlig in Ordnung hielten – zumindest an der Oberfläche. Wiederholen Sie also wichtige Sätze, denn das bringt Ihren Partner dazu, diese weiter auszuführen und zu erläutern.

- Stellen Sie keine Mutmaßungen an. Obwohl die Absicht hinter einigen der Handlungen Ihres Partners eindeutig zu sein scheint, sollten Sie keine voreiligen Schlüsse ziehen, sondern lieber fragen: »Wolltest du mich damit bestrafen?« oder: »Wolltest du mich verletzen?« Höchstwahrscheinlich kann Ihr Partner mit einer ganz anderen Erklärung aufwarten.

- Schweigen ist ein besonders nützliches Hilfsmittel, wenn man Informationen sammeln will. Hetzen Sie nicht von einer Frage zur nächsten, sondern nicken Sie einfach oder bleiben Sie stumm. Das ist häufig der Moment, in dem entscheidende Details offengelegt werden.

- Erwarten Sie nicht, dass Sie in einem einzigen Gespräch Antworten auf all Ihre Fragen erhalten. In den nächsten Tagen werden wahrscheinlich neue Fragen auftauchen, und in dieser Phase sind die meisten untreuen Partner auch nur zu gern bereit, ihr Verhalten zu erklären.

Lernen Sie, Ausflüchte und Doppeldeutigkeiten zu erkennen

In meiner Umfrage zum Thema »Untreue in Großbritannien« berichteten 62 Prozent der Entdecker, dass ihre Partner wichtige Informationen für sich behielten. »Er erzählte mir, er habe nur ein einziges Mal mit ihr geschlafen«, sagte Ellie, die wir schon im ersten Kapitel kennengelernt haben. »Aber drei Monate später rutschte ihm heraus, dass sie zehn oder 15 Mal miteinander geschlafen hatten. Und selbst das halte ich noch für eine Untertreibung.«

Manchmal lügen die Überführten, um schmerzliche Einzelheiten zu verheimlichen: »Ich hätte mit der körperlichen Seite der Beziehung leben können«, erklärte Sybil (33), »aber später, als er seine Anfangslügen vergessen hatte, fand ich heraus, dass er einige Sonntage mit ihr und ihren Freunden verbracht hatte. Mir hatte er erzählt, er sei mit seinen Kumpels unterwegs gewesen. Er hatte sogar einen Urlaub mit ihr verbracht, dabei hatte er zu mir gesagt, er brauche Freiraum, um nachzudenken.«

In dieser Phase ist es schwer zu wissen, wann Ihr Partner Ihnen die Wahrheit sagt – schließlich hat er Sie während der Affäre ununterbrochen angelogen. Hier einige narrensichere Zeichen, die auf Ausflüchte oder Doppeldeutigkeiten hinweisen:

- Auf Zeit spielen. Wenn er Sie also bittet, »Könntest du die Frage bitte wiederholen?«, oder wenn er so tut, als habe er Sie akustisch nicht verstanden. Lügner brauchen Zeit, um sich eine plausible Antwort zu überlegen oder dafür zu sorgen, dass sich ihre Lügen nicht widersprechen.
- Um genaue Definitionen bitten: »Was meinst du mit untreu?« Diese Technik ist eine Variante des Auf-Zeit-Spielens, aber im Grunde geht es nur darum, das Ausmaß einer Frage zu beschränken.
- Einleitungen der Antwort, die ein wenig zu tröstlich klingen:

»Die Wahrheit ist …« oder: »Ich will nicht, dass du denkst, ich wolle den Schlag abfedern …« Das ist nichts weiter als ein Deckmantel, um die Lüge glaubhafter klingen zu lassen.

- Sarkasmus und Humor. »Das war ja so klar, dass du das sagen würdest …« Mit dieser Defensivtaktik will man den Fragesteller ins Abseits bugsieren.
- Kleine, saftige Einzelheiten, mit denen er Ihre Aufmerksamkeit ablenken will. Anstatt Ihre Frage zu beantworten, bringt Ihr Partner Sie damit von der Fährte ab.
- Etwas an der Erklärung ergibt keinen Sinn.

Ermuntern Sie Ihren Partner zur Aufrichtigkeit

Nur wenige Menschen lügen, um die Affäre *fortzusetzen,* nachdem sie überführt wurden (laut meiner Umfrage nur acht Prozent). Die Mehrheit hat komplexere Motive: Die meisten Überführten fürchten, dass die volle Wahrheit ihre Beziehung zerstören könnte, sie wollen sich schützen, sie schämen sich zu sehr, um das ganze Ausmaß des Betrugs offenzulegen, oder sie wollen ihrem Partner keinen weiteren Kummer zufügen. Wie das Motiv auch aussehen mag (oder die Kombination an Motiven), der Überführende wird dadurch in den Wahnsinn getrieben, und es zieht zudem die Phase des Fragens endlos in die Länge. Hier einige Strategien, um voranzukommen:

- Bauen Sie eine Gesprächsbeziehung zu Ihrem Partner auf. Die folgenden Sätze verringern das Konfrontationspotenzial und führen zu mehr Aufrichtigkeit: »Ich weiß, es wäre dir lieber, wenn wir dieses Gespräch jetzt nicht führen würden« oder: »Das ist für uns beide schmerzlich.«

- Lokalisieren Sie die Blockaden. Fragen Sie Ihren Partner, was ihn zurückhält. Versuchen Sie es mit Vorgaben wie: »Du denkst, dass ich mich aufregen werde und wir dann streiten« (deutet auf Angst hin) oder: »Vielleicht glaubst du, dass ich die Sache zu sehr aufbausche« (deutet auf Scham hin) oder: »Ich weiß, du willst meine Gefühle nicht verletzen« (deutet auf Schutzbedürfnis hin).
- Teilen Sie Ihrem Partner mit, wie es mit Ihren Gefühlen aussieht. Er wird wahrscheinlich mit dem Schlimmsten rechnen, aber höchstwahrscheinlich haben Sie schon einiges verarbeitet und können mit manchen Aspekten der Untreue umgehen. Etwa: »Ich verstehe, dass du dich vernachlässigt gefühlt hast, was ich nicht verstehe, ist …« oder »Ich kann akzeptieren, dass du in Versuchung geraten bist und Sex gehabt hast, aber nicht, dass …« Wenn Sie Ihre Gedanken laut aussprechen, wird das nicht nur für Sie die Situation klären, sondern auch einen Durchbruch für Ihren Partner bieten.
- Erklären Sie Ihrem Partner, warum Ehrlichkeit so wichtig ist. Beispiele: »Ich würde es lieber aus deinem Mund hören«, »Ich kann mit dem, was passiert ist, leben, aber nicht damit, dass du mich anlügst«, »Es wird die Luft reinigen«, »Wenn du dir das jetzt von der Seele redest, wirst du dich besser fühlen« oder »Es erspart uns viel Kummer, und wir können damit anfangen, das Ganze hinter uns zu lassen«.
- Fragen Sie sich, ob Ihr Partner begründete Angst vor einer umfassenden Beichte hat. Werden Sie ihn umgehend aus dem Haus werfen? Werden Sie mit Gegenständen um sich werfen oder aggressiv, vielleicht sogar gewalttätig werden? Werden Sie mit seinen Informationen die Kinder gegen Ih-

ren Partner aufbringen? Werden Sie vorschnell urteilen und ihn nicht bis zum Ende anhören?

- Beobachten Sie Ihre Reaktion auf neue Informationen. Achten Sie darauf, sie nicht als Gelegenheit zu sehen, um Ihre Wut abzulassen. (Selbst wenn die Versuchung groß ist und es möglicherweise auch gerechtfertigt wäre, wird Ihr Partner sich dadurch wie eine Auster verschließen und Ihren Ausbruch als Rechtfertigung heranziehen, warum er von da an nichts mehr sagt.) Wenn Sie Ihrem Partner dagegen beweisen, dass seine Furcht, Sie könnten explodieren, grundlos ist, wird das eine Flut von Informationen auslösen.

Müssen Sie wirklich alles wissen?

Einerseits ist es nötig, sich ein Bild vom Ausmaß der Untreue zu machen, damit Sie eine informierte Entscheidung treffen können, ob Sie um die Beziehung kämpfen wollen oder nicht. Andererseits kommt der Moment, wo jedes weiteres Nachbohren kontraproduktiv ist und den Überführten in die Verzweiflung treibt. Wo liegt das richtige Gleichgewicht?

»Ich wollte unbedingt alle schmutzigen Details wissen«, erzählte Jessica (28), die seit fünf Jahren mit ihrem Partner zusammenlebte. »Ich wollte wissen, ob sie besser im Bett war. Hatte sie eine bessere Technik, und wenn ja, wie sah die aus? Wie hat sie selbst ausgesehen? War sie hübscher als ich? Hatte sie festere Brüste? Ich bohrte immer weiter, bis er mir schließlich alles erzählte.« Jessie glaubte, dieses Wissen würde ihr helfen, »die Sache abhaken zu können«, aber es hatte genau die gegenteilige Wirkung: »Es war, als wäre sie von da an immer mit uns im Bett.« Das Paar trennte sich wenige Wochen später.

Graham (43), den wir im ersten Kapitel kennengelernt haben, fand den Wissensdurst seiner Partnerin ermüdend: »Obwohl ich ihr so gut wie alles erzählt hatte und ich einfach nur noch alles vergessen wollte, hakte sie immer wieder von Neuem nach – wo wir übernachtet hatten, wo wir Sex gehabt hatten, was für Sex wir gehabt hatten, auf welchen E-Mail-Accounts ich mit ihr kommuniziert hatte, die E-Mails selbst, was ich ihr gesimst hatte, welche Gedichte ich ihr geschickt hatte. Es war furchtbar, alles wieder aufzukochen, und ich bin immer noch nicht sicher, ob das wirklich hilfreich war.«

Entdecker haben völlig unterschiedliche Bedürfnisse, was das Ausmaß und den Inhalt der Informationen angeht. Es gibt diesbezüglich keine richtige oder falsche Haltung. Um das passende Gleichgewicht für Sie und Ihre Beziehung zu finden, sollten Sie sich die folgenden Fragen stellen:

- Versuche ich, meinen Partner zu bestrafen, indem ich ihn immer und immer wieder nach denselben Informationen frage?
- Bestrafe ich mich selbst, weil ich in der Vergangenheit nicht aufmerksam genug war oder weil ich mir irgendein Versagen vorwerfe?
- Zwinge ich meinen Partner dazu, die Details endlos zu wiederholen, weil ich hoffe, ihn dabei zu erwischen, wie er etwas Neues ausplaudert?
- Laufe ich Gefahr, in der Phase des intensiven Fragens stecken zu bleiben?
- Verwandle ich durch mein Verhalten diese Krise in eine Tragödie?

- Was würde mir helfen, zur nächsten Phase überzugehen?
- Wie kann ich meinem Partner meine Bedürfnisse auf ruhige Weise klarmachen?
- Wann wäre ein guter Zeitpunkt, das zu tun?

Welche Rolle spielt Sex bei der Untreue?

Eine Affäre richtet das grelle Scheinwerferlicht auf das Sexualleben des betroffenen Paares. Das allein ist schmerzlich genug, aber viel schlimmer ist, dass die Liaison auch zwei völlig unterschiedliche Einstellungen offenlegen kann. Am treffendsten hat das die Kinolegende Mae West zusammengefasst: »Sex mit Liebe ist das Großartigste auf der Welt. Aber Sex ohne Liebe – ist auch nicht so schlecht.« Manche Menschen setzen Sex mit Liebe gleich. Für andere ist Sex einfach nur Sex, manchmal mit etwas Liebe durchsetzt. Herkömmlicherweise hält man die erste Einstellung für typisch weiblich und die zweite für männlich, aber wie man am Beispiel von Mae West (1893–1980) sieht, war eine solche Aufteilung noch nie in Stein gemeißelt. Wenn Paare überhaupt über Liebe und Sex reden, dann sind sie sich meistens einig, dass Sex ohne Liebe leer und bedeutungslos ist – alles andere würde ja auch nur zu Auseinandersetzungen, Kummer und möglicherweise sogar zu einer Scheidung führen. Egal, welche Erfahrungen wir also auch immer gemacht haben, und egal, was wir insgeheim denken, wir lächeln und stimmen dieser These zu. Leider bereitet eine Affäre dieser schnuckeligen Einstellung ein jähes Ende.

Als Samantha (35) feststellte, dass Mark (39) ein Verhältnis mit einer ihrer Freundinnen hatte, war sie natürlich am Boden zerstört: »Ich würde nie mit jemand anderem schlafen, außer ich wäre wirklich verliebt. Ich würde nicht einmal darüber nachdenken, mit jemand anderem ins Bett zu gehen, wenn ich nicht ernsthaft plante, den Rest meines Lebens mit diesem Menschen zu verbringen. Das wäre ein deutliches Zeichen, dass es mit meiner Ehe aus und vorbei ist.« Darum lautete natürlich ihre erste Frage, als sie ein Geschenk der anderen Frau für ihren Mann im Auto fand: »Liebst du sie?« Mark reagierte ganz typisch: »Natürlich nicht. Ich liebe *dich*. Das mit ihr hat nichts zu bedeuten.« Mark und Samantha sind nicht allein in ihrer Erkenntnis, dass Sex für jeden von ihnen offenbar etwas anderes bedeutete.

Forscher an der University of North Carolina untersuchten, welcher Betrug sich verletzender anfühlte – die sexuelle oder emotionale Untreue. Sie fanden heraus, dass Männer mehr von sexueller Untreue verstört wurden (73 Prozent) als von emotionaler (27 Prozent). Frauen dagegen waren mehr über einen emotionalen Betrug erschüttert (68 Prozent) als über einen sexuellen (32 Prozent). Das erklärt zum Teil, warum Männer eher Details über den Sex für sich behalten (Häufigkeit, wo, was ihnen daran gefiel), während Frauen eher ihre Gefühle verheimlichen (wie groß ihre Liebe war, wie tief sie empfanden).

Forscher von der Indiana State University interessierten sich dafür, ob diese unterschiedliche Einstellung der Geschlechter genetisch bedingt ist oder ob dabei die sexuelle Ausrichtung eine Rolle spielt. Sie untersuchten sowohl Heterosexuelle als auch Homosexuelle, aber dieses Mal forderten sie keine Unterscheidung zwischen sexuellem oder emotionalem Betrug. Heterosexuelle Männer blieben die Eifersüchtigsten, sie führten die Umfrage nicht nur in der Sorge um die sexuelle Untreue an, sondern auch um die emotionale Untreue. (Das liegt an der »Doppelte Chance«-Hypothese, wie die Wissenschaftler es nennen. Mit anderen Worten, heterosexuelle Männer glauben, wenn eine Frau emotional untreu ist, ist sie es auch sexuell.) Das Ergebnis für die emotionale Untreue lautete: Heterosexuelle Männer 55 Prozent, heterosexuelle Frauen 30 Prozent, schwule Männer 24 Prozent, lesbische Frauen 22 Prozent. Die Ergebnisse für sexuelle Untreue: Heterosexuelle Männer 29 Prozent, heterosexuelle Frauen 11 Prozent, schwule Männer 5 Prozent und lesbische Frauen 4 Prozent.

Das Thema der sexuellen Untreue wird zudem durch die Allgegenwart der Pornografie verkompliziert, da viele Menschen feststellen müssen, dass ihr Partner pornografische Chatrooms aufsucht oder sich Pornos anschaut. Jedes Paar muss selbst entscheiden, wie genau sich Betrug definiert und wo die Grenze zwischen annehmbarem und unannehmbaren Verhalten liegt. Doch solche Diskussionen können das Gefühl verstärken, dass ein Partner zum Fremden wurde, und die Heilung erschweren. (Mehr darüber, wie man über Sex redet, findet sich im Übungsteil.)

Was ist mit der dritten Person?

Es ist schwer genug, das ganze Ausmaß der Untreue und die Bedeutung, die der Sex spielte, aufzuklären, aber noch schwerer ist es, die wahren Gefühle des Überführten für die dritte Person einzuschätzen. Das hat zwei Gründe. Zum einen platzt die selige Blase der Affäre, sobald sie aufgedeckt wird, und das führt zu radikalen Gefühlsänderungen. (Daher wird Ihr Partner wahrscheinlich gar nicht mehr genau sagen können, was er für die dritte Person empfindet.) Zum anderen lässt sich unmöglich vorhersagen, wie die dritte Person reagiert, ob sie sich zurückzieht oder um die Beziehung kämpft, und welche Wirkung das auf Ihren Partner haben wird. Wie immer die Umstände auch aussehen mögen, Sie werden in erster Linie wissen wollen: Liebt er sie? Liebt sie ihn? Und ist es wirklich vorbei?

Ihr Partner und die dritte Person

Aufgrund der modernen Technik wird ein Großteil der Kommunikation zwischen Ihrem Partner und der dritten Person irgendwo gespeichert sein. Wenn Sie SMS-Botschaften und E-Mails gelesen haben (wovon ich abrate), wird es viele verletzende Dinge geben, die sich in Ihr Gedächtnis eingebrannt haben. »Er hat sie als ›seine Seelenverwandte‹ bezeichnet und geschrieben, sie ›verstehe ihn besser als irgendjemand sonst‹«, erzählte Laurie (38). »Ich begreife nicht, wie er jetzt sagen kann, dass es nichts Ernstes war und er keine Gefühle mehr für sie hat.« Um die enormen Unterschiede zwischen dem, was ihr Partner sagte, und dem, was er schrieb, zu verstehen, muss sie die Rolle der Fantasie in einer Affäre begreifen. Echte Beziehungen bauen auf kleinen Liebesdiensten auf (er fährt sie zum Bahnhof oder sie kauft für seine Mutter ein, wenn die aus dem Krankenhaus entlassen wird), und es erfordert viel Zeit, um sich wirklich gegenseitig kennenzulernen. Im völligen Gegensatz dazu fehlen diese Alltagsliebesdienste aufgrund der Geheimhaltung in der Liaison, und die Fantasie – wie unwahrscheinlich sie auch sein mag – füllt die Lücke aus. Bei vielen Affären haben die Liebenden nichts weiter als ihre Fantasie, und diese wird in epischer Breite ausgewalzt, wie Laurie feststellen musste. Die Wirklichkeit ist dagegen oft ziemlich banal. Sollten Sie also belastende Liebesbriefe finden, behandeln Sie sie als Momentaufnahme der Beziehung, wie sie war, als die Briefe geschrieben wurden, aber nicht als allein gültige Wahrheit hinsichtlich der Gefühle, die Ihr Partner jetzt und hier hat.

Der Umgang mit der dritten Person

Wie schwer es ist, wahre Emotionen von den aufgeblähten Fantasieemotionen zu unterscheiden, zeigt sich an Isabella, deren Ehemann, mit dem sie 16 Jahre verheiratet war, ein Verhältnis hatte: »Er schwor, es sei vorbei, meinte aber, er brauche seinen Freiraum.« Sie trennten sich und gingen zur Paarberatung. In dieser Zeit fiel es ihr ungeheuer schwer, die Gefühle ihres Ehemannes zu verstehen: »Manchmal war er distanziert oder weinerlich, und mehrmals gelobte er, die Affäre sei wirklich vorbei. Er sagte, wir würden doch daran arbeiten, wieder zusammenzukommen, und sollten unter gar keinen Umständen mit anderen ausgehen. Manchmal wurde ich misstrauisch und fragte, ob er sich noch mit ihr traf. Schließlich wohnten wir getrennt, und was sollte ihn davon abhalten? Er fand, ich würde ihn damit förmlich in ihre Arme treiben. Er leugnete jedes Mal vehement, sich mit ihr zu treffen, wurde immer ziemlich wütend und meinte, er sei mit den Nerven am Ende.« In dieser Zeit fingen sie an, wieder miteinander auszugehen, und nach vier Monaten bat er sie, ob er nicht wieder in das gemeinsame Haus ziehen könne.

In den ersten sechs Wochen nach seiner Rückkehr war alles gut. »Dann rief mich seine Geliebte an und hielt mir eine ›Sie haben das Recht, es zu erfahren‹-Rede. Sie hatten ihre Liaison ununterbrochen fortgesetzt, bis er wieder nach Hause zog. Sie flehte mich an, ihn ihr zu überlassen, da sie ihren eigenen Ehemann für ihn verlassen hatte. Ungefähr drei Tage lang belästigte sie mich mit Anrufen und SMS-Botschaften. Sie kam sogar zu uns nach Hause, als ich nicht da war, und unsere kleinen Kinder mussten mit ansehen, wie mein Mann und sie vor dem Haus miteinander stritten. Sie stürmte davon. Er rief sie an, um zu fragen, ob es ihr gut ging, und da drohte sie mit Selbstmord. Er bat eine Nachbarin, auf die Kinder aufzupassen, und fuhr zu ihr. Am nächsten Tag machte er wieder mit ihr Schluss, aber an diesem Abend rief sie erneut an und drohte vorbeizukommen.«

Leider wurde es noch schlimmer. »Ich rief sie an, verlor die Fassung und schrie sie an. Mein Ehemann bezeichnete mich als Biest. Dann sagte er mir, ich solle ihn die Sache so beenden lassen, wie er es für richtig hielt. Also rief er sie wieder an und entschuldigte sich eine halbe Stunde lang bei ihr.«

Das mag extrem klingen, aber auch ich hatte schon einmal einen Mann in Therapie, dessen Geliebte drei Mal versuchte, sich umzubringen – glücklicherweise jedes Mal ohne Erfolg. Was sollten Sie also tun, wenn die dritte Person zur Belästigung wird?

Graham, von dem wir schon gehört haben, rief seine Geliebte an dem Morgen an, als die Affäre ans Licht kam: »Ich sagte ihr, es sei vorbei, und sie meinte, dass sie es verstehe. Doch dann versuchte sie die nächsten drei oder vier Monate ständig, mich zu erreichen – telefonisch, per SMS oder E-Mail. Ich meldete sie als Spam bei meinem E-Mail-Provider, aber sie änderte ihre E-Mail-Adresse. Ich besorgte mir ein Digitaltelefon, damit ich ihre Nummer erkennen konnte, aber sie rief von verschiedenen Telefonen an. Sie hörte erst auf, als unser Anwalt ihr einen Brief schrieb und ihr mit einer Unterlassungsklage drohte.« Dieser praktische Ansatz funktioniert viel besser als die direkte Konfrontation.

Die Tücken der ersten Tage und Wochen nach der Aufdeckung

Angesichts der Stressbelastung und der höchst intensiven Gefühle in dieser Phase wird jeder von Ihnen etwas sagen oder tun, was er später bereut. Also machen Sie sich keine allzu großen Sorgen, wenn Sie eine der folgenden Stolperfallen wiedererkennen:

Erst reagieren, dann denken

Als Tracey (45) herausfand, dass ihr Ehemann Paul ihr auch sexuell untreu geworden war, obwohl er ihr geschworen hatte, dass es sich nur um eine unangemessene Freundschaft handelte, ging sie in die Luft. »Ich war so unglaublich wütend, dass ich sogar mit Gegenständen nach ihm warf – mit dem Aschenbecher, einem Weinglas, dem Rest unseres Abendessens. Er war mit Asche, Scherben und Flecken übersät, und ich konnte seinen Anblick trotzdem nicht ertragen. Ich befahl ihm, sofort unser Haus zu verlassen, aber er weigerte sich, bis ich drohte, dass ich meinen Sohn [aus erster Ehe] anrufen würde, und der ist ein Schrank von einem Kerl.« Schließlich verließ Paul spät in der Nacht das Haus. Gewalt ist nicht nur inakzeptabel, Tracey hatte auch nicht daran gedacht, zu wem er gehen würde.

Paul erzählte weiter: »Ich kam nicht im örtlichen Hotel unter, weil ich furchtbar aussah und einen anderen Namen als den auf meiner Kreditkarte angegeben hatte. Wohin sollte ich gehen? Ich hatte buchstäblich niemanden.« In diesem Moment hatte er seit über zwei Monaten keinen Kontakt zu der anderen Frau gehabt. »Ich dachte, es sei zwischen mir und meiner Frau aus und vorbei – sie hatte mir das ja in aller Deutlichkeit gezeigt –, also rief ich sie [die andere Frau] an.« Die Frau lud Paul zu sich ein, und sie landeten zusammen im Bett, was ja wohl keine Überraschung ist.

Glücklicherweise sprang der Funke nicht erneut über, und nach zwei Nächten beichtete Paul, was geschehen war. Paul und Tracy schafften es letzten Endes, die Blockaden aus dem Weg zu räumen, die dazu geführt hatten, dass er zu ihr nicht ehrlich war, sowie den Rückschlag zu bewältigen, den ihr Wutausbruch herbeigeführt hatte.

Tipp: Wenn Sie dazu neigen, erst zu handeln und dann nachzudenken, genehmigen Sie sich eine »Auszeit«. Eine solche Auszeit kann zwischen 30 Minuten und zwölf Stunden dauern. Wenn Sie das nächste Mal spüren, dass Sie jeden Moment explodieren könnten, halten Sie inne und tun Sie etwas anderes. Machen Sie sich eine Tasse Tee, gehen Sie mit dem Hund Gassi oder joggen Sie. Sobald Sie sich ein wenig beruhigt haben, sehen Sie sich die Situation noch einmal an und reden Sie mit Ihrem Partner. Sollte er versuchen, mit Ihnen während Ihrer »Auszeit« zu reden oder Sie zu beschwichtigen, dann sagen Sie ihm, zu welchem Zeitpunkt Sie wieder bereit sind, mit ihm zu sprechen. Das macht es Ihrem Partner leichter, Ihr Bedürfnis, allein zu sein, zu respektieren.

So tun, als hätten Sie keine Zeit

Der Schmerz der Entdeckung ist häufig erdrückend, und das Gefühl, ihr ganzes Leben sei zerstört, ist so stark, dass es nicht überrascht, wenn manche Menschen dem Schmerz so schnell wie möglich entfliehen wollen. Als Carl (38) herausfand, dass seine Frau, mit der er sieben Jahre verheiratet war, eine kurze Affäre mit einem Kollegen gehabt hatte, drehte er durch. Er rief die Mutter seiner Frau an und mehrere seiner Freunde, damit sie sich für ihn einsetzen sollten. Er sprach mit seinem Chef, erklärte die Situation und bekam aus Mitleid eine Woche Urlaub. Er erzählte es seiner Mutter, und auch sie rief seine Frau an. Er recherchierte im Internet, besorgte sich mein erstes

Buch über Beziehungen und versuchte, einen Beratungstermin zu bekommen. Leider war Carl in seiner Panik unfähig, auf irgendeinen Rat zu hören. Er war zu sehr damit beschäftigt, den »Killersatz« zu suchen, wie er es nannte, jene Worte, mit denen er sie überzeugen konnte, bei ihm zu bleiben; dabei hätte er einfach nur seiner Frau zuhören sollen. Schlimmer noch, es machte sie wütend, dass sie andauernd Anrufe besorgter Freunde erhielt. Später wünschte sich Carl, er hätte diese privaten Informationen nicht so freizügig gestreut.

Tipp: Wenn Sie das Gefühl haben, gegen eine tickende Uhr anzulaufen, suchen Sie sich eine positive Aussage, die Sie sich in solchen Zeiten großer Belastung ständig vorsagen können. Beispielsweise: »Ich werde das durchstehen« oder »Wir werden am Ende eine stärkere, bessere Beziehung führen«. Wenn Ihnen kein passender Satz einfällt, dann lesen Sie dieses Buch aufmerksam durch, denn es ist voller Mut machender Ratschläge und Beispiele von Paaren, die es am Ende geschafft haben.

Ein Versprechen abringen, das schwer zu halten ist

Wenn jemand leidet und nach schneller Abhilfe sucht, wird er wahrscheinlich seinem Partner irgendein Versprechen abringen wollen. Normalerweise, die dritte Person *niemals* wiederzusehen. Ich hatte aber auch schon Klienten, die von ihrem Partner verlangten, ihre Arbeitsstelle zu kündigen, nachdem sie eine Affäre mit einem Kollegen hatten. Diese Versprechen werden schnell gegeben, weil der Überführte sich besser fühlen will und seinem Partner zu Gefallen sein möchte. Leider sind sie umso schwerer zu halten.

Diese Erfahrung machte auch Margaret (47), deren Ehemann ein Verhältnis hatte: »Er flehte mich an, wieder zu mir zurückkommen zu dürfen, und da verlangte er wirklich viel von mir. Ich bat ihn, im Gegenzug niemals wieder Kontakt zu ihr zu haben. Er versprach es mir, brach jedoch sein Versprechen fast umgehend. Als ich mit meiner Schwester unterwegs war, fuhr er bis nach Gloucestershire, um mit seiner Geliebten über die Trennung zu sprechen. Nicht nur, dass er mir das verheimlichte, er erzählte es auch unserer ältesten Tochter, verbunden mit der Bitte, es mir nicht zu sagen. Das war für mich der größte Betrug von allen.« An diesem Punkt warf sie ihn endgültig aus dem Haus – und bedrohte ihn sogar mit einem Messer.

Auch wenn Ihnen dieser Gedanke unangenehm ist, hat Ihr Partner sehr viel Zeit mit der dritten Person verbracht und hat Gefühle für sie – wie unangemessen diese auch sein mögen –, daher wird er sich verpflichtet fühlen, seine Entscheidung zu erklären. Außerdem kommt er sich bereits wie ein »schlechter Mensch« vor, da muss er nicht auch noch die dritte Person ins Unglück stürzen. Darum führt das Versprechen, »keinen Kontakt« mehr zu haben, meist nur zu weiteren, heimlichen Treffen des Ex-Liebespaares, die – wenn sie ans Licht kommen – dem betrogenen Partner noch mehr Schmerz zufügen.

Tipp: Anstatt Ihrem Partner ein Versprechen abzuringen – das Sie ihm auch noch vorgeben –, sollten Sie lieber versuchen, mit ihm einen Deal auszuhandeln. Wie möchte er die Affäre beenden? Wo? Durch einen Brief, am Telefon oder persönlich? Gehen Sie alle Einzelheiten durch, verhandeln Sie und erzielen Sie einen Kompromiss, der für Sie beide funktioniert. Ich empfehle Ihnen nicht, bei dem Gespräch dabei zu sein – das ist nicht nur schmerzlich für Sie, sondern hemmt auch Ihren Partner (was möglicherweise zu einem erneuten, diesmal heimlichen Treffen führt, wo er alles offen erklären kann). Das Verbot künftiger Kontakte führt noch zu einem weiteren Problem: Die dritte Person wird sich sagen: »Sie hat ihn dazu gezwungen« oder: »Sie ist für ihn eine Marionette und er zieht die Strippen« und denken, dass Ihr Partner die Affäre gar nicht wirklich von sich aus beenden wollte, folglich wird sie weiterhin anrufen oder am Haus vorbeifahren.

Die Stärke Ihrer Position unterschätzen

Es kratzt immer am Selbstwertgefühl, wenn man vom Partner betrogen wird. »Ich konnte nicht mehr arbeiten, weil ich schon wegen Kleinigkeiten in Tränen ausbrach«, erzählte Lucinda (55). »Ich musste mir vom Arzt Antidepressiva verschreiben lassen. Ich fühlte mich schwach, dumm und unfähig, mit der Situation umzugehen. Alles Dinge, die ich hasse.« In so einem Moment erscheint einem die dritte Person natürlich stark, klug und attraktiv. Lucinda verstand nicht, was ihr Partner noch in ihr sah, wo er doch die andere hatte. Immer wieder stelle ich fest, dass sich der Entdecker verletzlich fühlt, wo doch in Wirklichkeit die dritte Person machtlos ist. Wenn Sie verheiratet sind, ein Haus besitzen oder gemeinsame Kinder haben, befinden Sie sich in der stärkeren Position. Niemand – gleichgültig wie verliebt er ist – gibt diese Dinge leichtfertig auf. Natürlich wollen Sie nicht, dass Ihr Partner allein der Kinder wegen bei Ihnen bleibt oder weil sich sonst seine oder Ihre Familie aufregt, aber dieser Status verschafft Ihnen Zeit, in der Sie versuchen können, die Beziehung zu retten – und das ist zu diesem Zeitpunkt alles, worauf es ankommt.

Tipp: Wenn Ihr Selbstwertgefühl zu Bruch gegangen ist, denken Sie an andere Dinge – außerhalb Ihrer Beziehung –, die Sie stolz auf sich machen. Das kann Ihr Beruf sein, dass Sie ein guter Vater oder eine gute Mutter sind oder dass Sie hervorragend Golf spielen. Nehmen Sie sich bewusst Zeit dafür, und lassen Sie Energie in diesen Bereich fließen: Schreiben Sie den besten Arbeitsbericht aller Zeiten, verwöhnen Sie die Kinder mit einem Tag in einem Freizeitpark, oder gönnen Sie sich eine Privatstunde bei einem Golfprofi – alles, was es Ihnen ermöglicht, ganz im Augenblick aufzugehen und sich eine Pause von Ihren Problemen zu gönnen.

Allzu übereilt eine Entscheidung hinsichtlich der Zukunft fällen

In dieser Phase des Heilungsprozesses geht es darum, Fragen zu stellen und das Ausmaß des Problems zu erkennen sowie die Verstrickung des Überführten mit der dritten Person. Und darum, sich klarzumachen, wie groß der Schmerz des Überführenden ist. Es geht jedoch nicht darum, langfristige Entscheidungen zu treffen. Wenn man sich allzu rasch vornimmt, die Beziehung zu retten, bleibt oft an einem der beiden Partner die ganze Arbeit hängen, wie Melissa (45) feststellen musste: »Ich sagte ihm, ich sei am Ende und er müsse jetzt mir etwas entgegenkommen. Vor allem da er sich noch nicht einmal bei mir entschuldigt hatte. Doch er meinte nur, er sei sich nicht sicher, ob er das könne. Er saß einfach nur da und schaute hilflos, während ich versuchte, die Beziehung ganz allein wieder zum Funktionieren zu bringen.« Umgekehrt signalisiert es – möglicherweise gegen Ihre Absicht –, dass die Beziehung am Ende ist, wenn Sie Ihren Partner aus dem Haus werfen. Das setzt den Heilungsprozess auch unnötig unter Druck. »Ich war es leid, aus dem Koffer zu leben«, erzählte Marcus (41). »Ich brauchte außerdem eine Bleibe, in der meine Tochter aus meiner ersten Ehe die Wochenenden bei mir verbringen konnte, darum suchte ich mir über einen Makler eine Wohnung. Als ich kurz davor war, den Mietvertrag zu unterschreiben, rief meine Frau an und flehte mich an, ich solle nicht unterschreiben – andererseits war sie auch noch nicht bereit, dass ich wieder zu Hause bei ihr einziehen konnte. Ich war hin- und hergerissen. Das war die erste Wohnung, die nicht nur groß genug war, sondern deren Miete ich mir auch leisten konnte, aber ich wollte sehr gern wieder nach Hause.« Marcus war unglaublich emotional – weinte ständig und fühlte sich schuldig –, und der Druck mit der Wohnung kam nicht nur erschwerend zu all seinen anderen Problemen hinzu, sondern war auch eine unnötige Ablenkung. Während er und seine Frau das Pro und Kontra eines befristeten Mietvertrags diskutierten, hätten sie viel eher die wirklich wichtigen Fragen angehen sollen: Warum war er diese Affäre eingegangen, ließ sich ihre Ehe noch retten, und was für eine Art von Beziehung wünschten sie sich für die Zukunft?

Im Augenblick toben zweifellos alle möglichen widersprüchlichen Gefühle in Ihnen: Liebe und Hass, Hoffnung und Verzweiflung, Angst und Erleichterung. Das ist völlig normal. Leider leben wir Menschen nicht gern in einem Schwebezustand und neigen deshalb immer zu der einen oder der anderen Seite – auch wenn die Lage dadurch nur schlimmer und nicht besser wird. Doch die Fertigkeit, mit der Komplexität Ihrer Gefühle leben zu lernen – und nicht übereilt zu einem Urteil zu gelangen –, ist nicht nur für die Reise von der Aufdeckung zum Neuanfang nützlich, sondern auch für das Leben im Allgemeinen. Seien Sie versichert, es wird erträglicher werden, und die Gefühle werden irgendwann weniger extrem – aber im Moment sollten Sie versuchen, die Unsicherheit zu akzeptieren. Sie ist nicht notwendigerweise Ihr Feind.

Für den Überführten: Intensives Fragen

Dies ist nicht nur für Ihren Partner eine Zeit der intensiven Selbstbefragung, sondern auch für Sie: Was empfinden Sie wirklich für Ihre Liebschaft?

Als Sie überführt wurden, richtete sich gewissermaßen ein Scheinwerfer auf Ihre außereheliche Affäre, der alles veränderte. Es ist daher nicht ungewöhnlich, verwirrt oder unsicher zu sein.

Teilen Sie Ihrem Partner Ihre Gedanken und Gefühle mit – auch wenn Sie immer noch verwirrt und unsicher sind.

Wenn Sie Ihre Gedanken für sich behalten, mag das für Sie einfühlsam scheinen (Warum noch mehr Schmerz verursachen?), aber in der Zwischenzeit geht Ihr Partner vom Schlimmsten aus. Es fällt ihm – im Ungewissen gelassen – auch schwerer, Ihre endgültige Entscheidung zu verstehen.

Haben Sie keine Angst, Ihrem Partner auch selbst Fragen zu stellen. Wahrscheinlich haben Sie das Ausmaß seiner Gefühle für Sie oder hinsichtlich der Beziehung völlig unterschätzt.

Wenn Ihnen Ihr Partner eine direkte Frage stellt, dann sagen Sie ihm stets die Wahrheit. Alles andere verlängert nur die Phase des intensiven Fragens und erschwert die Heilung.

Wenn Sie heucheln, wird das Misstrauen Ihres Partners geweckt, und er ist umso entschlossener, eine Antwort zu bekommen – entweder, indem er weitere Fragen stellt oder indem er detektivisch tätig wird. Wenn er die fehlenden Informationen findet, wird das Ergebnis nicht angenehm sein.

Nachdem die Untreue aufgedeckt wurde, verändern sich alle alten Regeln der Beziehung. Leider sind manchen Menschen, die untreu wurden, die Konsequenzen ihrer Untreue überhaupt nicht bewusst. Sie halten Informationen zurück, die ihnen unter normalen Umständen verziehen würden – beispielsweise Pornos auf dem Computer –, aber nach der Aufdeckung der Affäre werden diese »Auslassungssünden« zum Beweis, dass »man ihnen nicht trauen kann«.

Jedes neu entdeckte Detail des Seitensprungs wird Ihren Partner an die ursprüngliche Untreue erinnern. Wie ein Teilnehmer meiner Umfrage zur »Untreue in Großbritannien« auf meinem Fragebogen erklärte: »Das war jedes Mal wie ein Schlag in die Magengrube.«

Neue Fertigkeit: Verständnis

Die Phase des intensiven Fragens soll das Verständnis dafür wecken, warum einer der beiden Partner untreu wurde. Obwohl die Umstände von Paar zu Paar unterschiedlich sind, kann man die Ursachen einer Affäre mit der folgenden Gleichung zusammenfassen:

Problem + schlechte Kommunikation + Versuchung = Untreue

Fangen wir mit dem *Problem* an. Es gibt fast immer irgendeinen zugrunde liegenden Auslöser. Dieser kann außerhalb der Beziehung liegen (Kündigung, Todesfall, Midlife-Crisis) oder ein zentraler Dreh- und Angelpunkt der Beziehung sein (sich ungeliebt oder für selbstverständlich erachtet zu fühlen, schlechter oder allzu seltener Sex, ein Neugeborenes). Für sich allein genommen reichen diese Probleme nicht aus, um zu einer Affäre zu führen. Doch wenn man nicht darüber reden kann oder es versucht, aber kein Gehör findet, dann wächst das Gefühl der Verzweiflung und der Hoffnungslosigkeit kontinuierlich an. Oberflächlich mag es den Anschein haben, als sei die Beziehung in Ordnung, aber *schlechte Kommunikation* bringt sie ernsthaft in Gefahr. Wenn dann noch eine dritte Person Interesse zeigt, verständnisvoll zuhört oder in anderer Form eine *Versuchung* darstellt, ist der Seitensprung so gut wie unausweichlich.

Es ist nur allzu leicht, die Schuld ausschließlich Ihrem

Partner zuzuweisen – schließlich hat er Sie systematisch belogen und betrogen. Doch wie die Formel zeigt, ist die Untreue komplizierter. Umgekehrt sollten auch Sie nicht die ganze Schuld auf sich nehmen. Sie sind nicht dafür zuständig, die Probleme Ihres Partners zu lösen, und Sie sind auch nicht dafür da, alle Versuchungen von ihm fernzuhalten. Das Ziel dieser Phase des intensiven Fragens besteht darin, den Grad Ihrer persönlichen Verantwortung an den Geschehnissen abzuschätzen. Dafür konzentrieren wir uns auf den mittleren Punkt der Gleichung: *die schlechte Kommunikation.*

Warum fällt es Ihnen schwer, miteinander zu reden? Wie gut können Sie beide zuhören? Welche Rolle spielen Sie selbst bei dem Problem? Wie könnten Sie sich ändern? Obwohl es leichter zu sein scheint, sich selbst für unschuldig zu halten, drängt Sie das in die Rolle des Opfers. Wenn Sie jedoch Ihren Beitrag für den Zusammenbruch der Beziehung verstehen, verleiht Ihnen das Kraft und liefert den ersten Baustein, um Ihre Beziehung zu retten beziehungsweise um die Gelegenheit zu ergreifen, etwas daraus zu lernen und mit Ihrem Leben fortzufahren.

Um diesen Prozess des Verstehens zu initiieren, kann es hilfreich sein, die häufigsten Faktoren zu kennen, die die Wahrscheinlichkeit von Untreue erhöhen. Laut einer Studie aus dem Jahr 2004, die im *Journal of Marital and Familiy Therapy* veröffentlicht wurde, lauten die Faktoren wie folgt: Eine lange währende Scheu vor Konflikten, das gesteigerte Bedürfnis nach der Zustimmung anderer, Schubladendenken (das Leben in unterschiedliche Bereiche aufzuteilen), Egozentrik (die Bedürfnisse anderer Menschen nicht in Betracht zu ziehen, wenn man Entscheidungen trifft), Angst vor dem Verlassenwerden, lang andauernde, geringe sexuelle oder körperliche Selbstachtung und Streit über Autonomie und Kontrolle. Die bemerkenswerten Ähnlichkeiten bei den Partnern der Beziehungsbrecher waren: Perfektionismus (was bei ihren Partnern dazu führte, Konflikten aus dem Weg zu gehen), die Rolle als Mediator in der Kindheit (sodass man auch als Erwachsener weiterhin die Wogen glättet, anstatt problematische Punkte anzugehen), die Angst vor dem Verlassenwerden und geringes Selbstwertgefühl.

Zusammenfassung

- Die ersten sechs Monate nach der Aufdeckung einer Affäre sind das goldene Zeitfenster, in dem sich die Beziehung noch retten lässt. Fällen Sie nicht aus Panik allzu rasch eine Entscheidung hinsichtlich der Zukunft.
- Das wichtigste Ziel dieser Phase ist das Ermitteln der Wahrheit und das Entwickeln von Verständnis.
- Wutausbrüche oder Schuldzuweisungen können den Schmerz vorübergehend lindern, aber sie machen Ihren Partner defensiv, beschwichtigend oder hinterlistig und halten Sie in der Phase des intensiven Fragens gefangen.
- Obwohl nachvollziehbar ist, dass Sie die Details der Liaison erfahren wollen, sollten Sie sich nicht allein auf die dritte Person konzentrieren. Das lenkt Sie nur davon ab, über Ihre eigene Beziehung nachzudenken.
- Häufige Fehler sind der übereilte Versuch, die Lage zu verbessern, das Unterschätzen der Stärke Ihrer Position und das Übersehen der Gefühle der dritten Person (was bei dieser zu

Rachegefühlen führen kann oder Ihren Partner hindert, diese Beziehung richtig zu beenden.)
- Ein wichtiges Element des Verstehens ist es, Ihren eigenen Beitrag zur Krise anzuerkennen.

Übungen

Wie man mit Stress zurechtkommt

Für die meisten Menschen ist die Erkenntnis, dass ihr Partner ihnen untreu wurde, das Schlimmste, was ihnen je zugestoßen ist. Darum gerät der Stress leicht außer Kontrolle. Die folgenden Ratschläge helfen, einige der Auswirkungen abzumildern.

1. Erkennen Sie die Anzeichen.
Zu den emotionalen Symptomen gehören: ständige Reizbarkeit; Probleme bei der Entscheidungsfindung; mangelnde Konzentration; Unfähigkeit, eine Aufgabe zu beenden, bevor man zur nächsten übergeht; Verlust des Humors; unterdrückte Wut; Weinkrämpfe aufgrund geringster Anlässe; Schlaflosigkeit. Zu den körperlichen Symptomen zählen: plötzliche Lebensmittelgelüste; Appetitlosigkeit; Verdauungsprobleme; Schwindelgefühle; Verstopfung beziehungsweise Durchfall; Muskelkrämpfe; Unterleibskrämpfe; Kurzatmigkeit; Kopfschmerzen.

2. Denken Sie an eine Zeit, als Sie schon einmal gestresst waren.
Was hat Ihnen damals geholfen? Welche Strategien könnten Sie auch jetzt wieder einsetzen?

3. Konzentrieren Sie sich ausschließlich auf die nächsten Tage und Wochen.

Stress nimmt zu, wenn wir uns darüber Sorgen machen, was an Weihnachten sein wird, was mit dem Sommerurlaub oder dem Rest unseres Lebens sein wird. Im Allgemeinen kommen wir mit dem Heute, dem Morgen und dem nächsten Wochenende klar. Also konzentrieren Sie sich auf kurze Zeiteinheiten – und wann immer Sie sich über die ferne Zukunft Sorgen machen (alles, was erst in einem Monat oder mehr ansteht), lenken Sie Ihre Aufmerksamkeit bewusst wieder auf das Heute zurück.

4. Vereinfachen Sie Ihr Leben so weit wie möglich.

Nehmen Sie sich Ihre Verantwortlichkeiten, Ihre Projekte und Alltagsaufgaben vor. Was lässt sich verschieben? Was ist unnötig? Was können Sie an andere delegieren? Wer könnte Sie in den kommenden Tagen bei der Kinderbetreuung unterstützen? Überlegen Sie, welche Probleme in den nächsten Tagen auftreten könnten, und planen Sie um sie herum.

5. Halten Sie Ausschau nach verfügbarer Hilfe.

Können Sie Ihren Chef um ein paar Tage Urlaub bitten? Sie müssen ja keine Einzelheiten nennen – eine Familienkrise ist als Grund völlig ausreichend –, aber weisen Sie Ihren Arbeitgeber darauf hin, dass Sie Probleme haben und im Augenblick nicht in der Lage sind, zusätzliche Verantwortung zu übernehmen. Gibt es Freunde oder Familienangehörige, denen Sie sich anvertrauen können?

6. Denken Sie sorgfältig nach, bevor Sie sich jemandem anvertrauen.

Stellen Sie sich die folgenden Fragen: Wird dieser Mensch meinen Partner vorschnell verurteilen? Möchte ich über intime Dinge sprechen, die es meinem Freund oder Angehörigen in Zukunft schwer machen, ein gutes Verhältnis zu meinem Partner zu pflegen? Wird mir dieser Mensch übereilte Ratschläge erteilen oder mich zu Entscheidungen drängen und damit meinen Stress nur erhöhen?

7. Nehmen Sie sich eine Auszeit.

Sie können sich einfach nur fünf Minuten lang in den Garten setzen und dem Vogelgezwitscher lauschen oder ein paar Minuten innehalten und Atemübungen durchführen oder sich ein Taxi rufen und ziellos 15 Minuten lang durch die Stadt fahren. Alles, was Ihnen erlaubt, für kurze Zeit aus dem Hamsterrad auszubrechen.

8. Gönnen Sie sich kleine Fluchten.

Es ist nicht hilfreich, ununterbrochen an die Affäre zu denken, also begrüßen Sie die Ablenkung durch die Kinder oder ein besonders komplexes Projekt bei der Arbeit.

9. Gestehen Sie Ihrem Partner zu, dass auch er unter Stress steht.

Gehen Sie noch einmal die Liste der Stresssymptome durch und fragen Sie sich, ob nicht auch Ihr Partner darunter leidet. Machen Sie die Sache womöglich nur noch schlimmer? Wollen Sie beispielsweise nachts um drei über Ihre Probleme reden, oder drängen Sie auf irgendein Zeichen der »Verbindlichkeit«, wo Sie sich doch nur darauf konzentrieren sollten, die nächsten Tage durchzustehen?

10. Übernehmen Sie die Verantwortung für Ihre Rolle.
Der Stress ist dann am größten, wenn wir das Gefühl haben, alles gerate außer Kontrolle. Doch er nimmt ab, wenn wir auf ein Ziel hinarbeiten, das innerhalb unserer Macht steht. Denken Sie also an Ihren Beitrag zu den ehelichen Problemen, und überlegen Sie, welche Veränderungen Sie an Ihrem eigenen Verhalten vornehmen können – anstatt zu versuchen, Ihren Partner zu ändern.

Eine Selbstüberprüfung durchführen

Diese Übung soll Ihnen helfen, einen Mittelweg zu finden, bei dem Sie weder Ihrem Partner die ganze Schuld zuweisen noch umgekehrt alle Schuld auf sich nehmen.

1. Wenn Sie an das Thema Kommunikation denken, wie gut sind Sie darin:
   a) Ihrem Partner Ihre Probleme mitzuteilen?
   b) Ihrem Partner zuzuhören?

2. Bleiben wir bei Kommunikation – wie gut sind Sie darin:
   a) Ihrem Partner zu sagen, was Ihnen an ihm gefällt?
   b) Ihrem Partner zu sagen, was Ihnen nicht gefällt?

3. Denken Sie an Ihre Zeit, Energie und Aufmerksamkeit: In welcher Reihenfolge – nach Priorität geordnet – würden Sie die folgenden Punkte einordnen:

a) Ihre Arbeit
b) Ihre Kinder
c) Ihr Partner
d) Haushaltspflichten
e) Fernsehen/Computer
f) Hobbys
g) Familie und Freunde

4. Sehen Sie sich die Liste unter Punkt 3 noch einmal an: Was glauben Sie, welche Reihenfolge Ihr Partner festgelegt hat?

5. Wenn Sie an Ihr Sexualleben denken, welche der folgenden Aussagen treffen darauf zu:
   a) Ich habe mein Bestes getan, um es interessant und erfüllend zu gestalten.
   b) Es hatte keine sehr hohe Priorität.
   c) Ich habe nur selten Sex initiiert.
   d) Wir initiieren unsere sexuellen Begegnungen beide gleichermaßen.
   e) Ich kommuniziere, was mir im Schlafzimmer gefällt und wann ich es brauche.
   f) Es fällt mir schwer, über meine Sehnsüchte zu sprechen.

6. Schreiben Sie drei wichtige Beiträge auf, die Sie für Ihre Beziehung geleistet haben.

7. Schreiben Sie drei Bereiche auf, in denen Sie mehr hätten tun können.

8. Schreiben Sie eine Sache auf, die Sie gern ändern würden.

9. Wie können Sie diesen Wunsch nach Veränderung in eine durchführbare, wiederholbare Verhaltensweise umsetzen? Wenn Ihr Veränderungswunsch beispielsweise darin besteht, dass Sie mehr mit Ihrem Partner reden wollen, dann nehmen Sie sich vor, gleich beim Nachhausekommen auf Ihren Partner zuzugehen und mit ihm über Ihren Tag zu sprechen. Wenn Sie für mehr gemeinsame Zeit mit ihm sorgen wollen, dann sollten Sie beispielsweise neue Schlafenszeitrituale mit den Kindern vereinbaren und sich daran halten.

Wie man über Sex redet

Nach 25 Jahren als Paartherapeut weiß ich, dass Sex für die meisten Paare ein schwieriges Thema ist. Das liegt daran, dass ein Gespräch über unsere Sehnsüchte uns in zweifacher Weise belastet. Wir fühlen uns nicht nur unglaublich preisgegeben, sondern klingen dabei auch oft, als würden wir unseren Partner kritisieren. Hier folgen einige Techniken, die ein produktives Gespräch über Sex ermöglichen:

1. Die richtige Sprache finden.

In meinen Praxisräumen versuchen die Paare häufig, auf sehr allgemeine Weise über Sex zu sprechen. So allgemein, dass ich oft keine Ahnung habe, worüber genau sie eigentlich reden. Das Problem ist, dass sie keine Begriffe für Körperteile oder Sexualpraktiken haben, die sie nicht wie vulgäre Schuljungen, Boulevardreporter, Pornofilmer oder Ärzte klingen lassen. Es gibt keine Standardlösung, aber ich finde es am besten, die korrekten medizinischen Ausdrücke zu verwenden: Penis, Vagina, Klitoris, Brüste, Orgasmus, Verkehr, Masturbation und Oralsex. Das verringert die Verwirrung – »Liebe machen« kann für zwei Menschen eine völlig unterschiedliche Bedeutung haben – und es enthebt der Peinlichkeit, »schmutzige« Wörter laut aussprechen zu müssen.

2. Lachen.

Als ich meine Grundausbildung in Paarberatung durchlief, wussten wir immer, welche Studenten gerade Sexualtherapie durchnahmen, weil an ihren Tischen in der Uni-Mensa stets hysterisches Gelächter zu hören war. Sex hat etwas Lustiges und Lächerliches an sich. Wenn man es richtig macht, fördert Sex die spielerischen, kindlichen, kreativen Teile unserer Persönlichkeit zutage. Sex soll Spaß machen!

3. Wo.

Reden Sie nicht im Schlafzimmer über Änderungswünsche. Das hat dann immer den Beigeschmack einer Obduktion. Und reden Sie vor allem niemals direkt nach einem erfolglosen Liebesspiel miteinander. Das führt sehr leicht zu Selbstekel oder Wutausbrüchen. Wenn Sie Ihrem Partner gut zureden wollen, dann sind eine Umarmung, Streicheleinheiten, Liebkosungen oder gemeinsames Kuscheln viel effektiver als bloße Worte. Ein Gespräch in der Öffentlichkeit ist ebenfalls problematisch. Obwohl ich nie dazu auffordere, erzählen mir Freunde oder Bekannte oft in Kneipen oder Cafés von ihren sexuellen Problemen. Mehrmals haben sie sich irgendwann umgedreht und gemerkt, dass jemand am Nebentisch zuhörte. Dann mussten wir unsere Stimmen zu einem Flüstern senken, was den Sex fast automatisch zu einem schmutzigen Thema werden lässt, für das man sich schämen sollte. Was er nicht ist. Reden Sie darüber zu Hause oder auf langen Autofahrten. Letzteres ist besonders produktiv, da keiner von beiden einfach davonstürmen kann.

4. *Wann.*

Ich bin kein großer Fan davon, einen Termin zu vereinbaren, um über Sex zu reden. Das lässt zu viel Zeit, um ängstlich oder defensiv zu werden. Doch manchmal ist Planung nötig, um sicherzustellen, dass Sie beide allein sind und nicht gestört werden. Eine gute Zeit ist nach einer gemeinsamen Mahlzeit. Sie sind beide entspannt und erspüren mühelos die Stimmung des anderen. Ein Glas Wein kann helfen, Ihnen die Zunge zu lockern, aber sprechen Sie nicht über sensible Themen, wenn Sie angetrunken sind.

5. *Inventur machen.*

Um zu erfahren, wie Sie beide über Ihr Sexualleben denken, stellen Sie sich die folgende Frage und schreiben Sie Ihre Antworten getrennt voneinander auf. (Unten habe ich die Prozentteile der Bevölkerung aufgeführt, die diese Frage beim British Sexual Fantasy Research Project beantwortet haben. Das gibt Ihnen die Möglichkeit, Ihre sexuelle Zufriedenheit mit anderen zu vergleichen, wonach Sie sich hoffentlich zuversichtlicher fühlen.)

Wie würden Sie Ihr Sexleben beschreiben?
- Extrem zufriedenstellend
- Ziemlich zufriedenstellend
- Akzeptabel
- Mittelmäßig
- Ziemlich unbefriedigend
- Absolut unbefriedigend

(Extrem zufriedenstellend: 19 Prozent; ziemlich zufriedenstellend: 25 Prozent; akzeptabel: 18 Prozent; mittelmäßig: 12 Prozent; ziemlich unbefriedigend: 10 Prozent; absolut unbefriedigend: 11 Prozent.)

6. *Übernehmen Sie Verantwortung: Ein Gespräch über Sex kann sehr leicht nach Kritik klingen – gleichgültig, wie vorsichtig man seine Formulierungen wählt.*
Diese Gefahr lässt sich jedoch signifikant verringern, wenn man nur »Ich«-Botschaften äußert. Beispielsweise »Ich bin oft frustriert« oder »Ich hätte es gern anders«.

7. *Bleiben Sie offen.*
Vielleicht bekommen Sie etwas zu hören, das Ihnen unangenehm ist, aber fällen Sie kein vorschnelles Urteil. Lassen Sie Ihren Partner ausreden. Suchen Sie Klarheit. Stellen Sie Fragen. Warten Sie noch mit Ihrer Antwort, und schlafen Sie erst einmal darüber. Denken Sie immer daran, dass es einen großen Unterschied zwischen einer Fantasievorstellung und der tatsächlichen Umsetzung gibt. Das British Sexual Fantasy Research Projekt zeigte, dass 33 Prozent der Bevölke-

rung sich gern in einer unterwürfigen Rolle sehen würden, 29 Prozent in einer dominanten oder aggressiven Rolle, 25 Prozent würden gern gefesselt werden, 23 Prozent möchten gern jemanden fesseln, 17 Prozent wünschen sich Sex mit verbundenen Augen, und 17 Prozent möchten ihrem Partner beim Sex eine Augenbinde anlegen. Trotz der Beliebtheit dieser Fantasien setzt nur eine Minderheit der Bevölkerung sie tatsächlich um.

8. Lassen Sie sich gegenseitig Bestätigung zukommen.
Es ist ein grundlegendes menschliches Bedürfnis, sich geliebt, begehrt und sexuell potent zu fühlen. Beenden Sie das Gespräch also mit einem positiven Feedback darüber, was Sie am Körper Ihres Partners mögen und welche gemeinsamen Momente Ihnen das größte sexuelle Vergnügen bereitet haben. Kuscheln Sie im Anschluss – mindestens einige Minuten lang –, denn in diesem Moment ist eine Berührung tröstlicher als Worte.

(An späterer Stelle kehre ich noch einmal zum Thema Sex zurück und wie man die Ergebnisse des Gesprächs aktiv umsetzen kann. Doch hier reicht es, eine Inventur Ihres Liebeslebens vorzunehmen, zu verstehen, was schiefgelaufen sein könnte, und bereit zu sein, hinsichtlich der Zukunft eine fundierte Entscheidung zu treffen.)

Fixpunkt

Drei Schlüsselelemente, um Phase zwei – intensives Fragen – zu überleben:

1. Geraten Sie nicht in Panik und brechen Sie nichts übers Knie.
2. Erklären Sie, warum Ihnen so viel an Ehrlichkeit liegt.
3. Versuchen Sie zu verstehen, warum Ihr Partner in Versuchung geriet und warum die Kommunikation zwischen Ihnen beiden zusammengebrochen ist.

3. Phase: Zeit der Entscheidung

Viele Menschen durchlaufen die ersten beiden Phasen nach der Aufdeckung der Untreue wie auf Autopilot, handeln rein instinktiv oder im Adrenalinrausch. Doch in Phase drei, der Zeit der Entscheidung, müssen Sie einen Schritt zurücktreten und vernünftiger reagieren. Statt einer Million Fragen gibt es nur noch eine einzige: Soll ich gehen oder soll ich bleiben? Wenn Ihnen Ihr Partner diese Entscheidung bereits aus der Hand genommen hat, lautet die Frage für Sie: Soll ich seine Entscheidung akzeptieren oder soll ich um unsere Beziehung kämpfen? Diese Frage ist so unglaublich bedeutsam – ja, lebensverändernd –, dass man sich dadurch nur allzu leicht überfordert fühlen kann. Wo sollten Sie also anfangen?

Acht Formen der Untreue und die Untreueleiter

Obwohl sich das Gefühl, verletzt und betrogen worden zu sein, ungeachtet der Umstände der Untreue immer ähnelt, hängt die Zukunft Ihrer Beziehung sehr davon ab, was für eine Art von Affäre Ihr Partner hatte und wie ernst sie ihm war. Der nächste Abschnitt dieses Buches beschäftigt sich mit den acht verschiedenen Formen der Untreue, ihren typischen Merkmalen und wie man dagegen angehen kann. Häufig fängt eine Liaison am gemäßigten Ende der Untreue an, wird aber – wenn man nichts dagegen tut – zunehmend gefährlich und schwerer zu bekämpfen. Ich nenne diesen Prozess das Erklimmen der »Untreueleiter«. Sie sollten wissen, wo sich Ihr Partner auf dieser Skala befindet. Dadurch laufen Sie nicht Gefahr, die Bedeutung der Affäre herunterzuspielen – in der Hoffnung, dass dies den Schaden für Ihre Beziehung minimiert – oder, was ebenso schlimm ist, dass Sie in Panik geraten, überreagieren und schlechte Entscheidungen treffen.

1. Die Affäre aus Zufall

Menschen, denen Untreue nachgewiesen wurde, erklären in den meisten Fällen: »Ich hatte es gar nicht auf eine Affäre abgesehen.« Sie glauben, dass sich ihr Partner dadurch besser fühlt, auch wenn das nur selten der Fall ist. Diese Schutzbehauptung wirft jedoch eine Frage auf: Kann jemand rein zufällig untreu werden? Sollte auch Ihr Partner sich damit entschuldigt haben, dann bestand Ihre erste Reaktion sicher in einem verächtlichen Schnauben. Und doch ist es überraschend einfach, dass zwei Freunde beziehungsweise Kollegen von einer harmlosen Freundschaft in eine Bettgeschichte schlittern, ohne dass sie merken, wann genau sie die Grenze überschritten haben.

Ein gutes Beispiel hierfür bietet Philip (39), der von zu Hause aus arbeitete und immer seinen Sohn von der Schule abholte: »Gegenüber der Schule befindet sich ein Café, und eines Tages schlug Jackie – eine Freundin meiner Frau – vor, einen Kaffee zu trinken. Meine Frau und ich sind oft mit ihr und ihrem Mann ausgegangen. Ich kann mich nicht erinnern, worüber wir sprachen – aber es war nichts Persönliches. Ich weiß nicht mehr, ob ich meiner Frau jedes Mal davon erzählte, wenn ich Jackie sah, aber sie wusste, dass wir uns gelegentlich trafen, und meine Frau ließ ihr durch mich sogar hin und wieder Nachrichten zukommen.« Ungefähr sechs Monate später wurde die Freundschaft zwischen Philip und Jackie intensiver. »Sie hatte viele Probleme in ihrer Ehe und wollte sie aus männlicher Sicht sehen, also unterhielten wir uns darüber. Irgendwann fing sie an zu weinen. Ihre Hand lag auf dem Tisch, ich nahm und drückte sie. Ein Funke sprang über, und wir wurden beide unglaublich schüchtern.«

Damals spielte Philip den Vorfall herunter. »Ich redete mir ein, dass ich mir das nur eingebildet hatte.« Als Jackie ihn also bat, bei ihr vorbeizukommen – anstatt sich im Café gegenüber der Schule zu treffen –, hielt er das nicht für ungewöhnlich: »Sie sagte mir, dass es Dinge gebe, über die sie nicht in der Öffentlichkeit reden könne. Zuerst war es wie immer, aber ich wusste, dass sie etwas vorbereitete. Und ich sollte recht behalten. Sie sagte, sie habe Gefühle für mich, und dann küsste sie mich. 15 Minuten später lagen wir zusammen im Bett. Hinterher fühlte ich mich schrecklich. Ich wollte damit aufhören, aber ich hatte Angst, Jackie könnte es meiner Frau erzählen.« Sie hatten ungefähr ein halbes Dutzend Mal Sex, und Philip versuchte gerade, es »auslaufen« zu lassen, als seine Frau dahinterkam.

Wann genau hat Philip die Grenze überschritten: Als er regelmäßig mit Jackie einen Kaffee trinken ging? Als er ihren Problemen lauschte? Als er einen Menschen in Not tröstete?

Als er zu ihr fuhr, obwohl die Kinder nicht im Haus waren? Als er seiner Frau nicht von dem Rendezvous erzählte? Als er nicht sofort ging, als Jackie ihm sagte, sie hege Gefühle für ihn? Als er zuließ, dass sie ihn küsste? Oder erst, als er mit ihr ins Schlafzimmer ging?

Ein weiteres Beispiel ist Tania (34), die acht Jahre verheiratet war, als ihr Mann beruflich ins Ausland musste: »Wir trafen ein Paar, das uns durch meine Schwägerin vorgestellt wurde. Wir freundeten uns rasch an, alle vier. Doch während unsere Freundschaft sich entwickelte, merkte ich, dass der Mann mit mir flirtete, was mir schmeichelte. Ich hatte ehrlich nicht vor, ein Verhältnis mit ihm anzufangen, aber vermutlich habe ich ihn irgendwie ermutigt, mit dem Flirt fortzufahren. Im Lauf der nächsten eineinhalb Jahre kam ich ihm immer näher. Schließlich offenbarte er mir seine wahren Gefühle für mich. In dieser Phase fühlte ich mich gleichermaßen zu ihm hingezogen und ließ es einfach geschehen.«

»Affären aus Zufall« fangen häufig an der Arbeitsstelle an. Angesichts der Erregung und des Adrenalins, die bei der Zusammenarbeit an einem großen Projekt hochkommen, kann schon die zusammen verbrachte Zeit leicht dazu führen, dass natürliche Emotionen in sexuelle Chemie übergehen. Geschäftsreisen sind noch so ein Fluch. Wenn jemand allein reist, kann er schnell einsam werden und über das normale Maß hinaus mit Kollegen verkehren. Es kommt also ziemlich häufig vor, dass »Affären aus Zufall« im Arbeitsumfeld beginnen. Vielleicht liegt es am Alkohol oder an der Annahme, dass man sich nie wiedersehen wird, aber sobald einer der beiden den ersten Schritt macht, ist die Flamme entfacht.

Typische Merkmale

- Kurzfristig. Ein solches Verhältnis kann von einer Nacht bis zu acht Wochen dauern und muss nicht notwendigerweise sexuelle Untreue beinhalten, sondern kann auch nur aus Küssen und Kuscheln, dem Austausch erotischer E-Mails und gemeinsamen Geheimnissen bestehen.
- Diese Affären enden häufig, wenn einer der »Liebenden« es seinem Partner beichtet oder so tollkühn wird, dass er damit fast schon darum bettelt, überführt zu werden.
- Im Allgemeinen überwiegen bei einer Affäre aus Zufall die Risiken, die Schuldgefühle und die Täuschungen, und das Vergnügen ist vergleichsweise gering.
- Dennoch sollte man diese Liaison ernst nehmen. Es muss Probleme in der Beziehung gegeben haben, sonst wäre die Saat nicht auf so fruchtbaren Boden gefallen.
- Die Auslöser sind entweder relativ geringfügig (man fühlt sich »als selbstverständlich erachtet« oder der Partner ist »immer zu beschäftigt, um Zeit mit einem zu verbringen« oder »redet nicht genug«) beziehungsweise so tief vergraben, dass der Partner, der untreu wird, sich dessen gar nicht bewusst ist. (So könnten beispielsweise seine Eltern verbittert und destruktiv gestritten oder alternativ überhaupt nie gestritten haben oder sich haben scheiden lassen, als er noch klein war. In all diesen Fällen hatte Ihr Partner kein Rollenvorbild für das vernünftige Lösen von Meinungsverschiedenheiten.)

Was tun?

Wenn Ihr Partner eine Affäre aus Zufall hatte, ist die Wahrscheinlichkeit groß, dass Ihre Beziehung wie auf Automatikmodus läuft. Während einer von Ihnen oder alle beide sich auf die Arbeit oder die Kinder konzentrierten, beschränkte sich die Kommunikation im Lauf der Zeit nur noch auf das Nötigste. Betrachten Sie das Beispiel von Philip und seiner Frau: Wenn sie regelmäßig ausführlich miteinander geredet hätten, wäre ihr vermutlich aufgefallen, wie viel Zeit das aufknospende Liebespaar miteinander verbrachte, und sie hätte eingegriffen. Hoffentlich hat die zweite Phase des Heilungsprozesses – und die vielen Gespräche, die dazugehörten – ihre Kommunikationsfertigkeiten verbessert. Es ist jedoch wichtig, sich regelmäßig Zeit zu nehmen, um die kleinen Ereignisse des Tages zu besprechen. Schon wenige Minuten reichen, nur gerade lange genug, damit Sie Ihr Leben und Ihre Gefühle einander mitteilen können. Das kann beim Essen sein, bevor Sie zu Bett gehen oder wenn Sie nach der Arbeit zu Hause eintreffen. Sie brauchen Ihre ungeteilte Aufmerksamkeit, also schalten Sie das Fernsehgerät oder den Computer aus und erklären Sie den Kindern, dass dies jetzt Mami-und-Papi-Zeit ist.

Sollte Ihr Partner weiterhin seine Handlungsweise rechtfertigen oder bagatellisieren, dann verwenden Sie das ABC der guten Kommunikation: A steht für das *Ansprechen* seiner Gefühle und Ansichten (»Ich weiß, es war nicht von langer Dauer«), B steht für den *Brückenschlag* (»Aber« oder »trotzdem« oder »aus meiner Sicht«) und C steht für *Kommunikation* (»Ich würde selbst auch so behandelt werden wollen« oder »Ich bin immer noch am Boden zerstört«). Dadurch hat Ihr Partner das

Gefühl, dass er ernst genommen wird – und wird sich daher nicht verschließen –, und dennoch sind Sie in der Lage, Ihre Botschaft zu vermitteln.

Untreueleiter

Viele Affären fangen aus Zufall an, aber wenn es in der eigentlichen Beziehung ein grundlegendes Problem gibt, verwandeln sich Zufallsaffären rasch in die zweite Spielart der Untreue, den »Schrei nach Hilfe«. Wenn man in einem Seitensprung Vergnügen oder Orgasmen findet, kann er als »Selbstmedikation« schnell zu etwas Langfristigem werden (besonders in einer Beziehung mit wenig oder gar keinem Sex). Und es besteht auch das Risiko, dass der Partner, der nicht untreu war, beschließt, eine »Affäre aus Rache« einzugehen.

2. Der Schrei nach Hilfe

Beide Partner wissen, dass sie Probleme haben, wahrscheinlich schon um die sechs Monate oder länger, aber beide sind entweder nicht fähig oder nicht willens, darüber zu sprechen. Im Allgemeinen vergräbt einer seinen Kopf im Sand und hofft, es aussitzen zu können. Leider fühlt sich der andere dadurch alleingelassen, und in seinen düstersten Momenten glaubt er sich in einer hoffnungslosen Situation gefangen. Er wird sehr anfällig gegenüber den Annäherungsversuchen Dritter oder sucht nach etwas, um sich vom alltäglichen Elend abzulenken, und flirtet mit Freunden oder Kollegen.

Ein Beispiel für diese Art von Liaison ist Geraldine, die eine äußerst schwierige Schwangerschaft mit mehreren Krankenhausaufenthalten hinter sich hatte. Die Geburt war sogar noch traumatischer. »Meine deutlichste Erinnerung ist, dass Sean versuchte, sich davonzuschleichen. Es war, als könne er es nicht ertragen, dabei zu sein. Er hat mich so übel im Stich gelassen, dass ich nicht wusste, ob ich ihm je vergeben könnte.« Es überrascht nicht, dass sie an postnataler Depression litt und trotz der Behandlung durch ihren Arzt viel weinte und sehr emotional war. In der Zwischenzeit vergrub sich ihr Ehemann Sean in seiner Arbeit und hoffte, dass die Zeit ihr Problem heilen würde.

Nach ihrem Mutterschaftsurlaub kehrte Geraldine an ihre Arbeitsstelle zurück, wo sie sich intensiv mit einem Kollegen anfreundete. Es kam so weit, dass die beiden sich jeden Abend mehrere lange Textnachrichten simsten. Sean erzählt weiter: »Ich wurde bald schon neugierig und drang in sie. Geraldine meinte, er sei ›nur ein Freund‹, und ich glaubte ihr das irgendwie.« Die SMS-Botschaften gingen weiter, und Sean wurde neugierig. »Geraldine wurde immer negativer und kritischer und fing an, mir aus dem Weg zu gehen. Als sie einmal im Bad war, nahm ich mir ihr Handy vor, und da sah ich dann alles. Ich war so schockiert, am Boden zerstört und beschämt, dass ich ein oder zwei Stunden lang mit dem Auto in der Gegend herumfuhr. Als ich nach Hause kam, konfrontierte ich sie mit den Beweisen. Ich glaube, sie war ziemlich erleichtert.« Obwohl Sean gewusst hatte, dass Geraldine unglücklich war, hatte er keine Ahnung, wie schlimm es für sie war. Sie hatte nicht beabsichtigt, mit dieser Affäre – die glücklicherweise noch nicht zu Sex geführt hatte – Seans Aufmerksamkeit zurückzugewinnen, aber diese Wirkung erzielte es, und die beiden suchten die Paarberatung auf.

Viele Hilfeschreiaffären fangen im Internet an. Vielleicht

liegt es an der Anonymität, daran, dass man zu Hause bleiben kann und die Menschen im Chatroom einfach nur Namen auf dem Bildschirm sind, weshalb es sich so oft nicht wie wirkliche Untreue anfühlt.

»Wir waren beide Fans der Fernsehserie *Lost* und tauschten Theorien über die Handlungsstränge aus. Er war lustig und klug, und wir chatteten regelmäßig, und ich schickte ihm ein Foto«, erzählte Justine (29). »Meine Beziehung zu Ian war meiner Meinung nach ziemlich schal geworden, aber Ian fand, ich sei zu anspruchsvoll. Darum unterhielt ich mich immer öfter mit diesem Mann. Ihm gegenüber konnte ich mich wirklich öffnen, konnte ich selbst sein. Er wohnte in einer Stadt, die mit dem Zug etwa eineinhalb Stunden entfernt lag, und ich nahm mir vor, ihn dort zu besuchen.«

Ian (ebenfalls 29) wusste von dieser »Freundschaft« und tat alles in seiner Macht Stehende, um Justine den Ausflug auszureden. »Ich musste einfach herausfinden, ob meine Gefühle für diesen anderen Mann real waren oder nicht«, erklärte sie. Sie traf sich mit ihrem Internet-»Freund«, und sie hatten Sex. »Danach wurde mir klar, dass ich den größten Fehler meines Lebens begangen hatte, und kehrte reuevoll nach Hause zurück. Ian und ich hatten einen furchtbaren Streit, aber am Schluss redeten wir miteinander – wahrscheinlich mehr als je zuvor.« Sie kamen überein, die Paarberatung aufzusuchen, wo sie nach vielen Wendungen (später mehr davon) herausfanden, dass ihre Beziehung ziellos dahintrieb. »Ich war fast 30 und wünschte mir eine richtige Beziehung. Ich wollte Heirat und Kinder. Aber ich weiß nicht, ob ich das mir gegenüber zuzugeben hätte, geschweige denn Ian, wenn wir nicht diese schrecklichen Monate durchgemacht hätten.« Es hatte beinahe den Anschein, als wäre der Schrei nach Aufmerksamkeit aus Justines Unterbewussten gekommen, damit sie ihre wahren Bedürfnisse nicht länger in sich begrub.

Typische Merkmale

- Wie bei einer Affäre aus Zufall muss eine Hilfeschreiaffäre nicht notwendigerweise zu Sex führen.
- Im Allgemeinen ist es die erste Liaison, zu der es erst kommt, wenn einer der Partner versuchte, seinen Schmerz zum Ausdruck zu bringen, aber auf taube Ohren stieß.
- Das Kennzeichen dieser Art von Affäre besteht darin, dass der untreue Partner sich kaum anstrengt, seine Spuren zu verwischen. Unbewusst unternimmt er womöglich sogar große Anstrengungen, um überführt zu werden – lässt Quittungen herumliegen oder ruft die dritte Person von zu Hause aus an (obwohl der Anruf mitsamt Nummer und Gesprächsdauer auf der Rechnung auftauchen wird). Wenn man ihn überführt, legt er eine umfassende Beichte ab.
- Häufig gibt es einen leicht erkennbaren Auslöser für den Seitensprung – beispielsweise eine Kündigung, eine postnatale Depression oder wenn das jüngste Kind das Haus verlässt.
- Der Ehebruch ist häufig völlig untypisch für diesen Partner, und hinterher kann er gar nicht glauben, was er getan hat, und ist erfüllt von Scham, Schuldgefühlen und Bedauern.
- Wenn der Schwerpunkt der Affäre auf dem Körperlichen lag, ist es fast so, als würde der untreue Partner sagen: »Achte auf meine sexuellen Bedürfnisse« und: »Ich möchte dir zeigen, wie wichtig sie für mich sind.«

- Das zugrunde liegende Problem ist für gewöhnlich fundamental und dreht sich um etwas, worüber das Paar normalerweise nicht sprechen kann oder will.

Was tun?

Obwohl diese Art, um Hilfe zu bitten, absolut destruktiv und höchst riskant ist, kann aus dieser Art von Liaison auch etwas Positives entstehen. Wenn ein Paar willens ist, die eigene Beziehung ehrlich unter die Lupe zu nehmen, generiert es normalerweise viel Energie und Entschlossenheit, um seine Probleme zu beheben. Die zweite gute Nachricht lautet, wenn ein Paar endlich bereit ist, sich den großen Fragen zu stellen, dann lösen diese sich häufig in Luft auf oder lassen sich zumindest relativ mühelos lösen. Das liegt daran, dass ein Thema, über das man nicht sprechen kann, immer mehr Macht ansammelt, bis die Angst davor alle Verhältnismäßigkeit zur Realität verliert. Leider versuchen viele Paare, in deren Beziehung es zu einer Hilferufaffäre gekommen ist, die Risse nur oberflächlich zu kitten oder lassen sich aus der Spur bringen, indem sie über bestimmte Details der Untreue endlos streiten. Wenn Sie merken, dass es sich bei Ihnen um diese Art von Affäre handelt, dann müssen Sie die Kraft finden, die Probleme ohne Umschweife anzugehen, ob Sie nun der Überführende oder der Überführte sind. Üben Sie das ein, indem Sie einen Brief schreiben – stellen Sie sich vor, dass Sie diesen Brief an jemanden richten, der alles versteht und verzeiht. Aus diesem Grund können Sie vollkommen offen sein und sich vielleicht sogar selbst überraschen.

Untrueleiter

Wenn die Warnung nicht beachtet wird, kann eine Hilfeschrei-affäre leicht zu einer Notwendigkeit im Leben des untreuen Partners werden und sich in eine »Affäre zur Selbstmedikation« oder gar eine »Dreiecksaffäre« entwickeln. An diesem Punkt wird der untreue Partner immer geschickter darin, seine Untreue zu verheimlichen, und fühlt sich irgendwann sogar »berechtigt«, ein Verhältnis zu haben, weil sein Partner ja so gleichgültig und gefühllos ist.

3. Die Vergeltungsaffäre

Diese Affären sind nur von kurzer Dauer und werden von einem einzigen Wunsch beseelt: Rache. Manchmal hält der untreue Partner diese Bettgeschichte für »gerechtfertigt«, weil sein Partner ihn ignoriert – vielleicht wegen der Geburt eines Kindes oder aufgrund großer Arbeitslast. Doch die Mehrheit der Vergeltungsaffären tritt auf, nachdem einer den anderen der Untreue überführte.

So geschah es auch Ian, dessen Partnerin Justine eine Hilfeschreiaffäre hatte. Er loggte sich in einem Chatroom ein. »Ich wollte selbst sehen, worum es da ging, und kam mit dieser Frau ins Gespräch. Sie verstand, was ich durchgemacht hatte, weil sie ihren Freund wegen Cybersex verloren hatte«, erklärte er. Justine entdeckte seine »Freundschaft« zu dieser Frau noch während der Paarberatung und war völlig durch den Wind. »Ich weiß, ich habe das selbst ausgelöst, aber wie konnte er nur? Vor allem, weil wir so große Fortschritte gemacht haben. Ich glaube, ich könnte ihn jetzt wirklich verlieren, und das will ich nicht«, erzählte sie mir. Obwohl Ian anfangs behauptete, sich nicht rächen zu wollen, schien er Justines Kummer zu genießen. Nach zwei Wochen gab Ian jedoch zu, wie dumm er gewesen war. »Diese andere Frau redete ständig davon, dass sie zu mir fliegen und mich kennenlernen will. Plötzlich wurde mir klar, dass ich sie nicht treffen wollte. Ich wollte nur Justine. Ich habe immer nur Justine gewollt.« Es war fast so, als ob dieses Paar erst noch in eine andere Untreuehölle geraten musste, bevor sich die beiden Partner einander wahrhaft öffnen konnten. Der Rest der Beratung verlief problemlos, und sie beschlossen, zu heiraten und verbindlich zueinanderzustehen. In diesem Fall fand die Vergeltungsaffäre ein glückliches Ende, aber die meisten Menschen haben nicht so viel Glück.

Frank und Alice waren beide Anfang 40, als sie zu mir in die Beratung kamen. Er hatte sie der Untreue überführt. »Was mich besonders wütend macht, ist nicht, dass sie mich angelogen und hintergangen und betrogen hat, sondern dass ich Hunderte Angebote hatte, aber alle ablehnte, weil ich meine Frau liebe«, erklärte er. Frank war Kameramann und reiste häufig an exotische Orte. Es überraschte mich nicht, dass er auf seiner nächsten Reise mit einer anderen Frau ins Bett ging. Alice erzählte weiter: »Er konnte gar nicht schnell genug nach Hause kommen, um mir davon zu berichten.« »Wie haben Sie darauf reagiert?«, wollte ich wissen. »Es war jämmerlich. Ich habe den letzten Rest Respekt verloren, den ich noch für ihn hatte.« Sein außerehelicher Sex bot Frank keine Befriedigung, und die kalte Reaktion von Alice machte ihn noch niedergeschlagener. Einige Wochen später reichte Alice die Scheidung ein.

Typische Merkmale

- Der untreue Partner denkt, dass er sich durch die Affäre besser fühlen wird. Das ist eine höchst riskante Strategie, die sehr oft nach hinten losgeht.
- Den Betroffenen fällt es schwer, ihre Wut in ganzem Ausmaß zu zeigen oder auch nur darüber zu sprechen, darum greifen sie zu einem heimtückischen Weg, um sie herauszulassen. Das ist klassisches passiv-aggressives Verhalten.
- Durch den Seitensprung will der untreue Partner häufig sein geringes Selbstwertgefühl heben und sich wieder attraktiv und sexy fühlen. Darüber hinaus gibt er ihm Macht und Kontrolle.
- Der untreue Partner wird entweder sofort beichten oder verräterische Hinweise streuen.
- Diese Form der Affäre wird immer rasch bedauert.
- Eine Vergeltungsaffäre liefert häufig die Illusion, dass die beiden Partner nun quitt wären, aber im Allgemeinen wird es durch sie nur schlimmer.

Was tun?

Der Wunsch nach Rache mag ja eine natürliche menschliche Emotion sein, aber sie ist nicht sehr attraktiv. Wenn Ihr Partner eine Vergeltungsaffäre hatte, müssen Sie sich entscheiden: Sie können zurückschlagen oder vergeben. Zurückschlagen erhöht nur die Einsätze und ermutigt weitere Vergeltungsmaßnahmen, bis die Scheidung der einzige Ausweg scheint. Vergebung ist schwer, aber wenn Sie Ihrem Partner mit Mitgefühl entgegenkommen, wird auch er sich mitfühlender gegenüber Ihren Fehlern und Schwächen zeigen.

Was ist mit passiv-aggressivem Verhalten? Wenn jemand nicht offen wütend auf Sie sein kann, dann stimmt er allem zu, was Sie vorschlagen, sabotiert jedoch hinterher die Vereinbarungen. Mein Rat lautet, wachsam zu sein und sich vor allzu schnellen oder mühelosen Vereinbarungen zu schwierigen Themen zu hüten. Ermutigen Sie lieber die Diskussion über mögliche Optionen. Fragen Sie: »Was sollten wir bezüglich weiterer Kontakte mit der dritten Person tun?«, anstatt vorzuschreiben: »Ich will, dass du mir versprichst, niemals wieder mit dieser Person zu reden.« Letzteres mag Ihre erste Wahl sein, aber während einer Diskussion könnten Sie von Ihrem Partner erfahren: »Ich finde, ich schulde es ihr, dass ich ihr persönlich sage, warum wir es beenden müssen« oder: »Sein Sohn hat nächste Woche Geburtstag, und ich habe ihm fest versprochen, mit ihm eislaufen zu gehen.« Ihnen mögen diese Antworten nicht gefallen, aber es ist besser, die Themen durchzusprechen – und hoffentlich einen Kompromiss zu finden –, als dass Ihr Partner Ihnen zustimmt, aber hinter Ihrem Rücken doch tut, was er für richtig hält.

Untreueleiter

Gelegentlich hält jemand seine Vergeltungsaffäre geheim; als heimlichen Trost, durch den es ihm gelingt, mit der vermeintlichen Gefühllosigkeit des Partners leben zu können. Unter diesen Umständen wird die Liaison entweder zur Selbstmedikationsaffäre oder, wenn sie fortgesetzt wird, zur Dreiecksaffäre. Doch die meisten Vergeltungsaffären sind alles entscheidend: Entweder kommuniziert das Paar von da an besser oder die Beziehung findet daraufhin ein Ende.

4. Die Selbstmedikationsaffäre

Wenn Paare langfristige Probleme haben, die still und leise vor
sich hin gären oder eingeräumt, aber nicht angegangen werden, dann entwickelt sich die Beziehung zum fruchtbaren Boden für eine Selbstmedikationsaffäre. In diesen Beziehungen
fühlen sich oft beide Partner wie in einer Falle – wegen der
Verbindlichkeiten, der Kinder, der Ehegelübde, der finanziellen Umstände oder der Gewohnheit. Schlimmer noch, das Paar
hat sich so weit auseinandergelebt, dass es sich nicht vorstellen
kann, wie sich das jemals wieder bessern sollte. Sie geben sich
mit dem Zweit- oder gar Drittbesten zufrieden. Auf gewisse
Weise sind diese Beziehungen »zu gut, um zu gehen, aber zu
schlimm, um zu bleiben«.

Ein Beispiel für ein Leben in einem solchen Schwebezustand
liefert Brendan (52), der seit 26 Jahren verheiratet ist. Er liebt
seine Frau nicht mehr, aber sie kommen »schon irgendwie zurecht«. Sie hatten seit sieben Jahren keinen Sex mehr, schliefen
seit vier Jahren nicht mehr im selben Bett und führten mehr
oder weniger getrennte Leben. »Ich will wirklich niemanden
verletzen, aber ich bin nicht sicher, ob ich weiterhin so tun
kann, als sei ich glücklich.« Wie kommt Brendan im Alltag zurecht? Die Antwort lautet natürlich: mit einer Selbstmedikationsaffäre. »Die Frau, mit der ich meine Zeit verbringe, ist anders als alle, die ich bisher gekannt habe. Sie ist einfach – nun
ja – entzückend. Ich bin ganz verrückt nach ihr. Sollte ich damit
aufhören – den Unsinn beenden und einfach meine sexlose Ehe
akzeptieren? Ich weiß es nicht, aber ich glaube nicht, dass ich
mir mein Leben jemals so vorgestellt habe.« Auf dieselbe Weise,
wie manche Menschen nach der Arbeit einen Drink brauchen,

um sich zu entspannen, benützt Brendan dieses Verhältnis, um sein Elend abzufedern. Wie alle Bewältigungsstrategien funktionieren Alkohol und Affären nur kurzfristig und führen im Allgemeinen zu mehr Schmerz als das ursprüngliche Problem.

Doch das Bedürfnis nach einer Selbstmedikationsaffäre kann sehr tief reichen. Selbst nachdem ihr Ehemann ihre Untreue entdeckt hatte, traf sich Stephanie (35) mit ihrem Liebhaber drei Jahre lang immer wieder. Wie sie zugab, lag das zum Teil daran, dass sie »selbstsüchtig« war, aber hauptsächlich daran, dass sie glaubte, die Affäre wirklich zu brauchen: »Ich bin sehr taktil veranlagt, mein Ehemann aber nicht. Er öffnet sich auch nicht so sehr wie ich. Als wir heirateten, dachte ich vermutlich, ich käme schon damit klar, aber das fällt mir zunehmend schwerer. Ich habe meinem Mann immer wieder erklärt, wie ich ihn mir wünsche.« Stephanies Qual war so tief eingegraben, der Adrenalinrausch der Liaison so machtvoll und die Distanzierung von ihrem Partner so groß, dass sie keine andere Wahl zu haben glaubte.

Typische Merkmale

- Beide Partner sind enttäuscht und unglücklich, aber nicht in der Lage, das auf konstruktive Weise zum Ausdruck zu bringen.
- Die Probleme wurzeln derart tief und bestehen schon so lange, dass keiner der Partner seinen Finger auf die Stelle legen kann, von der an alles schiefzulaufen begann.
- Infolgedessen hat sich das Paar so weit auseinanderentwickelt, dass sie getrennte Leben führen. In manchen Fällen scheint die Atmosphäre oberflächlich betrachtet ganz gut,

aber das liegt daran, dass es keinem der Partner wichtig genug wäre, darum zu kämpfen.

- Beide Partner setzen Bewältigungsstrategien ein, um diese unbefriedigende Beziehung auszuhalten. Der Partner, der betrogen wurde, wird sich wahrscheinlich in seiner Arbeit vergraben oder erfüllt sich sein Bedürfnis nach Nähe durch die Kinder. Obwohl das nicht so destruktiv ist wie ein Verhältnis, wird dadurch dennoch die Beziehung vernachlässigt.

- Diese Affären dauern für gewöhnlich sechs Monate oder länger.

- Es mag Untreue schon in der Vergangenheit gegeben haben, aber aus dieser Lektion hat man nichts gelernt oder der Schmerz wurde einfach unter den Teppich gekehrt.

- Gerade Menschen mittleren Alters neigen gern zu dieser Art von Liaison. In dieser Lebensphase sehen wir uns der Realität unserer Sterblichkeit gegenüber – vielleicht durch den Tod der Eltern – sowie der Erkenntnis, dass wir die Welt nicht erobern werden und dass weder unsere Kinder noch unser Partner perfekt sind. Schlimmer noch, über uns dräut die Angst, dass unser Leben nur noch schlimmer werden könnte.

- Eine Selbstmedikationsaffäre wird häufig herangezogen, um das Selbstvertrauen zu erhöhen oder sich bestätigen zu lassen, dass man noch begehrenswert und potent ist.

Was tun?

Auf den ersten Blick scheint man sich von dieser Form der Affäre nicht erholen zu können. Man muss jedoch auch das Positive sehen: Alle Probleme kommen endlich ans Licht, und die

Aufmerksamkeit beider Partner richtet sich nun auf die Beziehung. Eine gute Möglichkeit, die notwendigen Veränderungen einzuläuten, ist die Flop-Umkehr-Technik: Führen Sie sich Ihre übliche Herangehensweise an ein Problem vor Augen (was sich bislang als Flop erwiesen hat) und tun Sie dann das genaue Gegenteil (kehren Sie es um). Wenn Sie bisher alles wortlos hingenommen haben, sagen Sie ab sofort, was Sie denken. Wenn Sie immer sofort explodiert sind, versuchen Sie, bis zehn zu zählen und sich vernünftig zu verhalten. Wenn Sie kleine Rücksichtslosigkeiten bisher immer ignorierten – beispielsweise die dreckigen Stiefel im Flur –, erklären Sie, was Sie daran stört, und sprechen Sie mit Ihrem Partner über alternative Verhaltensweisen. Diese Veränderungen bauen nicht nur Ihr Selbstvertrauen auf, sie bringen Sie auch nahe genug an den Punkt, an dem Sie anfangen können, die zugrunde liegenden Probleme anzugehen. In Fällen, wo Paare noch nie richtig gestritten haben – sondern einfach nur gelegentlich aus dem Hinterhalt eine Bemerkung fallen ließen oder in sich hineinmurmelten –, kann das heißen, dass es den ersten, handfesten Streit geben wird. Wenn das auf Sie zutrifft, dann geraten Sie nicht in Panik, da sich diese tief sitzenden Beziehungsprobleme oft erst einmal verschlimmern müssen, bevor sie besser werden können.

Untreueleiter

Diese Art von Affäre befindet sich ungefähr in der Mitte der Leiter. Aus diesem Grund führen Verhältnisse auf den unteren Sprossen oft zu Selbstmedikationsaffären, wenn man ihnen nicht Einhalt gebietet. Genau das passierte Tania, die eine Bettgeschichte mit einem Freund hatte: »Es hat mir nicht geholfen,

mein sexuelles Verlangen nach meinem Mann neu zu beleben, wie ich das ursprünglich gedacht hatte. Irgendwie hat es das, was in meiner Ehe stark war, noch mehr gestärkt – indem ich mir dadurch der Dinge, die ich mochte, bewusster wurde –, aber es hat auch das bevorstehende Scheitern ans Licht gebracht. Ich habe das Gefühl, an einer Kreuzung zu stehen. Ich spüre, dass dieser Augenblick von entscheidender Bedeutung ist – eine wunderbare Chance, mich selbst neu zu erfinden.«
Wenn die dritte Person besonders engagiert oder das Bedürfnis nach Selbstmedikation tief eingegraben ist, wird diese Art der Liaison leicht zur Dreiecks- oder sogar zur Ausstiegsaffäre. Kommen noch Suchtmittel hinzu – und im Grunde geht es bei der Selbstmedikationsaffäre genau darum –, kann es leicht zur Abhängigkeit führen und dadurch zu mehreren wechselnden Partnern. Das ist dann schon das Kennzeichen der nächsten Art von Affäre.

5. Die Don-Juan- beziehungsweise Doña-Juana-Affäre

Don Juan ist der legendäre Frauenverführer, der im 17. Jahrhundert in der spanischen Literatur seinen ersten Auftritt hatte. Seit damals ist er in Büchern, Theaterstücken, Opern und Gedichten in Erscheinung getreten und hat eine lange Kette gebrochener Herzen, wütender Ehemänner und erboster Väter hinterlassen, aber Don Juan bleibt stets reuelos. Monumentale Gestalten wie er entfachen unsere Vorstellungskraft, weil sie uns etwas über unser eigenes Leben sagen. Darum ist es keine Überraschung, dass ich von Zeit zu Zeit in meinen Praxisräumen auf einen Don Juan oder auf sein weibliches Gegenstück, eine Doña Juana, stoße.

Ein typisches Beispiel ist Jake, ein gut aussehender Mann Mitte 20, der es gern aufregend mag. Seine Partnerin Holly war etwas jünger. Sie hatten zwei Kinder und lebten schon zusammen, seit sie 20 waren. Er hatte offiziell nur eine einzige Affäre zugegeben, aber Holly behauptete, von mindestens zwölf zu wissen. »Ich mag Frauen. Ich komme gut mit ihnen zurecht, und wenn ich ein Problem habe, dann rede ich gern mit einer Frau darüber«, erklärte er. »In Kneipen?«, unterbrach ihn Holly. Jake ging nicht darauf ein, behauptete nur seinerseits: »*Sie* hatte auch eine Affäre.« Holly schoss zurück: »Aber da hatten wir uns vorübergehend getrennt.«

Das Paar erklärte, dass sie sich über das Thema Untreue immer so lange stritten, bis die Atmosphäre unerträglich wurde, woraufhin Jake für ein paar Tage zu seinen Eltern verschwand. Wenn er dann nach Hause zurückkam, liebten sie sich leidenschaftlich, sprachen aber nicht mehr über ihre Probleme. »Manchmal denke ich, dass ich zwar nicht mit ihm leben kann, aber auch nicht ohne ihn«, erklärte Holly.

Im Gegensatz zur landläufigen Meinung müssen auch Frauen nicht unbedingt Kostverächter sein. Mia war nicht nur verheiratet, sondern hatte normalerweise immer einen langfristigen Geliebten plus gelegentliche One-Night-Stands: »Sie geben mir einen Kick, dann fühle ich mich stark und begehrenswert.« Dennoch brachten ihr diese Affären nicht viel Freude. »Ich erinnere mich, wie ich einmal im Auto eines Liebhabers saß und mit der Stirn immer wieder gegen die Windschutzscheibe schlug.« Sie war außerdem furchtbar eifersüchtig, sodass sie verletzende und dumme Dinge tat: »Ich habe mich einmal als potenzielle Käuferin des Hauses eines Lovers ausgegeben, damit mich der Makler herumführte. In der Küche hingen lauter glückliche Schnapsschüsse von meinem Liebhaber und seiner Freundin im Urlaub, oder Fotos, wie er Freunde bewirtete, und alle sahen selbstzufrieden und fröhlich aus. Als der Makler gerade nicht hinsah, schrieb ich BETRÜGER quer darüber – damit mein Liebhaber wusste, dass ich im Haus gewesen war.«

Wie viele weibliche Schürzenjäger war Mia als Kind sexuell missbraucht worden und hatte eine sehr geringe Meinung von sich selbst. Ihr Ehemann sah entweder darüber hinweg oder grunzte nur und ließ sie stehen, wenn sie ihn mit unangenehmen Neuigkeiten konfrontierte – dass sie beispielsweise schwanger von einem anderen Mann war. Schließlich suchte sich Mia professionelle Hilfe, aber es war ein langer und sehr komplexer Weg.

Wie Sie sich vorstellen können, ist die Beziehung zu einem Don Juan oder einer Doña Juana schwer und häufig extrem schmerzlich. Oberflächlich betrachtet sind sie kontaktfreudig, selbstsicher und normalerweise sehr attraktiv. Man versteht, warum sich so viele Menschen zu ihnen hingezogen fühlen. Wie können Sie wissen, ob Ihr Partner in diese Kategorie fällt oder ob das Problem weniger ernsthaft ist und er sich einfach in einer Lebensphasenkrise befindet oder einen Schrei nach Hilfe aussendet? Sehen Sie sich die folgende Liste an und überprüfen Sie, wie viele dieser Punkte zutreffen.

Typische Merkmale
- Zu Anfang bestürmt DJ (Don Juan beziehungsweise Doña Juana) die Zielperson mit Aufmerksamkeit, Schmeichelei und Geschenken.

- Das Objekt der Aufmerksamkeit ist von DJs Begehren völlig hingerissen, fühlt sich häufig, als sei es in einem Film gelandet, und ist rasch mit Sex einverstanden. Normalerweise ist der Sex unglaublich, und die Zielperson hat das Gefühl, es gebe eine echte Verbindung zu DJ.

- DJs haben Schwierigkeiten damit, mit Stress umzugehen, und anstatt sich ihren Problemen zu stellen, nehmen sie lieber Reißaus. Das passiert häufig dann, wenn das Verlangen nach Sex am größten ist. (Ich befragte einen 31-jährigen Mann namens Daniel, der 20 Mal die Woche ejakulierte und im Vormonat Sex mit 18 Personen gehabt hatte – einschließlich seiner Partnerin. Ich wollte von ihm wissen, warum er so viel Sex brauchte. Er antwortete: »Entweder weil ich mich über irgendwas aufrege oder weil ich geil bin, und ich will nicht immer meine Partnerin damit belästigen.«)

- DJs haben das Verlangen, unangenehmen Gefühlen zu entfliehen oder sie zu unterdrücken, und verwenden dazu Sex. Viele scheinen eine innere Leere zu haben, die sich immer nur vorübergehend füllen lässt.

- Oberflächlich betrachtet wirken sie selbstsicher, aber hinter den Kulissen haben sie ein geringes Selbstwertgefühl und verspüren ständig den Drang, sich zu beweisen.

- DJs haben oft One-Night-Stands und mehrere Affären gleichzeitig.

- Sie haben ein verzerrtes Bild davon, wie ihr Verhalten andere Menschen beeinflusst. Entweder denken sie, es sei ihre »Privatsache«, oder sie finden, ihr Gegenüber würde überreagieren. Daniel beschrieb sein Verhalten als »Körperfunktion wie der Harndrang. Es bedeutet nichts«.

- Wenn man sie mit Beweisen für ihre Schürzenjägerei konfrontiert, werden DJs entweder wütend oder defensiv oder weinen und versuchen, Mitgefühl zu bekommen (wegen ihrer Kindheitsprobleme oder weil frühere Partner so gefühllos waren). Doch eine langfristige Veränderung gibt es nur selten.

Was tun?

Die Beziehung zu einem Don Juan oder einer Doña Juana zu beenden ist oft schwerer, als man glauben möchte. Das liegt zum Teil daran, dass sie immer versprechen, sich zu ändern, und zum Teil daran, dass der Beginn der Beziehung so wunderbar war. Daniels Partnerin Debbie erklärte: »Der Sex war magisch, als ob jede Zelle in unserem Körper im selben Rhythmus vibrierte.« (Auf gewisse Weise ist diese Euphorie wie der Kick, den der DJ von seinen Eroberungen bekommt.) Doch es ist unmöglich, in der Vergangenheit zu leben, wenn in der Gegenwart die Beziehung so durch und durch verletzend ist. Wenn man erst kurz mit einem Don Juan oder einer Doña Juana zusammen ist und von seiner Schürzenjägerei erfährt, dann rate ich, daraus zu lernen und mit seinem Leben fortzufahren. Wenn das nicht Ihr erster DJ ist, müssen Sie sich fragen, warum Sie gefährliche Männer und untreue Frauen so attraktiv finden. Der Schlüssel ist wahrscheinlich in Ihrer Beziehung zu Ihrem Vater oder Ihrer Mutter zu finden. (Mehr darüber können Sie in meinem Buch *The Single Trap. The Two Step Guide to Escaping It and Finding Lasting Love* nachlesen).

Was ist mit langfristigen Beziehungen? Die meisten Partner von DJs haben eine klare Vorstellung, wie schlimm es mit der

Untreue geworden ist, verschließen jedoch davor die Augen. Ich habe viel Mitgefühl für diesen Ansatz, weil die beiden Alternativen nicht besonders attraktiv sind. Sie könnten entweder versuchen, einige Grundregeln auszuhandeln. Hazel (43) ist die Partnerin eines bisexuellen Don Juans und akzeptiert seine Beziehungen zu Männern – solange er jeden Abend zu ihr zurückkehrt –, aber Sex mit anderen Frauen ist tabu: »Ich habe keine Probleme damit, solange er mir sagt, was er macht. Aber anfangs sagte er immer nur ›nicht viel‹. Aber jetzt ist es besser, weil wir darüber lachen, wie schlimm er es wieder mit anderen Männern getrieben hat.« Das ist nicht gerade eine Option, für die sich viele entscheiden würden, aber Hazel glaubt: »Wenn man jemanden liebt, dann lernt man, mit seinen kleinen Schwächen zu leben.« Die andere Alternative besteht darin, die Beziehung zu beenden. Sie haben wahrscheinlich schon damit gedroht, Ihren Partner zu verlassen, oder das auch getan, wurden aber entweder mit dem Versprechen zurückgelockt, dass er sich ändern wird, oder weil er Sie um eine zweite Chance anflehte. Sie werden aus bitterer Erfahrung wissen, wie leicht solche Versprechen gegeben und wie schnell sie auch wieder vergessen werden.

Untreueleiter

Diese Art von Liaison befindet sich ziemlich weit oben auf der Leiter. Da so viele dritte Personen beteiligt sind, ist es unwahrscheinlich, dass einer von denen bleibt und das Ganze zu einer Dreiecksaffäre wird. Don Juans und Doña Juanas beenden selten eine Beziehung; normalerweise sind es deren Partner, die mit ihrer Geduld am Ende sind, und so werden DJ-Affären nicht selten zu Ausstiegsaffären.

6. Die Dreiecksaffäre

Diese Art von Liebschaft dauert länger als die anderen und bedeutet sowohl für den untreuen Partner als auch für die dritte Person sehr viel mehr. Es kann eine Vielzahl von Gründen für die Langlebigkeit dieser Affäre geben: Der untreue Partner ist unfähig zu einer Entscheidung, er ist glücklich mit dem Status quo oder die dritte Person steht nicht zur Verfügung. Doch der gemeinsame Nenner ist immer die Dauerhaftigkeit – schließlich sind in der Baubranche Dreieckskonstruktionen die Strukturen, die die schwerste Last tragen können. Warum landen so viele Menschen in der Falle der Dreiecksaffären?

Vielleicht liegt es an unserer Vertrautheit damit. Für die meisten Menschen ist die erste Beziehung ein Dreier: Baby, Mutter und Vater. Ein weiterer Grund ist der, dass es sowohl aufregend als auch beängstigend ist, jemandem so nahe zu kommen. Menschen sind gesellige Lebewesen und brauchen liebevolle Beziehungen, aber dazu gehört das Risiko, abgewiesen zu werden oder vom geliebten Menschen vereinnahmt zu werden. Im Gegensatz dazu bietet eine Dreiecksaffäre eine Verteilung der Last! (Wie Prinzessin Diana es so erinnerungswürdig formulierte: »Wir waren in dieser Ehe zu dritt, und es wurde ein wenig eng.«) Wann immer die Hauptbeziehung zu intensiv wird, kann die Person in der Mitte sich in die Arme der dritten Person flüchten – ein Sicherheitsventil, um alle Schwierigkeiten vorübergehend zu vergessen. Obwohl die Affäre sehr intensiv ist, wird sie nie zu intensiv, weil der untreue Partner frühere Verpflichtungen hat. Manchmal unterhalten beide eine Dreiecksaffäre – wie im Beispiel von Prinz Charles und Prinzessin Diana. Wie bei den anderen Spielarten der Untreue dient auch diese einem Zweck; selbst wenn der untreue Partner seine außereheliche Beziehung beenden sollte, fängt er daher häufig eine neue an. Oder wie der dreimal verheiratete Geschäftsmann James Goldsmith (1933–1997) so treffend formulierte: »Wenn ein Mann seine Geliebte heiratet, wird eine Stelle frei.«

Jackie (55) ist seit 21 Jahren verheiratet, hat aber seit über zehn Jahren nicht mehr mit ihrem Mann geschlafen. In den letzten sieben Jahren hatte sie eine Affäre mit einem jüngeren Mann: »Meine Affäre hat mein Leben mehr verbessert, als ich in Worte fassen kann, obwohl es zu Anfang eine ziemliche Achterbahnfahrt war. Ich habe jetzt jemanden, der mir als Freund sehr nahesteht und dem ich alles anvertrauen kann. Ich habe den besten Sex aller Zeiten, an den ungewöhnlichsten Orten. Er hält mich jung, und er macht mich glücklich, und mit ihm kann ich lachen. Ohne ihn wäre ich sehr einsam. Er ist der Motor, der mich am Laufen hält.« Der Unterschied zwischen einer Dreiecksaffäre und einer Ausstiegsaffäre ist der, dass sich die Liebenden in einer Dreiecksaffäre nicht vorstellen können, jemals voll und ganz zusammen zu sein. Jackie erklärte: »Das würde meine Kinder durcheinanderbringen und sowohl seine als auch meine Familie aufregen. Außerdem bin ich zu alt, um ihm noch Kinder zu schenken. Niemand darf je erfahren, wie nahe wir uns wirklich stehen.« Ich könnte mir vorstellen, dass ihr Ehemann etwas ahnt, aber er hat sich entschieden, nicht weiter nachzuhaken, oder er weiß es und zieht es vor, das Boot nicht zum Kentern zu bringen.

Typische Merkmale

- Diese Art von Affäre dauert für gewöhnlich zwei Jahre und länger.

- Obwohl die Hauptbeziehung des untreuen Partners oberflächlich betrachtet einigermaßen stabil scheint, ist die Liaison ein dunkler Schatten, der die Hauptbeziehung untergräbt und ihr das Leben aussaugt.

- Der untreue Partner »liebt« die dritte Person oder hat zumindest »starke Gefühle« für sie. Beide träumen von einem gemeinsamen Leben. Sie verbringen Wochenenden und ganze Urlaube zusammen.

- Die Untreue ist nicht länger nur eine Bewältigungsstrategie, sondern ein fester Bestandteil im Leben des untreuen Partners.

- Der untreue Partner fühlt sich zwischen seinen beiden Beziehungen hin- und hergerissen, ist aber letztlich weder in der Lage, die Sicherheit und den Status der Hauptbeziehung aufzugeben noch die erregende Spannung der außerehelichen Affäre.

- Die moderne Technik macht es schwer, Affären geheim zu halten – Kreditkartenabrechnungen, Handys und E-Mail-Konten liefern unwiderlegbare Beweise. Daher konspiriert der betrogene Partner häufig allein dadurch, dass er sich außergewöhnlich naiv verhält und die Augen vor den wachsenden Beweisen verschließt oder indem er einfach hofft, die Affäre würde von ganz allein auslaufen.

- In dem Moment, in dem eine Dreiecksaffäre ans Licht kommt, hat der betrogene Partner oft das Gefühl, als ob ihm eine Last von den Schultern genommen würde.

- Häufig gibt es in den Familien des untreuen Partners beziehungsweise des betrogenen Partners diverse Fälle von Untreue und Scheidung. Das könnte erklären, warum der betrogene Partner sich mit einer Beziehung abfindet, die an Missbrauch grenzt oder regelrecht Missbrauch darstellt, und wie es der untreue Partner schaffen konnte, sein Verhalten zu »normalisieren«.
- Selbst wenn eine Dreiecksaffäre aufgedeckt wird, pendelt der Überführte oft noch zwischen seinem Partner und der dritten Person hin und her. Das macht alle, einschließlich ihn selbst, zutiefst unglücklich.

Was tun?

Die oberste Priorität nach der Aufdeckung einer Dreiecksaffäre besteht darin, sie zu beenden. Weil jedoch der Überführte emotional gebunden ist und bisweilen auch Kinder mit der dritten Person hat, ist das leichter gesagt als getan. Aber es ist unmöglich, die Probleme innerhalb der Hauptbeziehung zu lösen, solange es ein allzeit bereites Schlupfloch gibt, wenn es mal wieder hart hergeht. Wie lautet die Antwort? Der erste Schritt besteht darin, realistisch zu sein. Sprechen Sie mit Ihrem Partner darüber, wie er die Affäre beenden möchte, anstatt ihm Ihre Vorstellung aufzuzwingen. Es ist besser, alle Probleme offen anzugehen und gemeinsam einen Kompromiss zu finden, anstatt Ihren Kopf durchzusetzen, aber später feststellen zu müssen, dass Ihr Partner hinter Ihrem Rücken agiert. Wenn Sie dagegen fair und vernünftig sind, gibt es keinen Grund für weitere Täuschungen.

Sollte Ihr Partner hastig versprechen, sämtliche Brücken abzubrechen, dann müssen Sie sich fragen, ob dieser Plan wirklich funktionieren wird. Wahrscheinlich würde er Ihnen alles versprechen, nur um Sie zu beschwichtigen, aber die Wahrheit ist allemal besser als leere Versprechungen. Gehen Sie davon aus, dass es Schnitzer und Enttäuschungen geben wird. Die dritte Person wird aller Wahrscheinlichkeit nach weiter Kontakt mit Ihrem Partner aufnehmen, und auch wenn er versucht, ihr das auszureden, lässt es sich so gut wie unmöglich verhindern, dass jemand beispielsweise am Arbeitsplatz auftaucht. Auch wenn Sie versucht sind, vor Wut zu explodieren, wird das Ihren Partner nur dazu bringen, vorsichtiger mit dem zu sein, was er Ihnen sagt. Lassen Sie die Kommunikationskanäle offen und sprechen Sie über Ihre Optionen: Sollten Sie es dem Partner der dritten Person sagen? Sollten Sie einen Anwalt bitten, ein Unterlassungsschreiben zu formulieren?

Wenn Ihr Partner die dritte Person nicht aufgeben kann oder will, dann lassen Sie ihn gehen. Ich weiß, das ist schmerzlich, und Sie fürchten, damit Ihrem Rivalen den Sieg zu überlassen. Aber auf lange Sicht ist das besser. Wie Sie im nächsten Kapitel lesen können, besteht die große Wahrscheinlichkeit, dass die Affäre kollabiert und Ihr Partner erkennt, was für einen Fehler er begangen hat. Solange nicht Sie beide – Sie und Ihr Partner – hundertprozentig bereit sind, an der Beziehung zu arbeiten, ist es sinnlos, die Beziehung retten zu wollen.

Untreueleiter

Der einzige Trost bei einer Dreiecksaffäre ist der Umstand, dass sie nur selten zu einer Ausstiegsaffäre wird. In der Ursprungsbeziehung muss es ein starkes Bindeglied geben, und mit etwas Geduld kann man es wiederentdecken und darauf aufbauen.

7. Die Erkundungsaffäre

Wir leben in einer Gesellschaft, die uns ununterbrochen ermutigt, unseren Beruf, unsere Lebensweise und unsere Erfahrungen mit allen anderen zu vergleichen. Das gibt Anlass zu großen Erwartungen, kann uns aber auch neidisch und unzufrieden machen und somit reif für eine Erkundungsaffäre. Solche Liebschaften finden sich auch immer häufiger bei Menschen, deren Leben an einer Kreuzung angekommen ist – die beispielsweise 40 werden oder deren Kinder in die Schule kommen – und die ihre früheren Entscheidungen hinterfragen und sich fragen, wie es wohl »wäre, wenn«. Wie es beispielsweise »wäre, wenn ich bei meinem ersten Partner geblieben wäre« oder »wenn ich nicht geheiratet hätte« oder »wenn ich zugeben hätte, dass ich bisexuell bin«.

Diese Art von Affäre öffnet Türen. Am einen Ende der Skala wirft der untreue Partner einen Blick auf die Welt außerhalb der Beziehung, entscheidet, dass sie ihm nicht gefällt, und zieht sich wieder zurück. Am anderen Ende kann es der Anfang einer Reise sein, die damit endet, dass der untreue Partner geht. Darum lässt sich die Bedeutung dieser Art von Untreue schwer einschätzen.

Erkundungsaffären neigen dazu, nur von kurzer Dauer und häufig rein sexuell zu sein. In ungefähr der Hälfte der Fälle, mit denen ich es zu tun bekomme, war der untreue Partner relativ zufrieden mit seiner Hauptbeziehung, verspürte aber eine überwältigende Neugier, wie der Sex mit jemand anderem als seinem Partner sein könnte. Häufig haben diese Menschen jung geheiratet und ein sehr gleichmäßiges oder stark eingeschränktes Sexualleben.

Zum anderen ist es dem untreuen Partner in einer Erkundungsaffäre unmöglich, mit seinem Partner über seine Sehnsüchte zu sprechen. »Ich habe mit 19 geheiratet und war ein ›anständiges‹ Mädchen, ich wusste überhaut nichts über Sex. Mein Mann ist Katholik, und obwohl er älter ist, wusste er auch nicht viel mehr. Darum ging es bei uns im Schlafzimmer immer sehr hastig, unbefriedigend und gelegentlich sogar schmerzhaft zu«, erzählte Sheena, die es ihrer Affäre zuschreibt, dass sich ihre Ehe verbesserte. Sie hatte drei kleine Kinder und konnte nicht arbeiten gehen, darum machte sie Akkordarbeit von zu Hause aus und freundete sich mit dem Mann an, der ihr die Materialien lieferte und ihre Arbeit überprüfte. »Ich konnte viel von meinem Liebhaber lernen, der viel erfahrener war. Und ganz allmählich – damit mein Mann nicht misstrauisch wurde – führte ich diese Techniken in unser eheliches Liebesspiel ein.«

Glücklicherweise fand ihr Mann es nie heraus, aber sie trug dennoch einige Narben davon. »Ich hatte auf dem Heimweg von meinem Liebhaber einen kleinen Autounfall – nichts Schlimmes, nur ein leichtes Touchieren. Es gab absolut keinen Grund, warum ich mich in diesem Teil der Stadt hätte aufhalten sollen, und das brachte mich wieder zu Verstand. Meine Kinder waren jetzt älter, ich konnte wieder arbeiten gehen, und mein Selbstvertrauen war gewachsen. Es gab keinen Grund, die Affäre weiterzuführen, darum ließ ich sie abkühlen, und wir lebten uns auseinander.«

Häufig bringt diese Art von Liaison nichts in Ordnung, und der untreue Partner findet sich in einem Schwebezustand wieder. Die Erfahrungen durch die Liebschaft haben die allgemeine Unzufriedenheit mit dem Partner erhöht, aber da viele Erkundungsaffären unentdeckt bleiben, gibt es keinen Antrieb, an der Beziehung zu arbeiten. Megan (33) war seit sechs Jahren verheiratet, als sie ihre Erkundungsaffäre hatte. »Ich lernte meinen Mann mehr zu schätzen, aber mir wurde auch klar, was ich vermisste.« Sie überlegte, ob sie es ihrem Ehemann sagen sollte, wusste aber, dass er sich dann umgehend scheiden lassen würde. »Ich beschäftigte mich mit anderen Dingen, unterdrückte meine Gefühle, nahm Akupunkturkurse und las Selbsthilfebücher.« Es folgten zwei Jahre der Depressionen.

Typische Merkmale

- Die Mehrheit der untreuen Partner, die eine Erkundungsaffäre eingehen, stellen fest, dass die Kirschen in Nachbars Garten auch nicht unbedingt besser sind, und lernen, das zu schätzen, was sie haben.
- Aus diesem Grund kann man die Bedeutung einer Erkundungsaffäre nicht so einfach einschätzen. Manchmal ähnelt sie einer Hilfeschreiaffäre und lässt sich mit relativ geringfügigen Änderungen in der Hauptbeziehung mühelos beenden. Umgekehrt kann sie eine bereits belastete Beziehung in die Krise treiben.
- Das ist die Art von Affäre, die der untreue Partner mit »nur Sex« beschreibt.
- Der untreue Partner merkt vielleicht selbst nicht, wie wichtig die Bettgeschichte ist. Wahrscheinlich findet er erst in der Rückschau heraus, dass der Seitensprung einen Wendepunkt darstellte.
- Häufig sind diejenigen, deren Partner eine Erkundungsaffäre

eingehen, demoralisiert und verängstigt. Anders als bei anderen Arten von Verhältnissen gibt es keinen eindeutigen Ausweg. Es kann sich so anfühlen, als hätte Ihr Partner nicht einmal Interesse daran, Sie zu bitten, sich zu ändern, sondern als wolle er selbst ein anderer werden.

Was tun?

Es kann sehr frustrierend sein, sich einer Erkundungsaffäre zu stellen. Da Ihr Partner versucht, sich selbst zu »finden«, anstatt Sie zu bitten, sich zu ändern, hat die offensichtliche Lösung – sich nämlich mehr anzustrengen – wenig Sinn. Häufig fühlt man sich auch wütend. Schließlich hat Ihr Partner viele Möglichkeiten, seine Jugend wiederzufinden, sein Selbstvertrauen zu stärken und andere Lebensweisen zu erforschen, ohne Sie dafür betrügen zu müssen! Wie soll man also vorgehen? Ich würde mich auf die Punkte konzentrieren, die Sie ändern können – beispielsweise Ihr eigenes Verhalten und Ihre Kommunikation –, anstatt über das nachzugrübeln, was Sie nicht ändern können. Ich würde auch damit aufhören, Ihren Partner davon überzeugen zu wollen, dass er falschliegt. Damit verschwenden Sie nur Ihre Energie, verstärken Ihre eigene Beunruhigung und machen Ihren Partner noch dickköpfiger. Treten Sie vorübergehend einen Schritt zurück, das verringert die Spannung im Haus und öffnet hoffentlich die Tür zu fruchtbareren Diskussionen.

Untreueleiter

Eine Erkundungsaffäre muss nicht notwendigerweise zu einer Ausstiegsaffäre werden. Doch die Neugier an Sex außerhalb der Beziehung kann schnell zu einem Bedürfnis werden, und an diesem Punkt wird die Erkundungsaffäre zur Selbstmedikationsaffäre.

8. Die Ausstiegsaffäre

Obwohl manche Menschen eine Ausstiegsaffäre eingehen, weil sie sich in die dritte Person verliebt haben und sich ein Leben ohne sie nicht mehr vorstellen können, schickt die Mehrheit damit einfach nur die Botschaft an ihren Partner, dass die Beziehung zu Ende ist. In diesen Fällen hat das Paar immer wieder darum gekämpft, seine Probleme zu lösen, und sich dabei so weit auseinanderentwickelt oder eine solche Wut aufgebaut, dass eine Kommunikation so gut wie unmöglich geworden ist. In mancherlei Hinsicht ist die Ausstiegsaffäre wie eine Verhandlung durch ein Megafon: unschön, drastisch und grob.

Frank und Jenny, beide Mitte 50, führten getrennte Leben und sprachen nur noch miteinander, wenn ihre Tochter und die Enkel zu Besuch kamen. Seit Jahren hatten sie nicht mehr miteinander geschlafen. »Ich dachte schon eine geraume Weile, dass wir uns trennen sollten, solange wir noch jung genug sind, um jemand anderen zu finden, aber Jenny ist katholisch, und darum war das undenkbar«, erläuterte Frank. »Wir sehen uns nicht oft genug – das ist das einzige Problem«, unterbrach ihn Jenny. »Das liegt daran, dass ich diesen großen Bauauftrag habe und dort eine Wohnung mieten musste«, entgegnete Frank. Doch bald wurde klar, dass der Bauauftrag von Frank mindestens 18 Monate in Anspruch nehmen würde und er nicht die Absicht hatte, sein Schlupfloch aufzugeben. »Außerdem tut es dir gut, allein zurechtzukommen, das macht dich selbstsicherer«, sagte Frank zu Jenny.

Ich vermutete, dass Frank quasi schon von zu Hause ausgezogen war und die Paarberatung nicht begonnen hatte, um seine Ehe zu retten, sondern um einen Teil der Verantwortung, die er für seine Frau empfand, auf mich abzuwälzen. Das war jedoch nur eine Vermutung, da Frank sich nicht öffnete und seine wahren Absichten immer nur andeutete. Bei den seltenen Gelegenheiten, in denen sich Frank Jenny zu öffnen schien, fing sie an zu weinen – fast bis zur Hysterie –, und er beruhigte sie. Diese Sitzungen waren schmerzlich und unproduktiv, also beendeten wir die Paarberatung. Sechs Monate später kamen sie wieder, nachdem Jenny herausgefunden hatte, dass Frank eine Affäre mit einer Kollegin eingegangen war. Es schien fast so, als ob Frank, der nicht mit Worten kommunizieren konnte, Jenny eine Botschaft übermitteln wollte, die man schlichtweg nicht ignorieren konnte. Obwohl die Affäre rasch zu Ende ging, hielt die Ehe auch nicht viel länger.

Martin (42) ist noch so ein Beispiel für jemanden, der eine Ausstiegsaffäre hatte. »Vor ungefähr zehn Jahren durchliefen meine Frau und ich eine ziemlich holperige Phase. Aus heutiger Sicht glaube ich, dass ich an diesem Punkt einen klaren Schnitt hätte machen sollten. Soweit ich mich erinnere, hätte ich damals gehen können, und in der Rückschau hätte ich das auch tun sollen, aber hinterher ist man ja immer schlauer.« Seiner Meinung nach war »seine Ehe vorbei, bis auf das gegenseitige Anbrüllen«, als er die dritte Person traf. Martin schien aus dem Ehebruch nicht viel Vergnügen oder Freude zu ziehen, was ganz typisch ist für Ausstiegsaffären. Es schien ihm vielmehr wie das kleinere zweier Übel: »Vermutlich wäre es weniger kompliziert gewesen, einfach weiter zu leiden, da die Lage, in der ich jetzt bin, das Leben mehrerer Menschen zerstören wird – wenn auch nur vorübergehend.«

Typische Merkmale

- In der Beziehung gibt es langfristige Probleme.
- Es ist vermutlich nicht die erste Affäre, obwohl die früheren Verhältnisse möglicherweise nur geahnt, nie bewiesen wurden.
- Bei dieser Gelegenheit hat der untreue Partner wenig unternommen, um die Liebschaft geheim zu halten, und wenn er überführt wird, zeigt er kaum Reue.
- Die Einstellung des untreuen Partners ist überaus kalt, und häufig weigert er sich, abgesehen von den nackten Tatsachen des Ehebruchs, noch irgendetwas einzuräumen.
- Der hintergangene Partner ist frustriert und wütend und steht mit Hunderten unbeantworteter Fragen allein da. Er steckt in der vorigen Phase fest, der Phase des intensiven Fragens.
- Der untreue Partner entwickelt sich zurück und wird zum egozentrischen Teenager. Wenn er die Beziehung wegen eines »Seelengefährten« verlässt, dann ist er voll manischer Energie und vor Liebe fast trunken. Wenn er geht, weil die Hauptbeziehung in sich zusammenbricht, dann ist er trotzig, verschlossen und wirkt depressiv.

Was tun?

Es kann leicht passieren, dass man völlig in diesem Drama aufgeht und vergisst, sich um sich selbst zu kümmern. Denken Sie daran, dass Sie eine Krise durchlaufen, und setzen Sie sich nicht allzu sehr unter Druck. Suchen Sie sich Hilfe bei Freunden und Angehörigen und finden Sie Wege, mit dem Stress zurechtzukommen. (Viel Sport trägt dazu bei, die Sorgen zu verarbeiten, und hilft Ihnen, besser zu schlafen.) Seien Sie vorsichtig, dass Sie Ihre Kinder nicht mit zu vielen Details belasten. Auf lange Sicht brauchen die Kinder eine gute Beziehung zu dem Elternteil, der geht – also machen Sie sie nicht zu Ihren Vertrauten oder Mittelsmännern.

Untreueleiter

Es versteht sich von selbst, dass die Ausstiegsaffäre die oberste Sprosse der Untreueleiter bildet. Doch muss eine Ausstiegsaffäre nicht unbedingt das Ende der Beziehung bedeuten. Es ist durchaus möglich, dass sie in den Status einer Erkundungsaffäre zurückfällt und der untreue Partner zurückkehrt – oder dass sie eine sehr extreme Hilfeschreiaffäre darstellt.

Fünf Fragen, um sich über den nächsten Schritt Klarheit zu verschaffen

Manche Menschen bekommen ihr Leben leichter in den Griff, wenn sie verstehen, warum ihr Partner untreu wurde. Wenn Sie noch unsicher sind, bieten Ihnen die folgenden Fragen Hilfestellung sowie eine Anleitung, Ihre Antworten zu interpretieren.

1. Wie viel Verantwortung tragen Sie an dem, was geschehen ist?

Denken Sie noch einmal an die Formel aus der zweiten Phase, Intensives Fragen: Problem + schlechte Kommunikation + Versuchung = Affäre. Mittlerweile kennen Sie die verschiedenen Arten von Verhältnissen. Was haben Sie daraus über die Kommunikation zwischen Ihnen und Ihrem Partner gelernt? Welche Veränderungen können Sie durchführen, von denen die Beziehung profitieren würde – ohne dabei Ihre Würde und Ihre Selbstachtung aufzugeben?

Interpretation Ihrer Antworten

Wenn Sie konstruktive Veränderungen durchführen möchten (beispielsweise mehr zuzuhören, mehr zu reden, offener hinsichtlich Ihrer Gefühle und Bedürfnisse zu sein, mehr Zeit zusammen zu verbringen), dann sollten Sie beschließen, um die Beziehung zu kämpfen. Wenn Ihre Antwort lautete, dass nur wenig oder gar nichts die Kommunikation verbessern würde, oder wenn die Veränderungen selbstzerstörerisch wären (beispielsweise Ihren Partner wie ein Habicht zu beobachten oder umgekehrt, sich blind zu stellen), dann sollten Sie ernsthaft überlegen, ob die Beziehung noch Sinn macht.

2. Was für ein Mensch ist Ihr Partner?

Einmal abgesehen vom Verhalten Ihres Partners während der Affäre (und all den selbstsüchtigen, zerstörerischen Handlungen in dieser Zeit), was für ein Mensch ist Ihr Partner im tiefen Innern? Ist er einfühlsam, gütig, fleißig oder großzügig? Welche anderen bewundernswerten Eigenschaften weist er Ihrer

Meinung nach auf? Welche seiner Eigenschaften machen es Ihnen beiden andererseits schwer zusammenzuleben?

Interpretation Ihrer Antworten

Wenn Sie sich den gesamten Verlauf Ihrer Beziehung ansehen – und Ihre derzeitigen Enttäuschungen ebenso außer Acht lassen wie die Flitterwochenphase nach dem ersten Kennenlernen – und feststellen, dass Ihr Partner im Grunde ein guter Mensch ist, dann sollten Sie meiner Ansicht nach um die Beziehung kämpfen. Wenn Ihr Partner weitgehend gefühllos, kontrollierend, neurotisch, ausfallend oder gewalttätig war – mit Ausnahme der Flitterwochenphase, in der er um Sie warb –, dann sollten Sie sich das noch einmal überlegen. Wenn sich die positiven Punkte ausschließlich um das Potenzial Ihres Partners drehen oder wie er sich in seltenen goldenen Augenblicken verhielt (beispielsweise anlässlich der Versöhnung nach einem furchtbaren Streit), dann sollten Sie ebenfalls darüber nachdenken, die Beziehung zu beenden. Was zählt, ist der Persönlichkeitskern Ihres Partners, nicht wie Sie ihn gern sehen würden.

3. Welche Gefühle haben Sie für Ihren Partner?

Mögen Sie Ihren Partner? Lieben oder respektieren Sie ihn? Teilen Sie dieselben Ziele und Träume?

Interpretation Ihrer Antworten

Obwohl es die Beziehung nicht allein trägt, wenn Sie vor Liebe zu Ihrem Partner blind sind, haben Sie etwas, wofür es sich zu kämpfen lohnt, wenn Ihre Liebe zu ihm immer noch groß ist und Sie, was noch viel wichtiger ist, Ihren Partner auch mögen und respektieren. Gemeinsamkeiten sind ebenfalls positiv und bieten ein Fundament, auf dem Sie aufbauen können. Wenn Sie noch starke Gefühle hegen, diese aber extrem negativ sind – damit meine ich Gefühle wie Hass, Wut, der Wunsch nach Rache –, dann gibt es immer noch Leben in Ihrer Beziehung. Doch wenn Ihre Gefühle neutral, kühl oder gleichgültig sind, zweifle ich, ob es genügend Antrieb gibt, die Beziehung zu retten. Wir denken oft, das Gegenteil von Liebe sei Hass, in Wirklichkeit ist es aber Apathie.

4. Wie würde es sich auf andere Menschen auswirken, wenn Sie sich trennen?

In meiner Online-Umfrage zum Thema Untreue in Großbritannien war das der wichtigste Faktor bei der Entscheidungsfindung, ob man zusammenbleiben sollte oder nicht. 85 Prozent der Teilnehmer führten unter diesem Punkt die Wirkung auf die Familie auf. Das ist keine Überraschung. In einer Krise besteht unsere natürlich Reaktion darin, zusammenzuhalten und unsere Kinder zu schützen.

Die Forschung untermauert unser instinktives Wissen, dass eine Scheidung Kindern nicht guttut. In den 1970er-Jahren untersuchte Dr. Judith Wallerstein, Begründerin und Geschäftsführerin des *Center for The Family in Transition* in Kalifornien, welche Auswirkungen das Auseinanderbrechen der Familie auf die betroffenen Kinder hatte. Sie rekrutierte mithilfe von Anwälten und Familiengerichten 60 Familien mit 131 Kindern zwischen 2 und 18 Jahren. Wie sie erwartet hatte, litten kleinere Kinder an Schlafproblemen, ältere Kinder an Konzentrationsstörungen in der Schule, und Heranwachsende lebten ihren Schmerz und ihre Wut aus. Die Überraschung kam, als sie nach 18 Monaten eine Nachkontrolle durchführte. Die Kinder hatten sich mitnichten erholt und ihr Leben fortgesetzt, wie Wallerstein es eigentlich erwartet hatte, vielmehr waren die Belastungsstörungen noch viel stärker.

Interpretation Ihrer Antworten

Wenn Sie und Ihr Partner Kinder oder komplexe familiäre Bindungen haben, dann sollte eine Trennung meiner Meinung nach der allerletzte Schritt sein. Wenn Sie keine Kinder haben und Ihre Familien nur traurig oder enttäuscht wären, falls Sie sich trennen, dann ist die Untreue vielleicht ein frühes Warnzeichen, und es könnte unklug sein, noch mehr in diese Beziehung zu investieren.

5. Wie viel liegt Ihrem Partner daran, die Beziehung zu retten?

Fleht Ihr Partner Sie um eine zweite Chance an? Scheint es ihm aufrichtig leidzutun? Hat er den Schmerz, den er verursachte, wirklich verdaut? Ist das, was Ihr Partner tut, deckungsgleich mit dem, was er sagt? Oder sagt er das eine, tut aber das andere?

Interpretation Ihrer Antworten

Wenn Ihr Partner die Beziehung auf jeden Fall wiederherstellen will, dann ist das definitiv ein Pluspunkt. Wenn er sich zweideutig verhält, ist die Aufgabe schwerer, aber dennoch machbar. Wenn Sie Ihren Partner erwischen, wie er SMS- oder Mailnachrichten an die dritte Person schreibt, sollte Sie das nicht davon abhalten, um die Beziehung zu kämpfen. Letzten Endes muss die Frage in diesem Moment lauten: »Was will ich? Kämpfen oder weggehen?« – und nicht: »Wenn ich um diese Beziehung kämpfe, werde ich dann erfolgreich sein?«

Stecken Sie immer noch fest?

Eine Affäre zu überstehen ist ein solcher Drahtseilakt, dass fast alle die Nerven verlieren und sich fragen, ob sie die richtige Entscheidung getroffen haben. Doch manche Menschen stecken in der Entscheidungsphase fest und können einfach keine Klarheit erlangen. Wenn das auf Sie zutrifft, dann hat das wahrscheinlich einen der folgenden Gründe.

- **Sie warten auf ein Zeichen von Ihrem Partner.** Aber entweder ist Ihr Partner so durcheinander, dass er sich nicht entscheiden kann, oder Worte allein reichen nicht aus, um Sie zu überzeugen. Wie auch immer, Sie brauchen einen konkreten Beweis, dass Ihr Partner bleiben will, bevor Sie sich selbst entscheiden können. Wenn das auf Sie zutrifft: Denken Sie darüber nach, wie ein solcher Beweis aussehen könnte – beispielsweise zweite Flitterwochen. Und anstatt zu erwarten, dass Ihr Partner sich als Gedankenleser erweist, sagen Sie ihm, was Ihnen helfen würde.
- **Sie treten die Verantwortung an Ihren Partner ab.** Man wartet darauf, dass sich der Partner entscheidet, bevor man selbst eine Entscheidung fällt, und das hält einen im Niemandsland gefangen. Wenn das auf Sie zutrifft: Es scheint

Für den Überführten: Die Zeit der Entscheidung

Da Ihre Affäre aufgedeckt wurde, stehen Sie unter großem Druck, sich entweder für Ihren Partner oder für die dritte Person zu entscheiden.

Manchen fällt diese Wahl leicht; andere finden es unmöglich, sich zwischen zwei völlig verschiedenen Menschen zu entscheiden.

Wenn Sie unentschlossen sind, dann fragen Sie sich: Was hat mir meine Affäre bedeutet? Es wird Ihnen helfen, wenn Sie sich die acht Formen der Untreue noch einmal vornehmen: Zufallsaffäre; Hilfeschreiaffäre; Selbstmedikationsaffäre; Vergeltungsaffäre; Don-Juan- beziehungsweise Doña-Juana-Affäre – serielle Untreue; Dreiecksaffäre – langfristig; Erkundungsaffäre; Ausstiegsaffäre.

Fragen Sie sich als Nächstes: Gibt es andere Möglichkeiten, diese Bedürfnisse zu erfüllen? Was könnte ich alternativ tun, um mich gut oder begehrt zu fühlen?

Wie sehen die Folgen einer Trennung aus? Was ist mit Ihren Kindern? Wenn auch die dritte Person Kinder hat, wie wäre es dann für Sie, Stiefvater oder Stiefmutter zu sein? Machen Sie sich klar, dass sich Kinder nicht so einfach an eine Scheidung gewöhnen können, sondern dass es zum wichtigsten Ereignis in ihrer ganzen Kindheit wird.

Versuchen Sie, nicht zwischen Ihrem Partner und der dritten Person hin- und herzupendeln. Das ist für alle Betroffenen die schmerzlichste Variante – einschließlich Ihnen.

> Keine Entscheidung ist jemals perfekt, und ob Sie bleiben oder gehen, Sie müssen auf jeden Fall mit Verlustgefühlen zurechtkommen.
>
> Wenn Sie planen, sich eine Auszeit von zu Hause zu nehmen, um über alles nachzudenken, dann nennen Sie Ihrem Partner eine genaue Zeitspanne, beispielsweise ein Wochenende. Wählen Sie einen Ort, den Ihr Partner für »sicher« hält – zum Beispiel das Haus Ihrer Eltern –, damit es nicht so aussieht, als sei Ihre Auszeit nichts weiter als eine Gelegenheit, sich mit der dritten Person zu treffen.

Ihnen riskant, sich allein dafür zu entscheiden, die Beziehung zu retten, weil Sie ja ein zweites Mal zurückgewiesen werden könnten. Die Alternative besteht jedoch in einem Gefühl von Machtlosigkeit und Hoffnungslosigkeit. Wenn Sie dagegen für das kämpfen, was Sie wollen, steigert das Ihr Gefühl von Stärke.

- **Sie wägen das Pro und Kontra ab.** Vom Verstand her macht es Sinn, alle Vorteile aufzuschreiben, die es hat, in der Beziehung zu bleiben, und sie gegen die Vorteile einer Trennung aufzurechnen – wie die Waage, die die Göttin der Gerechtigkeit in Old Bailey in London hochhält. Leider ist es unmöglich, die bekannten Vorteile von heute gegen die unbekannten Möglichkeiten von morgen abzuwägen. Kein Wunder, dass Menschen, die sich dieser Entscheidung wie ein Richter nähern, in eine Sackgasse geraten. Wenn das auf Sie zutrifft: Versuchen Sie es mit einer Diagnose – ähnlich wie ein Arzt –

und halten Sie Ausschau nach Anzeichen von Gesundheit in Ihrer Beziehung. Gibt es noch etwas, wofür es sich zu kämpfen lohnt? Oder versuchen Sie, eine Leiche wiederzubeleben?

Neue Fertigkeit: Selbstsichere und produktive Entscheidungsfindung

In der Betriebswirtschaft werden Entscheidungsfindungsprozesse endlos untersucht. Was können wir davon lernen, und wie wenden wir das Gelernte auf unsere persönlichen Probleme an? Gute Entscheidungen sind eine Folge dieser Bedingungen: Alle Optionen wurden gründlich durchdacht, die Beweise wurden angemessen bewertet, man wird zum richtigen Zeitpunkt aktiv und die Ziele sind umfassend definiert.

Lassen Sie uns einen Blick auf diese Bedingungen werfen und inwiefern sie auf Untreue zutreffen. Haben Sie zu Beginn über alle Optionen nachgedacht? Wenn etwas sehr schmerzlich ist – beispielsweise eine Trennung oder sich den Dämonen in einer Beziehung zu stellen –, dann ist die Versuchung groß, die Augen vor der möglichen Zukunft zu verschließen. Das Ergebnis ist, dass man blindlings voranstolpert oder eine Option ausklammert, ohne sie wirklich zu überdenken. Man übersieht dabei auch mögliche Kompromisse – beispielsweise auf dem Sofa zu schlafen oder übers Wochenende bei den Eltern zu bleiben. Bei einer guten Entscheidungsfindung setzen sich die Betroffenen mit den Fakten auseinander, anstatt über sie zu spekulieren. Besorgen Sie sich also zum Beispiel einen Rechtsbeistand und arbeiten Sie die finanzielle Seite aus.

Es ist auch wichtig, sich alle Beweise vorzunehmen. Leider neigen wir dazu, uns auf jene Erinnerungen zu konzentrieren, die uns am leichtesten fallen – und die sind entweder sehr frisch oder sehr emotional (mit anderen Worten, sie hängen sehr von den letzten Monaten ab und beziehen nicht die gesamte Geschichte der Beziehung mit ein). Wir neigen auch dazu, uns an die Dinge zu erinnern, die uns selbst in gutem Licht zeigen (die Sozialpsychologie nennt das die »selbstwertdienliche Verzerrung«) oder die unseren Standpunkt unterstützen (dabei spricht man von »Bestätigungsfehler«).

Der nächste Test einer guten Entscheidungsfindung besteht darin, ob sie »zum richtigen Zeitpunkt« erfolgt. Am einen Ende der Skala hatte ich es mit Menschen zu tun, die sich allzu rasch verpflichteten, ihre Beziehung zu retten – als sie immer noch unter Schock standen und nicht alle Fakten kannten. Am anderen Ende sah ich Paare, die nicht aktiv beschlossen zusammenzubleiben, sondern die Entscheidung einfach so lange hinausschoben, bis es ein Fait accompli wurde. Doch für die meisten Menschen liegt der richtige Zeitpunkt irgendwann zwischen zwei Wochen und zwei Monaten nach der Aufdeckung der Untreue.

Zu guter Letzt basiert eine gute Entscheidungsfindung auf »umfassend definierten Zielen«, die zielgerichtet, konkret und überprüfbar sind – beispielsweise eine Paarberatung zu machen oder ein gemeinsamer Abend alle zwei Wochen. Die Ziele sollten darüber hinaus regelmäßig neu bewertet werden.

Was steht einer guten Entscheidungsfindung im Weg? Meiner Erfahrung nach neigen Paare, die in dieser Phase stecken bleiben, dazu, ihre Probleme eher durch *Verfechtung* als mit

Abfrage anzugehen. *Verfechtung* ist ein Wettbewerb, bei dem beide Seiten danach streben, den anderen zu überzeugen und ihre Schwachpunkte zu verteidigen. Das Ergebnis ist, dass einer der Partner »gewinnt« und der andere »verliert«. Dagegen geht es bei der *Abfrage* um eine gemeinschaftliche Problemlösung. Beide Partner bleiben offen für Alternativen und akzeptieren konstruktive Kritik. Die Folge ist, dass beide etwas gewinnen, beide aber auch Kompromisse eingehen.

Zusammenfassung

- Es gibt acht Arten der Untreue, und wenn Sie verstehen, welche davon Ihr Partner begangen hat, hilft Ihnen das, die langfristige Überlebensfähigkeit Ihrer Beziehung zu bewerten.
- Eine Affäre kann harmlos beginnen, sich aber im Lauf der Zeit zu etwas Ernstem und Bedrohlichem entwickeln.
- Wenn Sie herausfinden wollen, ob Sie bleiben oder gehen sollen, ist es besser, wie ein Arzt eine Diagnose der Gesundheit der Beziehung zu erstellen, anstatt die Beweise abzuwägen wie ein Richter. Das ist vor allem deshalb wichtig, weil man leicht die Dauer der schlimmem Zeiten überschätzt und die Menge an Zeit unterschätzt, die man braucht, um sich von einer Scheidung zu erholen.
- Es ist schwer, eine gute Entscheidung zu treffen, wenn man damit beschäftigt ist, entweder die Gefühle des Partners zu erraten oder den Partner zum Bleiben zu überreden (und daher nicht in der Lage ist, auf das eigene Herz oder den eigenen Verstand zu hören).

- Paare stecken oft fest, weil sie nicht einfach nur übereinkommen, ihre Beziehung zu verbessern, sondern der Überführende auf einer Garantie besteht, dass es funktionieren wird, beziehungsweise der Überführte sich verpflichtet fühlt, ein solches Versprechen abzugeben.

Übungen

Wie man mit den Höhe- und Tiefpunkten zurechtkommt

Es fällt schwer, gute Entscheidungen zu treffen, wenn man zwischen Euphorie und Verzweiflung hin- und herpendelt, häufig wegen Nichtigkeiten. Um einige der Höhe- und Tiefpunkte auszugleichen, sollten Sie es mit den folgenden Ideen versuchen, die aus der buddhistischen Meditationspraxis stammen:

- Wenn eine Welle der Panik oder Verzweiflung über Ihnen zusammenschlägt, stellen Sie sich aufrecht hin, die Beine schulterbreit auseinander, oder suchen Sie sich einen Stuhl mit einer geraden Lehne und setzen Sie sich. (Wenn Sie allein sind, dann schließen Sie die Augen.)
- Anstatt die Gedanken rasen zu lassen, konzentrieren Sie sich auf Ihren Atem.
- Spüren Sie, wie die Luft langsam durch Ihre Nase ein- und ausströmt.
- Wenn Sie anfangen, sich über »dieses« Sorgen zu machen oder sich »jenes« bildlich vorzustellen, dann schieben Sie den Gedanken beiseite und konzentrieren Sie sich wieder

darauf, wie die Luft durch Ihre Nase ein- und ausströmt.

- Während Sie allmählich ruhiger werden, stellen Sie sich vor, dass die Luft, die Sie ausatmen, schwarzer, negativer Rauch ist, und die Luft, die Sie einatmen, ist weiß und positiv.
- Fahren Sie fünf Minuten lang damit fort oder so lange, bis Sie sich wieder mehr im Gleichgewicht fühlen.
- Wiederholen Sie die Übung so oft wie nötig. Im Lauf der Zeit werden Sie feststellen, dass sie Ihnen leichter fällt und Ihre Gedanken nicht mehr ganz so hyperaktiv sind.

Am Scheideweg

Wenn man vor einer schwierigen Entscheidung steht, gerät man leicht in Panik und entscheidet sich übereilt für den scheinbar leichtesten Ausweg oder ist von der Vielzahl an Möglichkeiten völlig gelähmt. Diese Übung soll Ihnen helfen, einen Mittelweg zu finden.

1. Nehmen Sie ein Blatt Papier und zeichnen Sie ein Kreuz in der Mitte. Markieren Sie die Enden mit Pfeilen, die die verschiedenen Richtungen von der Kreuzung aus markieren sollen.
2. Geben Sie jeder der vier Richtungen einen Namen und schreiben Sie diese auf. Wenn Ihnen nicht genug Optionen einfallen, nennen Sie eine »bleiben, wo ich bin«, aber versuchen Sie auf jeden Fall, alle vier zu benennen – auch wenn Sie etwas auflisten müssen, das undurchführbar klingt. Wenn Sie mehr als vier Optionen haben, dann fügen Sie zusätzliche Richtungspfeile in Ihren Wegweiser ein.
3. Stellen Sie sich vor, wie es wäre, wenn Sie jeder dieser Rich-

tungen folgen würden. Schließen Sie die Augen und rufen Sie sich so viele Details wie möglich vor Augen. Fassen Sie hinterher zusammen, wie das Leben in jeder der Richtungen aussehen würde.

4. Versetzen Sie sich zu guter Letzt etwas weiter in die Zukunft jeder der Optionen und schreiben Sie die Gefühle auf, die Sie haben werden, wenn Sie sich für die jeweilige Richtung entscheiden.

5. Akzeptieren Sie, dass keine Entscheidung vollkommen sein wird. Welche Option scheint unter diesem Gesichtspunkt am besten?

Die Tagesseiten

Diese Übung soll Ihnen beiden helfen, Ihren inneren Kompass zu finden und mit schwierigen Zeiten umzugehen.

- Nehmen Sie jeden Tag ein neues Blatt Papier und schreiben Sie von Hand alles auf, was Ihnen einfällt. Machen Sie sich keine Gedanken um Rechtschreibung, Kommaregeln und Grammatik. Schreiben Sie einfach all Ihre Gedanken auf.
- Es kann extrem banal sein (Habe ich die Katze rausgelassen?) oder extrem tiefsinnig (Was fange ich mit dem Rest meines Lebens an?) – schreiben Sie einfach alles auf, was Ihnen in den Sinn kommt, und schreiben Sie weiter, bis das Blatt Papier vollgeschrieben ist. Wenn Ihnen gar nichts einfällt, dann schreiben Sie einfach immer wieder »ich schreibe«.
- Wiederholen Sie diese Übung jeden Tag oder wenigstens fünf Mal die Woche.
- Diese Seiten werden häufig voller Selbstmitleid, wiederho-

lend, kindisch, wütend, dumm oder einfach kompletter Unsinn sein. Das ist egal. Bewahren Sie sie auf.

- Im Moment geht es bei dieser Übung darum, die überschüssigen Emotionen loszuwerden – Sie müssen nichts verstehen. Also schreiben Sie einfach darauflos und verwahren Sie die Seiten.

- Lesen Sie am Ende der ersten Woche die Seiten durch. Fällt Ihnen ein Muster auf, eine bestimmte wiederkehrende Sorge?

- Bewahren Sie Ihre Tagesseiten auf, und am Ende der zweiten oder dritten Woche werden Sie feststellen, dass es unmöglich ist, jeden Tag zu schreiben, ohne dabei konstruktiv zu werden.

- An dieser Stelle wird die Übung zu einer Art Meditation in Selbsterkenntnis. Sie möchten vielleicht von einer Seite auf zwei oder mehr erhöhen.

- Gehen Sie am Ende des ersten Monats alle Seiten durch. Welche Veränderungen nehmen Sie wahr? Hat sich Ihre Stimmung und Einstellung verändert? Wie haben sich Ihre Gefühle gegenüber Ihrem Partner und seiner Untreue geändert?

- Die Tagesseiten bringen Gefühle an die Oberfläche, wenn Sie feststecken (wenn es scheint, als ob Sie oder Ihr Partner keinerlei Fortschritt machen), und helfen Ihnen, Ihre Gefühle in schwierigen Zeiten zu klären (wenn Sie ständig wütend auf Ihren Partner zu sein scheinen), aber am wichtigsten ist, dass sie Ihnen neue Möglichkeiten eröffnen, sich Ihrem Partner zu nähern. Seien Sie geduldig und fahren Sie unerschrocken fort.

• Seien Sie nicht überrascht, wenn die Tagesseiten neue Dinge hochbringen, die auf den ersten Blick nichts mit der Untreue zu tun zu haben scheinen. Vielleicht verspüren Sie plötzlich den Wunsch, Gesangsstunden zu nehmen, mit dem Joggen anzufangen oder einem Buchclub beizutreten. Das sind alles Möglichkeiten, sich selbst gegenüber Wertschätzung zu zeigen, und das wird Ihnen auf lange Sicht hilfreich sein.

Fixpunkt

Drei Schlüsselstrategien, um die dritte Phase – Zeit der Entscheidung – zu überleben:

1. Stellen Sie sicher, dass Sie alle nötigen Informationen haben, um die Bedeutung der Affäre zu bewerten.
2. Denken Sie an die langfristigen Auswirkungen auf andere.
3. Konzentrieren Sie sich auf das Ergebnis, das Sie für ideal halten. Es ist besser, zu kämpfen und zu verlieren, als aufzugeben, ohne es je versucht zu haben.

4. Phase: Hoffnung

Nach dem Chaos der ersten drei Phasen tut es gut, die ruhigeren Gewässer von Phase vier zu erreichen. Der Überführende glaubt allmählich, dass die Beziehung das katastrophale Chaos der Untreue doch überstehen könnte. Vielleicht hat der Überführte ein kleines Detail der Affäre offenbart, bei dem er zuvor gemauert hat oder dem er immer aus dem Weg gegangen war. Vielleicht gab es ein Zeichen der Zärtlichkeit vom Überführten, und der Entdecker spürt, dass sein Partner sich ihm doch wieder zuwenden will.

»Ich hatte das Gefühl, dass endlich wieder Blut in meinen ganzen Körper strömte«, erklärte Anita (48). »Ich weiß, es klingt seltsam, aber erst wenn man sich von diesem schrecklichen Auf-der-Hut-Sein entspannt, wird einem klar, wie gestresst und wie sehr auf sich fixiert man war.« Obwohl in den ersten drei Phasen bisweilen Hoffnung aufschimmern kann, ist diese häufig flüchtig oder reines Wunschdenken. Dagegen basiert die Hoffnung in der vierten Phase auf solidem, nachweisbarem Verhalten, nicht nur auf leeren Worten oder wilden Versprechungen. Manche Menschen erleben diese Gefühle so euphorisch wie bei ihrer ersten Begegnung.

Doch die Hoffnung ist eine der zerbrechlichsten menschlichen Emotionen, und diese Phase ist häufig die kürzeste und kostbarste. Wenn Sie immer noch darum kämpfen müssen, wieder Hoffnung für Ihre Beziehung hegen zu können – vielleicht ist Ihr Selbstvertrauen angeschlagen oder die dritte Person ist immer noch vorhanden –, dann finden Sie im Verlauf dieses Kapitels Trost und Grund zu Optimismus. Wenn Sie bereits hoffnungsvoll sind, aber fürchten, die Hoffnung könne Ihnen wieder entgleiten, finden Sie hier geeignete Strategien. Doch zuerst muss ich erklären, warum man als Paar in eine der früheren Phasen zurückfallen kann. Ich kann Ihnen versichern, dass solche Rückschläge völlig normal sind.

Anita und ihr Ehemann Richard hatten in der Paarberatung gute Fortschritte erzielt, bis zu der Woche, in der Anita einen Teddybären fand, als sie die saubere Wäsche in die Schubladen ihres Ehemannes legte. Sie wurde sofort misstrauisch: »Von mir hatte er ihn nicht, und ich wusste instinktiv, dass es ein Geschenk von ihr sein musste. Es war, als wäre die Uhr auf Tag eins zurückgestellt, als mein Sohn mir eine erotische Textnachricht von ihr auf seinem Handy zeigte.« Rückkehr zur ersten Phase: Schock und Unglauben wurden noch stärker, als Richard zugab, dass es sich bei dem Teddybären um ein Valentinsgeschenk handelte. »Ich hatte das Gefühl, von Neuem betrogen worden zu sein; allein dieses schreckliche, rote Satinding angefasst zu haben, vermittelte mir ein schmutziges Gefühl. Ich fragte mich nicht nur, wie er etwas derart Geschmackloses aufbewahren konnte, ich fragte mich auch, was es über seinen Frauengeschmack aussagte, wenn er sich in jemanden verlieben konnte, der einen so billigen Teddy für eine gute Idee hielt. Was sagte das über mich aus?« Anita ging also rasch wieder zu Phase zwei über: Intensives Fragen.

Richard versuchte es zu erklären: »Das Geschenk bedeutete nichts. Ich hatte es völlig vergessen. Ansonsten hätte ich es doch schon längst weggeworfen.« Anita befand sich im Angriffsmodus: »Tief im Innern wolltest du es behalten.« Sie hatten diesen Streit sichtlich schon des Öfteren geführt. Schlimmer noch, die Qual und die bloße Gemeinheit ihrer Auseinandersetzungen warfen für sie die Frage auf, ob ihre Beziehung überhaupt noch eine Zukunft hatte. »Ich weiß ehrlich nicht, ob ich jemals darüber hinwegkomme«, gab Anita zu. »Meine Nerven liegen blank. Ich saß heute Morgen zitternd in der Garage. Ich musste mich zwingen, auszusteigen und mich dem Tag zu stellen.« Richard fühlte sich ähnlich mutlos und skeptisch: »Es wird einfach nicht besser. Ich glaube nicht, dass sie mir jemals vergeben kann.« Das sind typische Gedanken aus der dritten Phase: der Zeit der Entscheidung. Wenn Sie sich ähnlichen Rückschlägen gegenübersehen, ist es hilfreich, ein Kapitel zurückzublättern.

Glücklicherweise ist die Reise zurück zur Hoffnung beim zweiten, dritten oder vierten Mal weniger steinig. Nachdem Anita Richard mehrmals befragt hatte, gab er zu, dass dieses Geschenk damals für ihn wichtig gewesen war. »Darum habe ich es vermutlich behalten. Doch wenn ich es jetzt anschaue, frage ich mich, wie ich es jemals für nett halten konnte. Es ist wirklich verrückt. Ich verstehe nicht, was ich in ihr gesehen habe.« Warum hatte er das nicht schon früher zugegeben? »Es schien mitfühlender, Anita zu sagen, dass es mir nichts bedeutete. Warum sollte ich erneut Sand in die Wunde streuen?« Anita machte schnell ihre Stellung klar: »Ich merke doch, wenn du nicht ehrlich bist, und das ruft all meine alten Ängste hervor. Darum bin ich wirklich dankbar, dass du jetzt ehrlich zu mir bist.« Während des Streits über den Teddy wurde Richard klar, dass er nicht länger in die andere Frau verliebt war, und er machte einen wichtigen Schritt auf die Heilung zu.

Wie man die Hoffnung nährt und stärkt

Ob Sie Probleme haben, diese Phase zu erreichen, ob Sie sich nur wenig hoffnungsvoll fühlen oder ob Sie versuchen, sich Ihren Weg zurück zur Hoffnung zu erkämpfen, hier sind vier Strategien, die Ihnen dabei helfen können.

Den kostbaren Augenblick annehmen

In schweren Zeiten erinnert man sich sehnsüchtig an die Vergangenheit oder macht sich Sorgen um die Zukunft. Das ist ganz leicht. Das Schwierigste ist immer die Gegenwart. Und doch ist sie der einzige Ort, an dem wir wahre Freude erfahren können. Als der Theaterautor Dennis Potter kurz vor seinem Tod im Fernsehen interviewt wurde, rauchte er Kette und nahm immer wieder einen kräftigen Schluck aus seinem Flachmann mit einer Morphinlösung. Seine Ehefrau litt an Brustkrebs. Sie starb neun Tage vor ihm.

Doch er war immer noch in der Lage, kleine, explosionsartige Ausbrüche an Freunde zu erleben: »Das Einzige, was einem sicher ist, das ist die Gegenwart, und dieses Jetzt wird so lebendig, dass man auf fast perverse Weise gelassen wird. Wissen Sie, ich kann das Leben feiern. Vor meinem Fenster in Ross blüht beispielsweise jetzt gerade ein Pflaumenbaum, es sieht aus wie die Apfelblüte, nur in Weiß. Wenn ich beim Schreiben die Blüten betrachte, sage ich nicht einfach: ›Oh, was für schöne Blüten ...‹ Ich sehe die weißesten, duftendsten, blühendsten Blüten, die es nur geben kann.« Potter lebte nicht mehr lange genug, um von den Pflaumen kosten zu können, aber darauf kam es nicht an, denn er liebte den kostbaren Moment. Leider können viele Menschen, die mit Untreue zu tun haben, diese kurzen Augenblicke der Hoffnung nicht genießen – beispielsweise einen Familienausflug ans Meer –, und wissen die Chance, ihre Sammlung an guten, gemeinsamen Zeiten aufzustocken, nicht zu nutzen. Das liegt daran, dass sie nicht über die Blüten staunen, sondern sich Sorgen machen, das Fallobst könne am Boden verfaulen.

Leben mit Sicherheitsvertrag

In der Phase der Hoffnung will der Überführende an seinen Partner glauben und ihm wieder vertrauen, aber dieser Vertrauensvorschuss erscheint fast unmöglich. Ein »Sicherheitsvertrag« bietet eine Brücke über diesen Abgrund: Der Überführte verpflichtet sich, dem anderen Rückversicherung zu bieten, indem er offener und ehrlicher über seine Bewegungen und Aktivitäten kommuniziert. Als beispielsweise Jeanette (38) eine Internetaffäre hatte, bot sie an, den Computer von ihrem Büro ins Wohnzimmer zu stellen: »Auf diese Weise sah mein Partner, dass ich bei eBay war und nicht in einem Chatroom. Ich schränkte auch die Anzahl an Stunden ein, die ich online verbrachte, und wir sahen uns stattdessen einen Film an.« Bei der Erstellung Ihres »Sicherheitsvertrags« sollten Sie folgende Punkte beachten:

- Wie oft dürfen Sie Ihren Partner an einem normalen Tag per Telefon/SMS/E-Mail kontaktieren? Wie oft ist es für Sie akzeptabel, von ihm kontaktiert zu werden?
- Wie viel Überprüfung privater Kommunikation ist akzeptabel?
- Sollte Ihr Partner Sie anrufen, wenn er sich verspäten wird? Wann ist ein Anruf unbedingt nötig? Wenn er zehn Minuten zu spät kommt, eine halbe Stunde, eine Stunde?
- Was sollte geschehen, wenn es irgendeinen Kontakt mit der dritten Person gibt? (Das ist besonders heikel, wenn die Affäre mit einem Kollegen stattfand.) Was kann man tun, um die Zeit mit der dritten Person auf ein Minimum zu beschränken? Welche Kontaktaufnahmen sind akzeptabel? Welche nicht? Wie viel Information wünschen Sie sich über diesen Kontakt?
- Welche Veränderungen im Alltag sind ratsam oder wünschenswert? Beispielsweise ein anderer Weg zur Arbeit oder vorübergehend einen bestimmten Freundeskreis zu verlassen, weil diese Aktivitäten mit der Affäre in Zusammenhang standen?
- Wie können Sie Veränderung erbitten, anstatt sie einzufordern?

Es wird wahrscheinlich mehrere Gespräche erfordern, bevor Sie einen Sicherheitsvertrag abschließen können, aber das ist eine wunderbare Gelegenheit, bessere Kommunikation zu üben, und außerdem kann der Überführte dadurch Wiedergutmachung leisten. Leider ist es leichter, in eine Abwärtsspirale aus Schuldzuweisungen und Abwehrkommentaren zu geraten, und das Ergebnis ist dann eher Verzweiflung als Hoffnung. Wie können Sie diese Spirale vermeiden?

Wählen Sie einen Zeitpunkt für Ihr Gespräch, an dem Sie beide einigermaßen entspannt sind, keinesfalls direkt nach einem Streit. Es ist auch wichtig, dass die Veränderungen nur für die nächsten Wochen gelten, während sich das Vertrauen und die Zuversicht auf einem Tiefpunkt befinden. So schlug beispielsweise Jeanettes Partner Patrick vor, den Computer wieder in ihr Büro zu stellen, nachdem er feststellte, dass er daran berufsbedingte E-Mails las, anstatt einfach den Feierabend zu genießen.

Versuchen Sie als der Entdecker, den Eingriff in die private Korrespondenz des Überführten auf ein Minimum zu beschränken – gerade genug, um sich zu beruhigen. Patrick beschloss, nur um das Passwort für Jeanettes privates Mailkonto zu bitten – auf dem sie mit ihrem Liebhaber kommuniziert hatte –, aber nicht um das für ihr Arbeitskonto: »Ich wollte nicht endlos Memos und Bürowitze durchlesen müssen, aber vor allem wollte ich nicht zu einem paranoiden Kontrollfreak werden«, erklärte er.

Zu guter Letzt können Sie dafür sorgen, dass Ihr Sicherheitsvertrag funktioniert, indem Sie Ihren Partner wissen lassen, wie sehr er Ihnen dadurch hilft. »Ich weiß es wirklich zu schätzen, dass du mich angerufen hast, als ich mir Sorgen machte« oder »Ich weiß, du fühlst dich kontrolliert, aber es tut mir gut, wenn wir darüber reden, was wir tagsüber gemacht haben«.

Falls Ihr Partner etwas offenbart, das Sie verstört, ist es nur natürlich, dass Sie wütend oder bitter werden. Doch sobald Sie sich wieder beruhigt haben, sollten Sie zu ihm gehen und ihm für seine Offenheit danken. Noch einmal zu Anita und Richard, die ich in diesem Kapitel schon erwähnte: Richard teilte Anita mit, dass er seine frühere Geliebte im Supermarkt getroffen hatte. Diese Beichte ließ Anita explodieren. »Sie beschuldigte mich, immer noch etwas für sie [die andere Frau] übrig zu haben und hinter ihr her zu sein, und ich würde es ihr [Anita] nur sagen, um meine Spuren zu verwischen«, sagte Richard. In der Paarberatungsstunde gab Richard zu, dass er sich künftig doppelt überlegen würde, bevor er Anita Ähnliches beichtete. Glücklicherweise lenkte Anita ein und bat um Vergebung. »Ehrlich gesagt, hat es mich gefreut, dass du mir das gesagt hast, aber in diesem Moment kamen all diese negativen Gefühle, die an mir nagten, wieder hoch – weil du mich so verletzt hast –, und ich musste sie irgendwie loswerden.« Dadurch, dass sie sich entschuldigte und seine Ehrlichkeit positiv bestärkte, hielt sie den Sicherheitsvertrag lebendig.

Das gedankliche Nachvollziehen der Affäre

Obwohl in dieser Phase auf dem Weg zur Heilung die Mehrheit der grundlegenden Fragen – wer, wann, wo – gestellt und beantwortet wurde, brennt dem Entdecker immer noch das »Warum« der Untreue unter den Fingernägeln. Auf den ersten Blick mag es seltsam erscheinen, die nebensächlicheren Details der Affäre durchzugehen, um der Hoffnung neue Nahrung zu geben, aber es ist für beide Partner ein wichtiger Teil des Heilungsprozesses. Wenn der Überführende die Ereignisse nachvollzieht, erlaubt ihm das, sein Leben wieder in eine Art von Ordnung zu bringen und dem Geschehenen einen Sinn zu geben. Der Überführte begreift dadurch das ganze Ausmaß seiner Täuschung. Das Beantworten der Fragen des Partners sowie die völlige Offenlegung der Liaison wird auch die Bindung an die dritte Person lösen, die auf Geheimnissen aufbaute, und wird dem Überführten zu einem besseren Verständnis des eigenen Verhaltens verhelfen. Das Nachvollziehen der Affäre ist besonders dann wichtig, wenn der Überführte immer noch etwas für die dritte Person übrig hat.

Brian und Tina waren acht Jahre verheiratet und hatten ein Kleinkind, als Tinas einjährige Liebschaft entdeckt wurde. Obwohl sie sofort einverstanden war, die Affäre zu beenden und sich in Paartherapie zu begeben, blieben die Fortschritte minimal. Das Problem war, dass Tina immer noch starke Gefühle für ihren Ex-Liebhaber hegte. »Wenn ich nur einen Schalter umlegen und mich entlieben könnte, dann würde ich das tun, aber so einfach ist das nicht«, erklärte sie. Abgesehen von den grundlegenden Informationen hatte Tina sich geweigert, über das Verhältnis zu sprechen. Ihr Schweigen machte die Affäre zu etwas Romantischem, Besonderem. Brian drängte schließlich auf Details: Was hatte sie mit dem Kind gemacht, während sie sich mit ihrem Liebhaber traf? Wie konnte der andere Mann seine Frau täuschen, um Zeit für Tina zu finden? Nachdem sie fertig waren, fragte ich Tina nach ihrer Reaktion. »Es klingt alles ziemlich schäbig und hinterlistig. Ich hatte dieses Bild von meinem Liebhaber, dass er ein gütiger und ehrenhafter Mann ist, aber in Wirklichkeit hat er seine Frau ganz schrecklich behandelt. Sie vertraute ihm blind, und er hat dieses Vertrauen missbraucht.«

Das Nachvollziehen der Affäre kann sehr leicht zu einem destruktiven Streit verkommen. Wo liegt der Unterschied zwischen etwas Positivem, das dem Paar hilft voranzukommen, und dem einfachen Verweilen im Schmerz?

- Das Nachvollziehen beinhaltet, dass man die Chronologie der Liaison mit dem vergleicht, was zeitgleich geschah. Wie hat die Affäre Ihr gemeinsames Leben beeinflusst?
- Beim Nachvollziehen geht es darum, die Motive und Gedanken Ihres Partners im Verlauf der Liebschaft zu verstehen. Was dachte er, als er mit der dritten Person übers Wochenende verreiste? Was empfand er, als er die Kinder bei seiner Mutter absetzte, um sich am Nachmittag für ein Rendezvous mit der dritten Person zu treffen?
- Das Nachvollziehen ist nötig, weil frische Fragen Antworten brauchen. Gehen Sie einfühlsam vor und danken Sie hinterher Ihrem Partner dafür, dass er kooperierte (schließlich zeigt das, dass Sie über schwierige Dinge reden können). Wenn man jedoch im Schmerz verweilt, geht man endlos dieselben Dinge durch und bestraft entweder sich selbst oder den Partner.
- Das Nachvollziehen rechnet Ihre zweifellos ausufernden Fantasiebilder mit der profanen Realität dessen auf, was tatsächlich geschah.
- Das Nachvollziehen lässt sich jedoch auch in positivem Licht sehen. Erklären Sie Ihrem Partner: »Ich muss das tun, damit ich das alles hinter mir lassen kann«, und wenn er daraufhin kooperiert, ist das der konkrete Beweis, dass er Ihnen auf dem Weg zur Heilung helfen will.

Hier ein Beispiel, wie hilfreich das Nachvollziehen sein kann. Julie (31) war schwanger, als sie herausfand, dass ihr Partner, mit dem sie seit vier Jahren zusammen war, sie betrogen hatte. Sie hatte die Hochzeit ihrer besten Freundin wegen Unwohlsein vorzeitig verlassen, und ihr Partner kam danach mit einem anderen Gast ins Gespräch: »Ich musste einfach alles ganz genau wissen – ich bin Analystin, und Details sind wichtig für mich. Er hatte in zwei Wochen zwei Mal mit ihr geschlafen, und beide Male unter Alkoholeinfluss. Größtenteils schickte er ihr SMS-Botschaften, und er behauptet, dass er sie insgesamt nur vier Mal getroffen hat.« Dieses Wissen half Julie, ihre Wut zu kanalisieren. »Am schlimmsten sind für mich die Lügen und der Betrug. Die Tatsache, dass er nicht Nein sagen konnte und es für ihn leichter war, mich zu verletzen, als sie abzuweisen. Aber ich habe auch ihre Textnachrichten gelesen, und die gingen eindeutig von ihr aus. Deshalb konnte ich eine Menge Wut auf sie umlenken. Das mag falsch sein, aber sie war wirklich sehr hartnäckig.«

Hat Julie auch Phasen der Hoffnung durchlaufen? »Ja, ständig! Das Hoffnungsvolle war, dass er sich mir gegenüber endlich öffnete. Er sagte mir, wie er sich fühlt, in intensiven und oft schmerzlichen Gesprächen, aber wir sind auf die Wurzel seiner Unzufriedenheit gestoßen.« Sie waren aus Bequemlichkeit zusammengezogen, nicht aus wahrer Hingabe. »Die Hoffnung besteht darin, dass wir eine gemeinsame Zukunft haben, und das kann ich spüren. Es fühlt sich wie Glück an, und wenn ich ehrlich bin, habe ich das auch schon lange nicht mehr verspürt.«

Die Verbesserung des Sexlebens genießen

In meiner Umfrage zum Thema Untreue in Großbritannien vermeldeten 83 Prozent der Paare, die diese Phase erreicht hatten, eine signifikante Verbesserung ihres Liebeslebens. Eine 51-jährige Frau, deren Partner nach 20 Jahren untreu geworden war, schrieb, dass der Sex von »einmal im Monat, und manchmal nicht mal das, auf drei Mal die Woche« angestiegen war. Ein weiteres Beispiel sind Miranda (46) und ihr Ehemann, die sich als Teenager kennengelernt hatten. Sie waren seit über 20 Jahren verheiratet, als er eine viermonatige Affäre mit einer Kollegin einging, die er in Luxushotels zu treffen pflegte. »Ich langweilte mich vor dem Seitensprung im Bett, aber ich konnte ihm nie sagen, was ich wollte; doch als unsere Beziehung explodierte, bauten wir sie hinterher auf neue Weise auf, und unser Sexleben war befreit.« Das kommt gar nicht so selten vor, und 15 Prozent der Paare in der Umfrage berichteten, dass die Untreue sie ermutige, neue Dinge im Liebesspiel auszuprobieren.

Was steckt hinter diesem Phänomen? Viele Teilnehmer der Umfrage betrachteten Sex als den Trost, nach dem sie sich sehnten, aber für andere war es etwas Tieferes – fast, als würden sie ihren Partner neu für sich erobern. Peter (51) berichtete von »sehr fieberhaftem, leidenschaftlichem Sex«, nachdem seine Frau eine Affäre eingeräumt hatte. »Manchmal machte es mich an, was sie getan hatte, und ich stellte mir vor, dass er mit ihr im Bett war, nicht ich – auch wenn mir das hinterher traurig und pervers vorkam.«

Ich glaube aber, der wahre Grund für das verbesserte Sexleben ist noch grundlegender. Unsere Sexualität besteht aus zwei Faktoren: Unsere eigene inhärente Sexualität (welche Berührung uns erregt, persönliche Vorlieben, der körperliche Prozess des Orgasmus) und die beziehungsspezifische Sexualität (die Körperchemie, das Geben und Nehmen zwischen der inhärenten Sexualität der beiden Partner, was in der Beziehung sonst noch geschieht). Wenn wir schon lange mit unserem Partner zusammen sind, sind wir mit unserer beziehungsspezifischen Sexualität irgendwann so vertraut, dass wir unsere inhärente Sexualität aus den Augen verlieren. Doch der Bruch durch die Affäre lässt uns einen Schritt zurücktreten, und wir erinnern uns wieder unserer individuellen Präferenzen. Wenn diese inhärente Sexualität (was uns wirklich anmacht) neu eingeführt wird und die Beziehungssexualität (was beiden Partner nichts ausmacht) ersetzt, wirkt das wie Dynamit.

Paul und Tracey, das Paar, das sich stritt, als er endlich einräumte, dass es bei seiner unangemessenen Freundschaft auch zu Sex gekommen war, durchlief diese dunkle, wilde Liebesspielphase. »Es war genau so, wie es in den Selbsthilfebüchern steht – wirklich intensiv«, berichtete Paul. »Doch hinterher drehte sich Tracey von mir weg, als ob sie angeekelt wäre, und um ehrlich zu sein, fühlte ich mich auch nicht so besonders.« Nach einer Weile verwandelte sich ihr Sexleben in etwas Positiveres. Was hatte sich geändert? Sie brauchten eine Weile, bevor sie ihren Finger auf den Unterschied legen konnten. Schließlich fasste Paul es in Worte: »Es ist zärtlicher. Ich will nicht sofort zum Höhepunkt kommen, sondern ziehe es so lange wie möglich hinaus, und hinterher kuscheln wir und fühlen uns einander nahe.« Sie redeten auch viel über den Unterschied zwischen »Sex haben« (wie der Sex, den er mit der anderen

Frau gehabt hatte, wie er sagte) und »Liebe machen« (was sie gemeinsam taten).

Während dieser Gespräche fanden sie zu einem Maß an Ehrlichkeit, das früher gefehlt hatte. »Mir war Sex oft einfach lästig«, sagte Tracey. »Ich schmollte, wenn ich nicht so oft Sex bekam, wie ich wollte«, erklärte Paul. Diese zunehmenden Spannungen hatten Tracey dazu gebracht, erst einen Drink zu nehmen, um in Stimmung zu kommen, was Pauls Unzufriedenheit weiter anfachte: »Ich kam mir mies vor, weil meine Frau erst angetrunken sein musste, bevor sie mich berühren wollte.« Nach dem Gespräch wurde Tracey klar, dass sie sich »mehr Mühe geben musste«, und Paul kam zu dem Schluss, dass er sich »wie ein selbstsüchtiger Teenager« verhalten hatte, und ihr Liebesspiel wurde daraufhin tiefer und bedeutsamer.

Was ist, wenn Sie keinen sexuellen Bonus bekommen? Ich würde dann prüfen, ob Sie wirklich schon in der Phase der Hoffnung angekommen sind. Falls Sie sich nicht wohl dabei fühlen, mit Ihrem Partner intim zu werden, liegt es entweder daran, dass einer von Ihnen beiden – oder Sie beide – noch in der Entscheidungsfindungsphase feststeckt. Lassen Sie mich Ihnen versichern, Sie sind nicht allein. 17 Prozent der Teilnehmer an meiner Umfrage, die sich hoffnungsvoll über ihre Zukunft äußerten, fühlten sich noch nicht bereit, wieder mit ihrem Partner zu schlafen. Für diese Menschen ist es unmöglich, sich sexuell nahezukommen, solange sie kein Vertrauen haben – und Vertrauen ist für gewöhnlich das Letzte, was man auf dem langen Heilungsweg nach der Untreue findet. In der Zwischenzeit empfehle ich, nichtsexuelle Möglichkeiten zu finden, um körperlich intim zu werden: Küssen Sie sich, wenn Sie nach Hause kommen, berühren Sie sich beiläufig (legen Sie Ihrem Partner die Hand auf den Rücken, um ihn durch die Tür zu leiten, oder drücken Sie ihm die Hand in stressigen Momenten) und umarmen Sie sich (Umarmungen, die mindestens zehn Minuten oder länger dauern).

Wenn Sie die guten Zeiten, die Sie zu zweit erleben, annehmen – so flüchtig sie auch sein mögen –; wenn Sie einen »Sicherheits«-Vertrag abschließen; wenn Sie die Affäre nachvollziehen und die Verbesserungen in Ihrem Sexleben genießen, dann sollten Sie sich immer öfter hoffnungsvoll fühlen. (Wenn Sie die Phase der Hoffnung noch nicht erreichen können, sehen Sie sich die Übung »Schuldzuweisungen loslassen«, Seite 196, an.) Es wird immer noch dunkle Tage geben, an denen Sie meinen, mit der dritten Person in Wettstreit zu stehen, und sich sorgen, dass Ihre Alltagsliebe nicht mit der prickelnden Erregung einer Affäre konkurrieren kann, aber selbst dann gibt es noch Grund zu Optimismus.

Der Unterschied zwischen der Liebe in der Ehe und in einer Affäre

Die Liebe in der Ehe kennt Ebbe und Flut. Manchmal ist es so wie damals, als man sich kennenlernte, dann wieder ist man enttäuscht, gelangweilt und sogar wütend. Im Gegensatz dazu ist die »Liebe« in einer Affäre pikant. Sie ist ein einziger ausgedehnter, emotionaler Rausch – angefacht von Gefahr und Geheimhaltung. Doch genau die Dinge, die einen Seitensprung so verführerisch machen, tragen so gut wie immer auch zu seinem Ende bei. Affären finden ausnahmslos in einer Blase statt – in einer nicht realen Welt, in der es leicht ist, Verliebtheit mit wahrer Liebe zu verwechseln und zu glauben, dass Ihre Gefühle sich niemals ändern werden.

Das erinnert mich an die Geschichte, die mir ein junger schwuler Freund Ende der 1970er-Jahre erzählte. Er war mit einem Vertreter des italienischen Adels liiert, der eine Wohnung mit Blick auf einen Park mitten in London besaß. Sie verbrachten ihre Zeit entweder im Bett oder tranken Champagner. Es klang alles furchtbar glamourös. Leider hatte der Baron Angst, jemand könnte herausfinden, dass er schwul war, denn das käme, um meinen Freund zu zitieren, »sozialem Selbstmord« gleich. Er behauptete, sich leidenschaftlich verliebt zu haben, stellte jedoch meinen Freund weder seiner Familie noch seinen Freunden vor und riskierte nur selten, mit ihm in der Öffentlichkeit gesehen zu werden. Einmal erklärte er mit Grandezza, wahrscheinlich unter Einfluss des Champagners: »Ich kann dich lieben, aber nur bis zur Tür.« Obwohl es in dieser Beziehung keine dritte Person gab, ging es wie bei einer Affäre zu: geheim, eingeschränkt und zwanghaft.

Was geschieht, wenn die Person, die eine Liebschaft hat, beschließt, damit an die Öffentlichkeit zu gehen, oder überführt wird und ihre neue Liebe daraufhin jedermann offenbart? In der Theorie tritt die Affäre dann aus den dunkeln Schatten heraus, und das neue Paar reitet gemeinsam in den Sonnenuntergang. Doch so einfach ist es nie. Obwohl das Paar einander kennt, ist die Beziehung noch nicht außerhalb der Blase auf den Prüfstand gekommen. Als Jenny ihre Ehe ad acta legte und bei ihrem Liebhaber einzog, war es nicht ganz das, was sie erwartet hatte: »Zum ersten Mal musste ich mich seinen Schwächen stellen. Mir war dunkel bewusst gewesen, dass er nicht viel las. Seine Regale waren voller DVDs, und es gab nur eine kleine Sammlung Science-Fiction-Romane, aber mir war nicht klar, wie sehr es ihn aufregen würde, wenn ich mit einem guten Buch früh zu Bett ging. Als wir unsere Affäre hatten, war die Zeit natürlich knapp, und ich wollte nie etwas so Profanes wie lesen! Aber in Wirklichkeit ist Lesen sehr wichtig für mich.«

Das war nicht das einzige Problem. »Anfangs war es herrlich, jeden Sonntagmorgen im Bett zu verbringen, aber mir wurde bald klar, wie wenig wir gemeinsam hatten. Ich musste mir das Hirn zermartern, um ein Gesprächsthema zu finden. Früher schien das nie ein Problem gewesen zu sein. Worüber hatten wir nur geredet? Dann fiel mir auf, dass wir uns immer nur Sorgen um ›unsere Situation‹ gemacht oder unser nächstes Treffen geplant hatten.« Jenny hatte das alles natürlich schon früher gewusst, aber der Adrenalinrausch der Affäre hatte sie dem gegenüber blind werden lassen.

Wenn jemand seinen Partner verlässt, um eine neue Liebe zu leben, dann schießen die Erwartungen durch die Decke. Die dritte Person ist ein »Seelengefährte« und die Beziehung ist »perfekt«. Nichts anderes ist akzeptabel. Schließlich hat die Person, die das Verhältnis eingegangen ist, alles dafür aufgegeben. Selbst unter optimalen Umständen ist das eine enorme Bürde. Wenn dann noch Scham und die Enttäuschung der Familie dazukommen, sind Auseinandersetzungen und Kummer programmiert.

»Langsam wurde mir klar, dass ich einen gewaltigen Fehler

begangen hatte. Emily war wunderbar, aber sie war auch eine ziemliche Prinzessin«, erzählte Mike (43), der eine 15-jährige Partnerschaft für seine Geliebte aufgegeben hatte. »An ihrem Geburtstag überhäufte ich sie mit Geschenken, die sie rasch auspackte. Dann herrschte unheilvolles Schweigen. ›Wo ist mein Hauptgeschenk?‹, fragte sie. Das hatte sie schon vor ungefähr vier Geschenken ausgepackt.« Mike fing an, die Beziehung zu seiner Frau Kate in einem neuen Licht zu sehen. »Wir hatten unsere Höhen und Tiefen, aber ich hatte nie das Gefühl, dass ich meine Liebe beweisen musste oder dass Kate meine Liebe daran maß, in welche Restaurants oder Hotels ich sie ausführte. Wir hatten genauso viel Spaß, wenn wir an einem sonnigen Nachmittag vor einem Landgasthaus saßen und die Welt an uns vorüberziehen sahen.« Im Rausch der Affäre hatte er Emily immer nur in leuchtenden Farben gesehen, Kate dagegen in dunklem Grau. Sobald der Adrenalinrausch abklang, wurde ihm klar, dass die Welt sehr viel mehr Farbtöne zu bieten hat. Drei Monate später verließ Mike Emily, und er und Kate gingen zur Paarberatung.

An diesem Punkt muss ich selbst etwas beichten. Im Alter von 23 Jahren hatte ich eine Affäre und verließ die Person, mit der ich mein Leben teilte. (Rückblickend hätte ich den Mut haben sollen, unsere Probleme anzugehen, anstatt mich in ein Verhältnis zu flüchten, aber ich war jung und hatte noch keine Erfahrung.) Ich werde nie den Abend vergessen, an dem ich die neue Liebe meinen Freunden vorstellte; alle waren absolut höflich, aber die Luft wurde eisig. Es war nicht so, dass meine Freunde meine neue Liebe verurteilten, sie mochten sie nur nicht. Als ich sie durch deren Augen sah, wurden mir alle möglichen Dinge klar, die ich selbst auch nicht an dieser Person mochte. Kurz darauf beendete ich die Beziehung.

Eine Zusammenfassung der Unterschiede:

Liebesaffäre	Die Liebe in der Ehe
Leben in einer Blase	Leben in der realen Welt
Privat	Öffentlich
Ungeprüft	Geprüft
Schwarz-weiß	Komplex
Keine Wurzeln	Tiefe Verwurzelung
Adrenalinrausch	Alltag
Glamourös	Häuslich
Zwanghaft	Großzügig
Meist ohne Kinder	Kinder
Keine Verantwortlichkeiten	Familie

Wenn ein Paar sich näherkommt, bieten Freunde normalerweise eine wichtige Prüfinstanz. Jemand sagt: »Sie ist hübsch, aber ziemlich besitzergreifend« oder: »Hast du gemerkt, dass sie die Rechnung nicht teilen wollte, sondern genau nachrechnete, wer was gegessen hat?« Dadurch können wir einen Schritt zurücktreten und abwägen, ob uns diese Dinge wichtig sind oder nicht, und eine wohlüberlegte Entscheidung treffen. Doch eine Liebesaffäre entwickelt sich heimlich, weit weg von dieser gesellschaftlichen Kontrolle.

All diese Eigenschaften haben Vor- und Nachteile, aber es liegt auf der Hand, dass sich eine Liebesaffäre über kurz oder lang totlaufen wird. Nur in den seltensten Fällen endet sie in einer Ehe. Die Soziologin Annette Lawson stellte in den 1980er-Jahren in einer Untersuchung über Untreue fest, dass nur zehn Prozent der Menschen, die ihren Partner verließen, die Person heirateten, mit der sie die Affäre hatten. In meiner Umfrage verließ nur ein Prozent seinen Ehepartner für die neue Liebe. Und auch diese Minderheit findet nicht unbedingt zu einem glücklichen Ende. Dr. Shirley Glass (deren Studie *Not Just Friends* 2004 von der Free Press veröffentlicht wurde) berichtete, dass 75 Prozent der untreuen Personen, die ihre Liebschaft heirateten, am Schluss geschieden wurden.

Wie man gegen eine Liebesaffäre ankämpft

Herauszufinden, dass Ihr Partner zwar eine Affäre hat, aber dennoch Ihre gemeinsame Beziehung retten will, ist die eine Sache; eine ganz andere ist es, wenn Sie erfahren, dass Ihr Partner Sie für die dritte Person verlassen will. Für viele Menschen ist dies das Ende ihrer Ehe; andere wollen weiterkämpfen. Wenn Sie in die zweite Kategorie fallen, haben Sie sich für einen steinigen Weg entschieden, aber es gibt dennoch Grund zum Optimismus. Hier sind fünf Strategien, die Ihnen helfen, Ihren Partner möglicherweise zurückzugewinnen:

1. Lassen Sie Ihren Partner ziehen.

Normalerweise empfehle ich keine Trennung – das macht es nur schwerer, an den Problemen der Beziehung zu arbeiten –, aber dieser Fall ist eine Ausnahme. Ich habe schon Paare beraten, die beschlossen haben, unter demselben Dach zu wohnen und »getrennte Leben« zu führen, aber die Eifersucht stieg bald ins Unermessliche, und der verbliebene gute Wille verlor sich in Streitigkeiten über Wäsche, Lebensmitteleinkäufe und Rechnungen.

2. Konzentrieren Sie sich auf das Heute.
Versuchen Sie, nicht über die nächsten sieben Tage hinauszusehen. Das Unterfangen, Pläne für die Zukunft zu schmieden, ist zum Scheitern verurteilt und erhöht das Risiko, von »Was, wenn?«- und »Wie soll ich es nur schaffen?«-Fragen in die Knie gezwungen zu werden. Nach hinten zu schauen ist gleichermaßen zerstörerisch und führt nur zu Selbstkasteiung oder depressiven Gedanken. Trotzdem weiß ich, wie schwer es ist, im Hier und Jetzt zu leben. Also seien Sie nachsichtig mit sich, falls Sie ins Stolpern geraten.

3. Akzeptieren Sie alle Einladungen.
Zuhause zu bleiben und zu grübeln tut weder Ihrer Selbstachtung gut noch der Chance, Ihre Beziehung zu erneuern. Wer ist wohl ansprechender: jemand, der ein interessantes und abwechslungsreiches gesellschaftliches Leben führt, oder jemand, der sich ständig in Selbstmitleid suhlt?

4. Bewerten Sie die Situation nach sechs Monaten neu.
Seien Sie voller Optimismus, aber kämpfen Sie nicht über den Punkt der vernünftigen Hoffnung hinaus.

5. Stellen Sie sicher, dass Sie sich Ihren Partner aus den richtigen Gründen zurückwünschen.
Es ist ein großer Unterschied, ob Ihr Partner einfach genug von

seiner neuen Liebe hat oder ob er die echte Hingabe empfindet, wieder an Ihrer Beziehung zu arbeiten. An diesem Punkt ist es leicht, Zweifel beiseitezuwischen und an das »glücklich bis ans Ende ihrer Tage« zu glauben. Doch es gibt Reparaturarbeit zu leisten, und Ihre Beziehung muss sich durch den Rest der sieben Phasen arbeiten, bevor sie Heilung findet.

Zwischen zwei Stühlen

Wenn das letzte Szenario schon schwierig war, ist dieses noch viel schmerzlicher: Die Affäre läuft noch, und der Überführte kann sich nicht entscheiden, wo seine Zukunft liegt. Einerseits ist da ein Partner, der die Ehe retten will, und normalerweise gibt es auch Kinder, gemeinsamen Besitz und wahrscheinlich eine Beziehung, die »ganz in Ordnung« war. Andererseits sind da der neue, aufregende Partner und die Verlockung des Unbekannten. Im Lauf der Liaison entstand eine Verbindung zwischen dem Überführten und der dritten Person, die tiefer reicht als guter Sex. Der Überführte, der in der Mitte des Dreiecks gefangen ist, weiß, dass sowohl sein Partner als auch die dritte Person leiden. Er fühlt sich erst in die eine, dann in die andere Richtung gedrängt, findet aber einfach nicht den richtigen Weg.

»Ich weiß nicht, was ich machen soll«, stöhnte Simon (45), »ich fühle mich sehr zu meiner Geliebten hingezogen und stelle mir vor, wie unser gemeinsames Leben aussehen könnte. Doch meine Frau wünscht sich, dass wir zusammenbleiben. Neulich war unser Hochzeitstag, und wir entschieden, keine Geschenke auszutauschen. Aber sie hat mir eine rote Rose auf das Armaturenbrett im Auto gelegt. Das war eine wirklich nette Geste, und mein Herz flog ihr zu.« Simon versuchte, eine dreijährige Affäre – die ihn sowohl intellektuell als auch sexuell erfüllte – und eine 20-jährige Ehe mit drei Kindern im Teenageralter gegeneinander aufzuwiegen. Er hatte mehrere Jahre das Gefühl gehabt, ein unerfülltes Leben zu führen, das von den Erwartungen anderer bestimmt wurde. Was sollte er tun?

Obwohl ich voller Mitgefühl zuhörte, konnte ich nicht helfen. Eine Beratung ist kein gutes Forum, um diese Entscheidung zu fällen. In der Vergangenheit, am Anfang meines Berufslebens, hörte ich zu, wenn jemand das Pro und Kontra des Bleibens oder Gehens auflistete. Es war stets eine Qual. Ich konnte nur zur Verwirrung beitragen und meinem Klienten bestätigen, dass er feststeckte.

Einige Wochen später nahm Simon wieder Kontakt zu mir auf. Er hatte beschlossen, an seiner Ehe zu arbeiten, und ich vereinbarte einen Termin für ihn und seine Frau Celia. Doch wir konnten die Beziehung erst nach dem Ende der Affäre retten. Simon mochte seine Geliebte eine Weile nicht gesehen und keinen Sex mit ihr gehabt haben, aber sie telefonierten mehrmals täglich. »Ich sagte ihr, dass ich versuchen wolle, meine Ehe zu retten«, erzählte Simon. »Sie regte sich furchtbar auf, und ich bin ein wenig von meinem Entschluss abgekommen.« »Dann hast du ihr also nicht gesagt, dass es vorbei ist?«, fragte Celia. »Nicht so endgültig«, räumte Simon ein. Celia regte sich vor allem darüber auf, dass er während eines Familienurlaubs am Handy mit der anderen Frau telefoniert hatte. »Sie hatte sich den Arm gebrochen und war am Boden zerstört. Ich fühlte mich verantwortlich und konnte sie nicht einfach im Stich lassen«, erzählte Simon. »Sie hat niemanden außer mir.« Da unterbrach ihn Celia: »Sie hat einen Ehemann!«

Während Simon und Celia stritten, wurde klar, dass beide hin- und hergerissen waren – nur auf unterschiedliche Weise. Simon wollte an seiner Ehe arbeiten und trotzdem Kontakt zu der anderen Frau halten: »Ich plane, sie langsam von mir zu entwöhnen.« Er hatte mit einer Freundin gesprochen, die ihrem Ehemann in einer ähnlichen Situation erlaubt hatte, seine Geliebte (die letztendlich einen anderen Liebhaber fand) weiterhin zu sehen, und dieses Paar war immer noch glücklich zusammen.

Celia war ebenfalls hin- und hergerissen und tendierte erst in die eine Richtung, dann in die andere: »Ich weiß, ich sollte Simons Vorschlag überdenken.« Sie hielt eine Sekunde inne. »Wie soll das gehen? Würdest du dich weiterhin mit ihr treffen? Du könntest wieder mit ihr schlafen.« Simon gab ihr recht, dass das geschehen könnte. Celia sah ihn finster an, und ich fragte, was das bedeutete. »Das könnte ich nicht ertragen.« Celia sank tiefer in den Sessel und seufzte. »Ich wünschte, ich wäre stärker, denn falls Simon sie nicht aus seinem System bekommt …« Ihre Stimme verlor sich. Sie wollte ihre Ehe definitiv retten, aber um welchen Preis? Als ob diese Hängepartie nicht schon schlimm genug wäre, fütterte die Unentschlossenheit und mangelnde Klarheit des einen die des anderen. Fast drei Monate nach Aufdeckung der Affäre hatte es den Anschein, als ob sie sich keinen Millimeter voranbewegten.

Wenn das auch Ihr Dilemma ist, wie können Sie aus der Sackgasse herauskommen? Wenn Sie betrogen wurden, dann mag es den Anschein haben, als ob Sie niemals die Phase der Hoffnung erreichen werden. Aber Sie können etwas tun. Anstatt darauf zu warten, dass Ihr Partner eine Entscheidung fällt, sollten Sie sich Ihre eigene Unentschlossenheit ansehen. Ihr Partner mag sich nicht schlüssig sein, was er will, aber Sie müssen sich klar werden, was für Sie akzeptables und inakzeptables Verhalten ist.

In der nächsten Beratungsstunde mit Celia und Simon war alles anders, weil Celia genau das getan hatte. »Ich kann nicht mit der anderen Frau mein Haus teilen, aber genauso fühlt es sich an, weil sie ihn jederzeit anrufen oder ihm eine SMS schicken kann. Wenn er mit ihr sprechen will, dann kann er nicht bei mir und den Kindern wohnen. Also bat ich ihn auszuziehen.« Das ließ Simon klarer sehen. »Ich vermisste die Kinder so sehr, es war entsetzlich.« Er versuchte, eine Rückkehr an den Wochenenden auszuhandeln, aber Celia blieb fest: Er durfte nicht zu Hause schlafen. Sobald Celia nicht länger schwankte, konzentrierte sich Simon auf die Realität seiner Entwöhnungsstrategie: »Wie kann ich ihr durch den Schmerz der Trennung Halt geben, wenn ich doch der Mensch bin, der diesen Schmerz überhaupt verursacht?« Er hatte sich vorgenommen, ehrlich zu der anderen Frau zu sein und die Affäre zu beenden. »Vermutlich ahnt sie, was ich ihr sagen werde, und das macht es nur schlimmer.«

Es gab mehrere Gründe für dieses positive Ergebnis. Celia hatte beschlossen, womit sie leben konnte und womit nicht. Ihre Entscheidung war nicht im Zorn oder als Drohung getroffen worden, und darum konnte sie sich konsequent daran halten. Darüber hinaus hatte Celia die Krise in kleine, überschaubare Zeiteinheiten zerlegt. Sie bat Simon, »vorerst« auszuziehen, bis »du dich entschieden hast«. Das ließ die Tür für seine Rückkehr offen.

Es gibt noch ein zweites Mittel, um aus der Sackgasse zu kommen: Hören Sie auf, Vermutungen über Ihren Partner anzustellen. Als Emmas Mann sie nach vier Jahren Ehe verließ und zu seiner Freundin zog, steckte sie viel Energie in das Bemühen, in seinem Verhalten positive und negative Zeichen zu suchen: »Er führte sie in eine Bar, in der eine enge Freundin arbeitet und in die ich oft ging. Er nahm sie mit zur Hochzeit seines Bruders, nur zwei Wochen, nachdem ich die Affäre entdeckt hatte.« Emma war sicher, dass er das absichtlich tat, um sie zu »demütigen«.

Als er vier E-Mails schickte, in denen stand, »wie leid es ihm tut, dass er mich verletzt hat, ich soll ihn jederzeit unter seiner neuen Handynummer anrufen, und ich soll den kleinen Vogel grüßen [den er mir zum Valentinstag geschenkt hat]«, da sah sie darin umgekehrt den Wunsch, wieder mit ihr zusammenzukommen. Erst als sie einen Schritt zurücktrat, konnte sie viele alternative Interpretationen des Verhaltens ihres Mannes erkennen: Vielleicht war er wegen des kostenlosen Alkohols zur Hochzeit seines Bruders gegangen und nicht, um sie zu demütigen. Er hatte die Mails vielleicht geschickt, um seine Schuldgefühle wegen der Affäre loszuwerden, nicht um neu anzufangen. Ich mit meinem Therapeutenhut sehe einen Mann, der versucht, sich beide Optionen offen zu halten, und der höchstwahrscheinlich beide Frauen unglücklich machen wird. Doch es ist sinnlos, Vermutungen anzustellen. Es gibt immer zahlreiche Interpretationsmöglichkeiten für das Verhalten unseres Partners, und auch unsere Reaktionen sind offen für diverse Interpretationen. Annahme gesellt sich zu Annahme, und der Boden bewegt sich so sehr, dass man unmöglich Fortschritte erzielen kann.

Wenn Ihnen das bekannt vorkommt, dann können Sie der Vermutungsspirale entkommen, indem Sie sich Ihrer Motivation klar werden und von Ihrem Partner dasselbe einfordern. Als die Mails von Emmas Ehemann an sie eingingen, hätte sie fragen sollen: »Warum hast du Kontakt zu mir aufgenommen?« Diese Reaktion hätte eine Antwort und Klarstellung erzielt, während es nur zu Verwirrung führte, dass sie mitspielte und ihre Liebe neu entflammen ließ. Sie überlegte, ihn anzurufen und sich mit ihm zu treffen – obwohl er noch bei der anderen Frau wohnte –, aber das hätte den Dreier nur verlängert. »Ich traf ihn zufällig in der Stadt, und er sah so elend aus, ganz anders als der lächelnde, saubere, glückliche Mann, der er mit mir war«, erklärte sie. Es war schwer, aber Emma musste sich zurücknehmen und abwarten, bis ihr Ehemann eine langfristige Entscheidung getroffen hatte.

Für den Überführten: Hoffnung

Es ist noch nicht alles verloren. Sie beide können wieder ein Paar werden.

Sie müssen jedoch einen klaren Schnitt machen und sich von der dritten Person trennen, damit Ihr Partner sich sicher fühlen kann.

Auch wenn Sie sich Sorgen um das Wohlergehen der dritten Person machen, es sendet einfach das falsche Signal, wenn Sie »in Kontakt bleiben« oder »nur Freunde« sein wollen. Ihr Partner fühlt sich dadurch ungeliebt, und es schürt auch seine Ängste. Außerdem verlängert es bei Ihnen die Trauer um Ihre Affäre und erschwert die Heilung für alle Beteiligten.

Wenn ein klarer Schnitt nicht möglich ist – weil die dritte Person beispielsweise ein Kollege ist –, dann sorgen Sie dafür, dass der Kontakt auf ein Minimum beschränkt ist und rein geschäftlich bleibt. Das bedeutet, dass Sie nicht fragen, wie es ihrer Mutter oder seinen Kindern geht, und auch keinen Büroklatsch miteinander teilen.

Erzählen Sie von sich aus von jedem neuen, nicht zu vermeidenden Kontakt mit der dritten Person – zeigen Sie E-Mails oder SMS-Textbotschaften (wie nebensächlich sie auch sein mögen), und warnen Sie im Voraus vor gemeinsamen Projekten an der Arbeitsstelle (auch wenn andere Leute mit im Raum sein werden). Das ist Ihre Chance zu beweisen, dass man Ihnen vertrauen kann.

Wir neigen von Natur aus dazu, in der Phase der Hoffnung zu schwelgen und uns sehnlichst zu wünschen, dass alles in ruhigen Gewässern bleiben möge. Auch wenn es schmerzlich oder gar zerstörend wirken mag, wenn Sie sich Ihrem Partner öffnen und Fragen hinsichtlich des Seitensprungs beantworten, ist das Ihre Chance zu beweisen, dass Sie Ihrer Beziehung zum Erfolg verhelfen wollen. Letzten Endes werden Aufrichtigkeit und völlige Offenheit die Phase der Hoffnung verlängern.

So bizarr es auch scheinen mag, aber das Bedürfnis Ihres Partners, die Affäre, die Sie führten, nachzuvollziehen, ist Teil des Heilungsprozesses. Die Fakten – so ungesund sie auch sein mögen – sind immer noch besser als seine fieberhaften Fantasiebilder. Als Julie (31) etwa herausfand, dass ihr Partner sie mit jemandem betrogen hatte, den er auf der Hochzeit ihrer besten Freundin getroffen hatte, wollte sie einfach alles wissen – sogar, welche Stellungen sie im Bett eingenommen hatten: »Doch je tiefer ich grub, desto uninteressanter klang das alles. Und je mehr er darüber sprach, desto weniger konnte er glauben, dass er das wirklich getan hatte.«

Sie können Ihrem Partner wieder zu einem Gefühl der Sicherheit verhelfen, wenn Sie ihn über Ihren Aufenthaltsort auf dem Laufenden halten und bei Verspätungen anrufen. Wenn Ihr Verhältnis eng mit einem bestimmten Verhalten verbunden war – wenn Sie beispielsweise viel Zeit am Computer oder auf dem Tennisplatz oder auf Geschäftsreisen verbrachten –, dann beenden Sie diese Aktivität freiwillig oder fahren sie zumindest auf ein Minimum herunter.

Wenn Sie nicht wissen, ob Sie bleiben oder gehen sollen, ob Sie Ihren oder Ihre Ex vermissen werden oder nicht, dann behalten Sie das nicht für sich – vor allem dann nicht, wenn Ihr Partner fragt: »Was ist los?« Ehrlichkeit baut die Kommunikation zwischen Ihnen beiden auf und beendet schwärende Gefühle.

Es ist völlig normal, Zeit zu brauchen, um zu trauern und die Affäre loszulassen. Diese Gefühle bedeuten nicht unbedingt, dass Sie die falsche Entscheidung getroffen haben.

Seien Sie nicht überrascht, wenn Ihre Stimmung von Optimismus in Verzweiflung umschlägt – das ist nach einem Trauma völlig normal. Im Lauf der nächsten Wochen werden diese abrupten Stimmungsschwankungen immer weniger – vor allem, wenn Sie der Politik des klaren Schnittes und des »Sicherheitsvertrags« folgen.

Neue Fertigkeiten: Das Positive im Negativen suchen

Bevor wir uns diese Fertigkeit im Detail ansehen, möchte ich Ihnen einige Beispiele nennen. Das erste stammt aus der Zeitung. Als John Aherne aus Edinburgh eines Tages aus dem Fenster in seinen Vorgarten schaute, fehlte etwas: »Wir hatten diesen großen Steinlöwen, der seit über 100 Jahren im Besitz unserer Familie war. Meine Großmutter saß schon darauf, meine Mutter, ich und meine Kinder und auch meine Enkel.« Es wäre leicht, darüber wütend zu sein, aber John versuchte, es mit Fassung zu tragen: »Wenigstens waren die Diebe höflich und schlossen die Pforte hinter sich.«

Das zweite Beispiel stammt aus meiner Beratungspraxis. Eleanor machte eine schlimme Zeit durch. Ihr innig geliebter Vater war nach langer Krankheit gestorben, und ihre Ehe löste sich allmählich auf. Sie fühlte sich nicht einmal mehr in der Lage, sich um ihre beiden Kleinkinder zu kümmern, und überließ ihrem Ehemann das Sorgerecht. Nach einem Alkoholtest verlor sie dann auch noch ihren Führerschein, und das hätte der Tropfen sein können, der das Fass zum Überlaufen brachte. Stattdessen beschloss Eleanor, das Positive zu sehen: »Es war unglaublich lästig, immer den Bus nehmen zu müssen, aber ich glaube, da hat wirklich jemand auf mich aufgepasst. Wenn die Polizei mich nicht erwischt hätte, hätte ich vermutlich irgendwann völlig die Kontrolle verloren und wäre irgendwo dagegengefahren und hätte mich selbst oder auch noch andere verletzt.«

Selbst unter schlimmsten Bedingungen waren Menschen schon in der Lage, das Positive im Negativen zu sehen, so unwahrscheinlich das auch sein mochte. Eine meiner Klientinnen sprach über den Tod ihres Vaters und den Versuch ihrer Mutter, selbst in den trostlosesten Momenten den Humor nicht zu verlieren: »Wenigstens ist damit endlich unser Streit beendet, wo wir den Flügel hinstellen sollen.«

Diesen Geschichten ist der Verlust gemeinsam. Auch, wenn Ihr Partner willens ist, zu bleiben und um die Beziehung zu kämpfen, werden Sie das Gefühl von Verlust verspüren. Sie betrauern den Verlust des Bildes Ihres Partners als jemand, der nie absichtlich grausam sein könnte, und Sie trauern darum, dass seine Untreue den Glauben an einen Teil Ihres Lebens zerstört hat. Doch die Beispielgeschichten zeigen, dass man selbst den düstersten Momenten etwas Positives abgewinnen kann. Letzten Endes sind nicht die Kümmernisse und Probleme im Leben wichtig, sondern wie wir unsere Erfahrungen interpretieren und die Bedeutung, die wir ihnen beimessen. Um diese neue Fertigkeit, das Positive im Negativen zu suchen, weiterzuentwickeln, führen Sie die nachfolgende Übung »Aus Zitronen Limonade machen«, Seite 195, durch.

Zusammenfassung

- Die Phase der Hoffnung ist die flüchtigste der sieben Phasen auf dem Weg zum Neuanfang, und es ist völlig normal, auch mal schlechte Tage zu haben.

- Ihre eigene Heilung steht in direktem Zusammenhang mit dem Verhalten Ihres Partners. Der Übergang vom Täter zum Helfer bei der Heilung ist schwierig, aber es hilft, wenn man Fragen zu der Affäre beantwortet und seine Aktivitäten, seine Gefühle und alle Kontakte mit der dritten Person offenlegt.

- Liebschaften sind zwar oft äußerst leidenschaftlich, aber sie finden in einer isolierten Blase statt, und wenn sie sich der Realität stellen müssen, implodieren sie sehr oft.

- Nach heiklen Momenten, wenn Sie wütend auf Ihren Partner sind, müssen Sie unbedingt mit einer Geste der Bestätigung aufwarten: Ihre erste Reaktion ist kurzfristig, aber Ihr langfristiger Wunsch ist es ja, die Beziehung zu heilen.

- Eine der besten Möglichkeiten, sich von Untreue zu erholen, besteht darin, in Ihrer Qual und Ihrem Schmerz einen Sinn zu sehen. Es ist eine Gelegenheit für neue Einsichten und neue Verhaltensweisen. Diese Einstellung wird die Phase der Hoffnung verlängern und Ihnen helfen, wieder zurückzufinden, falls neue Beichten Ihre Zuversicht zu untergraben drohen.

Übungen

Zeit zu zweit

In den frühen Phasen der Heilung geht es ausschließlich um Angst und lange Gespräche. Die sind nötig, laugen aber auch aus. Darum ist es gut, wenn man auch etwas Spaß in sein Leben einbaut.

- Eine Beziehung ist ein lebendes Wesen, und wie alle Lebewesen muss man es füttern, damit es wächst und gedeiht. Nehmen Sie sich also zwei Stunden pro Woche am Stück Zeit, um gemeinsam etwas Schönes zu erleben.
- Am besten wählt man eine Aktivität – damit es Dinge außerhalb der Beziehung gibt, über die man reden kann –, anstatt einfach nur zusammen essen zu gehen. Ich würde auch von Alkohol abraten. Besuchen Sie eine Kunstgalerie, flanieren Sie über einen Flohmarkt, gehen Sie kegeln, oder machen Sie einen Spaziergang.
- Wenn Sie sich in Begleitung Ihrer Kinder oder von Freunden anfangs sicherer fühlen, dann nur zu, aber ich würde empfehlen, dass Sie im Lauf der Zeit die Familien- und Gruppenausflüge einschränken und sich darauf konzentrieren, als Paar gemeinsam intensive Zeit zu erleben.
- Um sicherzustellen, dass es wirklich eine Vergnügung bleibt, müssen Sie vorausplanen und diese Zeit gegenüber anderen Verpflichtungen verteidigen. (Sie werden merken, wie leicht sich andere Dinge in Ihre Zeit zu zweit drängen wollen, aber Vorsicht: Genau so wurde Ihre Beziehung schon zuvor schal.)

- Seien Sie kreativ. Wenn Sie kleine Kinder haben und nicht leicht an Babysitter kommen, dann arrangieren Sie, dass die Kleinen bei Freunden unterkommen, und gehen Sie früher von der Arbeit nach Hause, damit Sie Ihre Zeit zu zweit vor deren Schlafenszeit legen können. Denken Sie daran: Ihre Zeit zu zweit muss nicht länger als zwei Stunden dauern – aber knausern Sie nicht und kappen Sie gegen Ende nichts ab.
- Die drei wichtigsten Bestandteile einer herrlichen Zeit zu zweit sind Spaß, Freude und Verspieltheit.

Aus Zitronen Limonade machen

Zitronen schmecken bitter und säuerlich – und doch man kann sie in etwas so Köstliches und Erfrischendes wie Limonade verwandeln. Hierzu einige Vorschläge:

- Werfen Sie einen Blick auf Ihr bisheriges Leben und suchen Sie drei Ereignisse aus, die zu der Zeit, als sie geschahen, sehr schmerzlich waren – beispielsweise als Sie durch eine Prüfung rasselten, die Schule wechseln mussten, ein Trauerfall oder die Scheidung Ihrer Eltern. Denken Sie daran, wie Sie sich damals fühlten, und lassen Sie alle Gefühle in Zusammenhang mit diesem Ereignis zu. Rufen Sie sich in Erinnerung, wie Ihrer damaligen Meinung nach Ihr Leben weitergehen würde. Als Nächstes vergleichen Sie Ihre Mutmaßungen mit dem, was dann wirklich geschah. Wie gut konnten Sie das Maß und die Dauer des Schmerzes vorhersagen? Was haben Sie daraus gelernt? Welche positiven Dinge sind aus dieser Zeit hervorgegangen? (Ich möchte ein persönliches Beispiel nennen: Als mein erster Partner 1997 starb, fing ich an, Tagebuch zu führen und meine Gefühle aufzuschreiben, und daraus entstand meine zweite Karriere als Schriftsteller.)

- Werfen Sie einen Blick zurück in die Geschichte und entdecken Sie all das Positive, das aus entsetzlichen Ereignissen entstand. So wurden beispielsweise die Vereinten Nationen 1945 nach dem Zweiten Weltkrieg gegründet, um eine Plattform zu bieten, auf der die Nationen ihre Differenzen friedlich beilegen konnten. Daraus entstanden die Weltgesundheitsorganisation und Unicef. Können Sie drei nationale oder internationale Ereignisse nennen, die auf den ersten Blick furchtbare Katastrophen zu sein schienen, und dann die positiven Folgen aufführen, die sich daraus entwickelt haben?

- Werfen Sie einen Blick zurück auf die letzten Wochen und Monate, seit Sie von der Untreue Ihres Partners erfahren haben. Was haben Sie über sich gelernt? Inwiefern haben Sie sich selbst überrascht? Was haben Sie seit der Aufdeckung der Affäre über Ihren Partner gelernt? Haben Sie beide sich seitdem verändert?

Schuldzuweisungen loslassen

Wir sind in unserer Gesellschaft schnell dabei, Schuld zuzuweisen – schließlich basiert unser Rechtssystem darauf. Wenn man über untreue Personen spricht, dann fallen häufig Begriffe wie die »unschuldige« und die »schuldige« Partei. Leider führen Schuldzuweisungen in Beziehungen nur zur Erhitzung der Gemüter und zu Wut, was der Problemlösung im Weg steht. In fast allen Fällen, in denen Paare feststecken und es nicht in die

Phase der Hoffnung schaffen, liegt es daran, dass die Partner in einem endlosen Zyklus aus Schuldzuweisungen, Angriff und Verteidigung gefangen sind. Die folgende Übung wird Ihnen helfen, aus der Falle der Schuldzuweisungen auszubrechen.

1. Nehmen Sie ein Blatt Papier und teilen Sie es in vier Quadrate auf.

2. Schreiben Sie in das erste Quadrat Ihren Namen und in das zweite den Namen Ihres Partners. Der Name der dritten Partei kommt in das dritte Quadrat, und in das letzte Quadrat schreiben Sie die Namen all derer, denen Sie die Schuld daran geben, die Affäre ermöglicht oder zumindest nicht verhindert beziehungsweise Sie nicht gewarnt zu haben. Wenn es niemanden gibt, auf den diese Beschreibung zutrifft, dann lassen Sie das Quadrat leer.

3. Schreiben Sie unter jeden Namen all die Dinge, die Sie diesem Menschen anlasten. Bei sich selbst könnten Sie beispielsweise schreiben: »Wie konnte ich so blind sein?« oder bei der dritten Person: »Sie hat ihn mir gestohlen« oder »Er hat das ausgenützt«. Machen Sie so lange weiter, bis Sie sich alles von der Seele geschrieben haben.

4. Nehmen Sie sich die Liste noch einmal vor. Gibt es etwas, das Sie übersehen haben? Wie dumm es auch scheinen mag, es ist besser, wenn es aus Ihrem Kopf heraus auf das Papier kommt.

5. Lesen Sie die Listen ein letztes Mal durch und schreiben Sie einige Gegenargumente auf: »Niemand kann einen Menschen stehlen. Er kann laufen und hat seine eigene Wahl getroffen« oder »Ich wollte nur das Beste von ihr glauben«.

6. Geloben Sie sich zu guter Letzt, die Schuldzuweisungen loszulassen, und führen Sie eine kleine Zeremonie durch, indem Sie das Blatt Papier zerstören – setzen Sie es in Brand, schreddern Sie es oder zerreißen Sie es in kleine Stücke.

7. Wenn Sie das nächste Mal feststellen, dass Ihre Gedanken wieder auf den Weg der Schuldzuweisungen zurückkehren wollen, dann rufen Sie sich in Erinnerung: »Ich habe die Schuldzuweisungen losgelassen« und sehen Sie vor Ihrem inneren Auge, wie Sie das Blatt Papier vernichtet haben.

Das Vertrauenskontinuum

Wir haben jetzt die Hälfte des Weges der sieben Phasen von der Aufdeckung bis zum Neuanfang hinter uns, und da ist es sinnvoll, Inventur zu machen und sich der zentralen Frage – der Frage nach dem Vertrauen – zuzuwenden. Viele Menschen sehen nach einer Affäre das Vertrauen nur schwarz-weiß – entweder vertraut man jemandem oder eben nicht. Aber es ist hilfreicher, Vertrauen als ein Kontinuum zu sehen, nicht als einen Schalter, der ein- oder ausgeschaltet ist. Also zeichnen Sie die folgende Linie:

Kein Vertrauen ←——————————→ **Absolutes Vertrauen**

1. Wo würden Sie sich in diesem Augenblick auf dieser Skala sehen?

2. Wie weit haben Sie sich in den letzten Wochen dem »absoluten Vertrauen« angenähert?

3. Schreiben Sie alle Bereiche auf, in denen Sie Ihrem Partner immer noch vertrauen. (Beispielsweise, dass er die Kinder

von der Schule abholt, das Abendessen zubereitet, die Vollkaskoversicherung für das Auto bezahlt, sein Gehalt auf das gemeinsame Konto einzahlt.)

4. Machen Sie weiter und schreiben Sie noch mehr Punkte auf.

5. Fügen Sie jene Bereiche hinzu, in denen Sie Ihrem Partner nicht vertrauen. Das bietet Ihnen Anhaltspunkte für die Planung Ihres »Sicherheitsvertrags«.

6. Der Sinn dieser Übung besteht allerdings darin, Ihnen zu zeigen, dass Ihr Partner selbst in dieser Übergangsphase vertrauenswürdiger ist, als Sie dachten.

Fixpunkt

Drei Schlüsselstrategien, um die vierte Phase – Hoffnung – zu überleben:

1. Konzentrieren Sie sich darauf, in der Gegenwart zu leben. Auf die schöne Vergangenheit zurückzuschauen wird Sie nur deprimieren, und wenn Sie jetzt in die Zukunft schauen, bekommen Sie es mit der Angst zu tun.

2. Denken Sie daran, was Sie brauchen, um im Hier und Jetzt zurechtzukommen, und haben Sie keine Angst, darum zu bitten.

3. Es führt nur in eine Sackgasse, wenn Sie sich mit der dritten Person vergleichen.

5. Phase: Versuch der Normalität

Viele Betroffene atmen erst einmal erleichtert auf, wenn sie die fünfte Phase erreichen. Sie glauben, das Drama der Affäre liege nun hinter ihnen: Ihr Partner hat entweder beschlossen, »an der Beziehung zu arbeiten«, oder »der Beziehung noch eine Chance zu geben«. Nach all der Theatralik, dem Schmerz und der unverhüllten Emotionalität der letzten Wochen und Monate scheint endlich wieder alles normal. Allerdings nur oberflächlich betrachtet. Ich nenne diese Phase den »Versuch der Normalität«, weil die Paare sich verzweifelt ihr altes Leben in den vertrauten Mustern zurückwünschen, aber es gibt kein Vertrauen, kein wahres Verstehen der Geschehnisse und keinen Plan, wie man den Weg in die Zukunft beschreiten kann – außer dem allgemeinen Vorhaben, es »stärker zu versuchen«. Das Paar hat sich noch nicht mit den drei zugrunde liegenden Überzeugungen auseinandergesetzt, auf die unser Leben aufbaut (ich sprach im ersten Kapitel schon darüber) und die durch die Aufdeckung der Affäre wie Luftblasen zerplatzten:

1. Die Welt meint es gut mit uns. (Guten Menschen widerfährt nur Gutes.)
2. Die Welt hat einen Sinn. (Es gibt einen Plan, und nichts geschieht grundlos.)
3. Ich bin wertvoll. (Darum widerfährt mir nur Gutes.)

Die Paare fürchten jetzt, dass die Welt böse sein könnte. (Schreckliche Dinge widerfahren Menschen, die ihr Bestes versuchen.) Die Welt könnte völlig sinnlos sein. (Warum geschieht das ausgerechnet mir?) Sie fühlen sich wertlos. (Wenn ich wahrhaft geliebt worden wäre, dann wäre all das nicht geschehen.)

Wenn Sie also die fünfte Phase erreichen, dann sollten Sie die wenigen Augenblicke der Normalität genießen. Sie verdienen eine Verschnaufpause auf dieser langen Reise, aber seien Sie nicht überrascht, wenn schwierige Emotionen Ihren Versuch der Normalität stören oder das Leben seltsam flach und grau erscheint. In vielerlei Hinsicht ähnelt dieser Schritt den Monaten vor der Aufdeckung der Affäre. Einerseits fühlt sich alles normal an, andererseits ist da eine dumpfe Sorge, dieses Gefühl, dass man »irgendwie nicht den Finger auf die wunde Stelle legen kann«. Ein entscheidendes Stück des Puzzles fehlt, aber Sie wissen nicht, welches. Als Sie das letzte Mal so etwas erlebt haben, entdeckten Sie kurz darauf, dass Ihr Partner Sie betrügt. Darum überrascht es nicht, dass viele Überführende zu der Annahme gelangen, die Affäre könne neu aufgeblüht sein oder hätte niemals geendet. Manchmal stimmt das sogar.

Doch in der Mehrheit der Fälle, die ich aus meiner Praxis kenne, geschieht etwas vollkommen anderes. Tief in ihrem

Innern wissen die Betroffenen, dass die Reise noch nicht vorbei ist. Sie müssen noch mehr lernen, bevor sie einen Neuanfang wagen können, bevor sie wieder das Gefühl haben, dass die Welt gut ist, und bevor sie wieder vertrauen können. Das ist das fehlende Stück des Puzzles, und darum wird es in den nächsten beiden Kapiteln gehen. Aber zuerst möchte ich, dass wir einen intensiven Blick auf Ihre Unruhe und die Angst werfen, dass Ihre Fortschritte bald zunichtegemacht werden könnten. Diese Gefühle sind so ungeheuer stark – fast urtümlich –, dass meine rationalen Erklärungen wahrscheinlich nicht ausreichen werden, um Sie zu beruhigen. Schlimmer noch, diese Gefühle können den Heilungsprozess tatsächlich torpedieren. Was genau ist da los?

Das Nachbeben

In der Geologie ist das erste Erdbeben für gewöhnlich das Schlimmste, aber im Allgemeinen folgen darauf kleinere Nachbeben. Diese sind besonders gefährlich, weil sie nicht vorhersehbar sind und Gebäude zum Einsturz bringen können, die vom Hauptbeben bereits vorgeschädigt waren. In mancherlei Hinsicht ist die Aufdeckung einer Affäre wie ein Erdbeben. Die Nachbeben treten für gewöhnlich in der Windstille nach dem Drama der Schadensabschätzung und Eherettung auf, wenn alles wieder zur Normalität zurückgekehrt scheint. Wie bei einem echten Erdbeben untergraben Nachbeben die instabilen Strukturen der Beziehung – in diesem Fall den Waffenstillstand oder den Pakt, »sich mehr anzustrengen«, und erste Versuche, das Vertrauen neu aufzubauen. Was führt zu diesen Nachbeben?

In einigen Fällen liegt es klar auf der Hand. Der Überführende hat etwas über die Affäre in Erfahrung gebracht oder die dritte Partei taucht irgendwie wieder auf. Doch meistens sind die Ursachen eines Nachbebens schwerer zu bestimmen und scheinen aus dem Nichts zu kommen. Was auch immer der Grund sein mag, diese Gefühle sind unglaublich unangenehm. Die meisten Menschen wollen nichts weiter, als dass sie verschwinden, und dafür bedienen sie sich drei unterschiedlicher Strategien: Unterdrückung, Besessenheit und übermäßige Wachsamkeit.

Unterdrückung

Ungefähr zu dieser Zeit kommen meine Klienten oft mit langen Gesichtern zur Paarberatung. Ich muss sie nicht erst fragen, wie die letzte Woche war, es steht in ihren Gesichtern geschrieben. Normalerweise wird der Entdecker zugeben, dass »es schrecklich läuft«, und der Überführte klagt: »Wir haben uns über die dümmsten Dinge gestritten.« Diese Rückschläge sind für meine Klienten besorgniserregend, weil an der Oberfläche alles so gut zu laufen schien. In Wirklichkeit haben beide Partner – oder einer von ihnen – ihre Gefühle unterdrückt, vor allem ihre Angst beziehungsweise ihre Schuldgefühle.

Ein gutes Beispiel sind Oliver und Samantha, beide Anfang 30, mit zwei Kindern im Grundschulalter. Fünf Monate zuvor hatte Oliver mehrere sexuelle Begegnungen mit einer von Samanthas Freundinnen. Seine erste Reaktion hatte darin bestanden, die Affäre zu bagatellisieren: »Es hat mir nicht viel bedeutet« und »Ich glaube, du reagierst über«. Das ist typisches Unterdrückungsverhalten. Doch während der Paarberatung änderte er sich und gab Samantha und sich selbst gegenüber zu, dass er seine Frau betrogen, ihre Freundschaft zerstört und es seinen Kinder unmöglich gemacht hatte, ihre alten Spielfreunde wiederzusehen. Doch während der Phase der versuchten Normalität verschloss er sich allmählich wieder. »Ich begreife nicht, warum wir das immer und immer wieder durchkauen müssen. Ich habe ohnehin Schuldgefühle. Das regt Samantha nur auf, und ich verstehe nicht, warum wir das tun.«

Das sind typische Kommentare eines Menschen, der schwierige Emotionen unterdrückt. Die Situation hatte sich verschlimmert, weil auch Samantha ihre Gefühle unterdrückte: »Ich will nicht ständig auf Oliver einhacken.« Doch Samantha hatte noch einen weiten Weg vor sich, bevor sie für einen Neuanfang bereit war.

Wenn viel unterdrückt wird und die Gefühle unter der Oberfläche gären, kann schon eine Kleinigkeit – beispielsweise eine Tonlage – einen heftigen Streit auslösen. Trivialitäten können zu schlechter Laune führen, die manchmal tagelang andauert. Wenn ein Paar endlich wieder miteinander redet, versteht es nicht, wie und warum der Streit eigentlich angefangen hat. Schlimmer noch, die beiden Partner denken: »Wenn wir nicht einmal Kleinigkeiten in den Griff bekommen, wie sollen wir dann die wirklich großen Probleme lösen?«

Damit Sie begreifen können, was genau da abläuft, habe ich einen Streit von Samantha und Oliver heruntergebrochen. An einem Vormittag wollte Oliver den Familiencomputer einschalten, um seine E-Mails zu beantworten. Samantha brachte ihm eine Tasse Kaffee, und sie legten auf der Veranda eine Pause ein. Nach einigen Minuten angespannter Stille leerte sie ihre Tasse und beschloss, den Rasen zu mähen. Das ärgerte Oliver, denn das war seine Aufgabe. Er wollte ihr entgegenkommen, indem er die Motorsense holte, um den Rand des Rasens zu schneiden. Diese Strategie misslang. Die nächsten 24 Stunden ignorierten sie einander weitgehend, gaben sich ansonsten übermäßig höflich oder schnippisch. Klingt das für Sie vertraut? Wie konnte etwas so Alltägliches dermaßen aus dem Ruder laufen? Es folgt ihr verbaler Austausch sowie meine Kommentare dazu, was unter der Oberfläche vor sich ging.

Samantha: »Lass uns Kaffee im Garten trinken.«
   Was sie wirklich meinte: *Ich muss mit dir über die Affäre reden, aber das will ich nicht vor den Kindern tun.*

Oliver: »Ist gut.« Anstatt den Laptop auszuschalten, nimmt er ihn mit hinaus auf die Veranda.
   Was er durch seine Körpersprache sagt: *Ich habe viel zu tun. Lass uns das Wochenende nicht dadurch verderben, dass wir über alte Kamellen reden.*

Sie setzen sich auf die Veranda und schweigen eine Zeit lang.

Samantha denkt: *Das ist deine Chance, über die Affäre zu sprechen, über unsere Fortschritte, über die Paarberatung, wie es weitergehen soll. Egal. Aber sitz nicht einfach nur so da.*

Oliver hat den Laptop im Schoß, aber er ist nicht eingeschaltet. Durch seine Körpersprache teilt er mit: *Ich habe wirklich keine Lust* [der Laptop liegt wie eine Barriere zwischen ihnen], *aber wenn es unbedingt sein muss, nur zu. Ich zeige ja, dass ich bereit bin, dir zuzuhören, weil ich den Laptop nicht eingeschaltet habe.*

Das Schweigen vertieft sich.

Samantha denkt: *Warum muss immer ich die ganze Arbeit machen? Er geht los und hat eine Affäre, aber ich bin es dann, die die Scherben zusammenkehren darf.* Sie schaut ihn finster an.
Ihre Körpersprache sagt: *Stell den Laptop weg.*

Oliver weiß, dass sie sich über den Laptop ärgert, tut aber nichts. *Sie wollte ja unbedingt über diese verdammte Affäre reden, und jetzt sitzt sie einfach nur da. Ich wusste gleich, dass das keine gute Idee ist – wir wärmen nur alte Kamellen auf.*

Samantha trinkt ihren Kaffee aus.
Ihre Körpersprache sagt: *Dann bekomme ich also weder deine ungeteilte Aufmerksamkeit noch ein Gespräch mit dir. Bitte, dann läuft es eben so, wie du es willst. Wirst schon sehen, was du davon hast.*

Sie zieht los, um den Rasen zu mähen.
Sie denkt: *Anders als du habe ich Besseres mit meiner Zeit anzufangen, als nur so herumzusitzen.* [Den Rasen zu mähen ist ja eigentlich seine Aufgabe.]
Ihre Körpersprache sagt: *Ich komme ohne dich zurecht.*

Oliver versucht, sie aufzuhalten: »Ich wollte eben den Rasen mähen.«

Er denkt: *Gib mir doch eine Chance.*

Sie ignoriert seinen Einwurf.

Ihre Körpersprache sagt: *Ich bestrafe dich, weil ich mich wegen dir schlecht fühle, weil du nicht reden wolltest, als ich das gebraucht hätte, und weil du eine Affäre hattest.*

Oliver holt die Motorsense.

Seine Körpersprache sagt: *Tut mir leid, lass mich dir wenigstens helfen.*

Wütend mähen sie gemeinsam den Rasen.

Ihre Körpersprache sagt: *So wie du mich behandelt hast, kannst du dich mit so einer jämmerlichen Geste wie dieser nicht loskaufen.*

Seine Körpersprache sagt: *Siehst du denn nicht, dass ich es versuche?*

Sie bringen die Gartengerätschaften zurück in den Schuppen.

Sie denkt: *Wie sollen wir Fortschritte machen, wenn er nicht mit mir redet? Was hat das Ganze dann für einen Sinn?*

Er denkt: *Ich kann ihr nichts recht machen. Was hat das Ganze dann für einen Sinn?*

Weniger als ein Dutzend Worte wurden laut ausgesprochen, aber hinter den Kulissen fand ein heftiger Streit statt. Interessanterweise teilten beide am Ende dieselbe Verzweiflung. An-

statt jedoch aufeinander zuzugehen, zogen sie sich in ihre All-
tagsabläufe zurück. Nichts wurde gelöst, nicht einmal, als sie
am nächsten Morgen miteinander redeten. Als ich in der Praxis den stummen Streit rekonstruierte, konnten Oliver und
Samantha ihre gegenseitige Körpersprache sogar sehr gut lesen, aber in der Hitze des Gefechts waren sie machtlos gewesen, den Streit zu beenden. Das hat drei Gründe:

- Körpersprache ist Interpretationssache.
- Häufig sind wir uns nicht einmal in unserer eigenen Körpersprache aller Bedeutungsnuancen bewusst.
- Körpersprache führt leicht zu Streit. Wenn einer von beiden
  sagt: »Du wirkst feindselig«, kann der andere mühelos behaupten: »Ich bin wie immer.«

Im letzten Teil dieser Übung bat ich Samantha und Oliver, dieses Gespräch noch einmal zu führen, aber den Subtext (die
Körpersprache und die unausgesprochene Kommunikation)
an die Oberfläche zu bringen. Es geschah Folgendes:
Samantha: »Da gibt es ein paar Dinge, die mich wirklich sehr
bedrücken, und das hier wäre eine gute Gelegenheit, darüber
zu reden.«
Oliver: »Ist das jetzt wirklich ein guter Zeitpunkt? Die Kin-
der sind im Haus, und ich will ihnen den Tag nicht mit einem
Streit verderben. Können wir später darüber reden?«
Samantha: »Wenn es dir damit ernst ist.«
Oliver: »Ja, sobald die Kinder im Bett sind.«
Samantha: »Ist gut.«

Auf diese Weise brachten Samantha und Oliver sich nicht nur besser zum Ausdruck, sondern konnten auch miteinander verhandeln. Sie lernten außerdem, dass die Kleinigkeiten mit größeren Problemen in Verbindung standen, doch ohne dieses Verständnis konnten sie weder bei der Gartenarbeit zusammenarbeiten noch ihre unterschiedlichen Ansätze für die Lösung ihrer Eheprobleme vereinen.

Wenn Sie oder Ihr Partner Gefühle oder Sorgen unterdrücken, dann nützen Sie die Versöhnung nach einem Streit, um hinter den Auslöser zu schauen und über die zugrunde liegenden Spannungen zu sprechen.

Besessenheit

Dieses Nachbeben ist das genaue Gegenteil der Unterdrückung. Anstatt vergessen zu wollen, zielt dieser Bewältigungsmechanismus darauf ab, die Affäre immer und immer wieder durchzugehen und nach der »entscheidenden« Information zu suchen, die dem Schmerz einen Sinn geben soll. Manchmal ist das darauf zurückzuführen, dass der Überführte Details zurückgehalten hat (entweder aus vermeintlichem Mitgefühl oder um sich selbst zu schützen) oder sich derart bedeckt gehalten hat, dass es schwer ist, die Affäre nachzuvollziehen. Wenn das vertraut klingt, dann lesen Sie noch einmal die Abschnitte *Wie Sie Ihren Partner konfrontieren können* (Seite 26) und *Verbessern Sie Ihre Kommunikation* (Seite 56) aus der ersten Phase: Schock und Unglauben.

Doch meistens liegt der Grund für die Besessenheit während des Versuchs der Normalität darin, dass es der Überführende mit anfallartigen Rückblenden zu tun hat. Diese können von etwas ganz Bestimmtem ausgelöst werden – beispielsweise einem Fall von Untreue in einer Seifenoper, einem Artikel über einen untreuen Prominenten in der Zeitung oder dadurch, dass der Überführte spät nach Hause kommt –, aber meistens kommen sie wie aus dem Nichts. Rückblenden tauchen unwillkürlich auf – es sind lebhafte Bilder, die die traumatischen Momente des Betrugs neu aufleben lassen. »Ich ging gerade nach oben, um die Wäsche in den Schrank zu legen, als mich plötzlich, aus heiterem Himmel, die Vorstellung überfiel, wie die andere diese Treppe hochgegangen sein musste, und ich fühlte mich von Neuem gedemütigt«, erzählte Imogen (35). »Die Bilder waren so intensiv, dass ich am liebsten den Treppenläufer zerrissen oder das Bett angezündet hätte, auf dem er und sie zusammen Sex hatten.« Zwei häufige Reaktionen auf diese Rückblenden: Überflutung und Grübeln.

Überflutung

Die Emotionen sind so intensiv und überwältigend, dass der Entdecker sie unbedingt loswerden muss. Es scheint nur eine einzige Lösung zugeben: sie alle über dem Überführten auszuschütten. Schließlich sei es nicht gut, Gefühle unter Verschluss zu halten, wird sich der Überführende später rechtfertigen. Das stimmt zwar, aber nur bis zu einem gewissen Punkt. Wenn jemand überflutet wird, dann werden alle rationalen Gedanken fortgeschwemmt, und die Emotionen ergießen sich in einer gedankenlosen Sturzflut.

»Ich bedachte Gabriel mit den übelsten Beschimpfungen und sagte schlimme Dinge – beispielsweise dass ich ihm nie vergeben würde, was ja gar nicht stimmte«, erklärte Imogen.

»Aber meine Wut baute sich einfach immer weiter auf, und dann kamen Sachen heraus, die ich so gar nicht fühlte. Ich wusste, dass unsere Lage allmählich besser wurde, aber nachdem meine Tirade erst einmal angefangen hatte, konnte mich nichts mehr aufhalten.«

Diese Ergüsse sind keine heilsame Freisetzung – was durchaus der Fall sein kann, wenn jemand seine Gefühle unterdrückt hat –, sondern fachen den Zorn weiter an und machen die Dinge nur schlimmer. Für Gabriel und Imogen war die Überflutung besonders abträglich, weil es infolgedessen auch bei ihm zu einer Überflutung kam. »Ich dachte, sie hat recht, du bist durch und durch ein Mistkerl, wie konntest du nur so selbstsüchtig sein. Und da überkam mich eine Welle aus Scham und Selbsthass«, erzählte Gabriel, »und ich vergaß all die Fortschritte, die wir erzielt hatten.« In diesem Fall blieben jedoch wenigstens die Kommunikationswege offen. Normalerweise verschließt sich der Überführte, wenn der Überführende einen solchen Anfall hat, und unterdrückt seine Gefühle, um eine außer Kontrolle geratene Situation nicht noch weiter eskalieren zu lassen. Das jedoch verstärkt wiederum die Schimpftiraden des Entdeckers. Was lässt sich also tun?

Wenn Sie zu solchen Überflutungen neigen, dann besteht Ihre vordringlichste Aufgabe darin, Ihre Gedanken zur Ruhe zu bringen, damit Sie sich nicht in eine unsinnige, destruktive Spirale ziehen lassen. Ich bat Imogen, einige innere Bilder vorzubereiten, die die negativen Rückblenden ausgleichen konnten. »Ich erinnerte mich an den Tag am Strand, wie er extra einen Tisch in einem Restaurant buchte, von dem ich zuvor in der Zeitung gelesen hatte«, sagte Imogen. »Es zeigte mir, wie sehr er mitdachte und mir zuhörte. Wir verlebten damals einen wundervollen Tag.«

In der Folgewoche waren Imogen und Gabriel schon positiver gestimmt: »Ich hatte eine Rückblende, aber sofort ersetzte ich sie mit dem Augenblick, als er in jenem Restaurant meine Hand gedrückt hatte – das und der Geschmack der Linguini mit Krebsen.« Es ist wichtig, das positive Bild so detailliert wie möglich zu gestalten, also tauchen Sie in diesen Moment ein und berücsichtigen Sie alle Sinne, nicht nur das Visuelle: Geschmack, Geruch und Klang. Imogen ignorierte allerdings ihre Gefühle nicht völlig. Am Abend erzählte sie Gabriel, dass sie einen schweren Tag gehabt hatte, und sie kuschelten auf dem Sofa. »Ich hatte dadurch das Gefühl, dass er mich liebte und versuchte, alles wiedergutzumachen. Er musste gar nicht hören, was mir alles so durch den Kopf gegangen war.« (Mehr dazu in der Übung »Auf eine gemeinsame Wellenlänge kommen«, Seite 235.) Es gibt noch mehr Möglichkeiten, mit diesen Sturzfluten umzugehen:

- **Stellen Sie ein mentales STOPP-Schild auf und leiten Sie die Gedanken zu einem späteren Zeitpunkt um.** Wenn dieser Zeitpunkt dann kommt, ist oft nichts übrig oder nur irgendeine Kleinigkeit, über die Sie in Ruhe diskutieren können.
- **Reiten Sie auf der Welle.** Sagen Sie sich, dass es sich um eine natürliche Reaktion auf Ihren Stress handelt und zwar schmerzhaft sein wird, aber dass Sie damit umgehen können. Lesen Sie positive Selbsthilfebücher oder joggen Sie und laufen Sie sich einige der Sorgen von der Seele.
- **Lernen Sie, sich selbst zu beruhigen.** Anstatt für die Beru-

higung Ihres Gefühlstumults auf Ihren Partner oder Freunde angewiesen zu sein (die gedankenlos dazu beitragen können, dass Sie sich als unschuldiges Opfer sehen), sollten Sie lernen, sich selbst zu beruhigen. Sie könnten sich beispielsweise selbst verwöhnen, etwas tun, worin Sie gut sind (was Ihr Selbstwertgefühl aufbaut), oder in einem fesselnden Hobby aufgehen.

- **Führen Sie Tagebuch und lassen Sie dort all Ihre Gefühle einfließen.** Später können Sie es durchlesen und all die wirklich wichtigen Gefühle auswählen, die Sie Ihrem Partner mitteilen müssen. Es ist auch nützlich, weil man beim Durchlesen des Tagebuchs erkennt, wie viele Fortschritte schon erzielt wurden.

Grübeln

Bei der zweiten Form der Besessenheit handelt es sich um die Umkehrung der ersten. Während die Überflutung eine sehr emotionale Reaktion ist, ist das Grübeln eine sehr rationale. Von Kindheit an wurden wir angehalten, »über alles nachzudenken«, alle Optionen zu prüfen und dann zu einer ruhigen, überlegten Entscheidung zu gelangen. Das ist sicher sinnvoll bei mathematischen Problemen, bei der Ursachenerforschung des Hundertjährigen Kriegs und in den ersten Phasen nach der Aufdeckung einer Affäre. Aber es ist nur ein schmaler Grat zwischen einer Analyse und dem Verharren bei einem Problem, und in der fünften Phase ist es nicht unbedingt von Vorteil, über das Problem nachzudenken. Es kann im Gegenteil allzu leicht zerstörerische Ausmaße annehmen.

Charlotte (35) hatte ihre Fähigkeit, sich mit Problemen auseinanderzusetzen, immer für einen Vorzug gehalten. Als sie feststellte, dass ihr Ehemann sie mit einer ihrer besten Freundinnen betrog, sammelte sie die Fakten und kam rasch zu dem Schluss, dass sie es dem Mann ihrer Freundin sagen sollte. Sie hatte kein Problem damit, die rechten Worte zu finden und die Aufgabe so schnell und so mitfühlend wie möglich hinter sich zu bringen. Da die Affäre von Charlottes Freundin forciert worden war, tat es Charlottes Ehemann wirklich leid, und weil die zwei nur ein paar Mal miteinander Sex gehabt hatten, beschloss Charlotte, ihrer Ehe noch eine Chance zu geben. Sie recherchierte, wo sie sich beraten lassen konnte, und kontaktierte die Organisation Relate.

Doch nach der vierten Sitzung des Paares wurde sie immer deprimierter. Sie wollte wissen, warum er ihr untreu geworden war. Wie reagierte Michael darauf? »Er versucht, Geduld zu zeigen, aber er wird doch rasch wütend.« Michael sagte: »Sie stellen mir dauernd Fragen, die ich nicht beantworten kann. Es tut mir leid, aber ich kann nicht sagen, warum ich es getan habe.« Michael vermutete, dass er und Charlotte sich »gegenseitig für selbstverständlich hielten«. Doch sie konnte nicht glauben, dass er ihre Ehe und das Glück ihrer Kinder wegen einer solch fadenscheinigen Ausrede aufs Spiel gesetzt hatte. »Was willst du denn noch? Ich weiß es nicht!«, mauerte Michael. Das Paar verfiel in niedergeschlagenes Schweigen.

»Was wollen Sie mit diesen Fragen erreichen?«, erkundigte ich mich bei Charlotte. Wie ich vermutet hatte, suchte sie nach mehr als nur nach Antworten. »Ich will die Zusage, dass alles wieder gut wird«, erklärte sie. »Aber am Schluss streiten wir uns immer, und ich fühle mich schlechter. Nur wenn ich Fra-

gen stelle, kann ich diese Sache aus meinem Kopf bekommen.«
Was könnte sie alternativ tun? Charlotte dachte kurz nach: »Ich
könnte ihn bitten, mich in den Arm zu nehmen, und ihm von
meinen Ängsten erzählen.« In der nächsten Woche versuchte sie es mit diesem Ansatz, und mehrmals umarmte Michael
sie auch, ohne dass sie darum bitten musste. Die Woche verlief
sehr viel besser, und das Paar machte große Schritte in Richtung auf einen Neuanfang.

Wenn das für Sie vertraut klingt, dann suchen Sie wahrscheinlich mehr als nur eine Bestätigung. Hinter all dem Chaos stecken oft nur ein oder zwei einfache Fragen oder Probleme, aber sie werden angesichts all des aufgeblasenen Grübelns
völlig übersehen. Darum empfehle ich Ihnen, Ihre Gedanken
aufzuschreiben. Egal wie klein oder dumm, schreiben Sie jeden Gedanken auf. Es ist fast so, als ob Sie ein Diktat aufnehmen: Stellen Sie keine Fragen, schreiben Sie einfach alles auf,
bis Ihr Kopf vollkommen leer ist. Charlotte schrieb die folgenden Punkte auf, nachdem sie sah, wie die andere Frau ihr äl-
testes Kind an der Schule absetzte, an der Charlotte arbeitete:

Mir dreht sich der Magen.
Ich kann nicht glauben, dass sie ihn geküsst hat.
Ich kann nicht glauben, dass sie mich hintergangen hat.
Ich werde niemals darüber hinwegkommen.
Wie ausgeklügelt sie sich um ihn bemüht hat.
Wie kann sie es wagen, hier aufzutauchen.
Ich kann nicht glauben, dass sie einfach so tut, als würde das
Leben weitergehen wie zuvor.
Ob ich mit ihr reden sollte?

Wie ich erwartet hatte, lag hinter den ganzen Grübeleien nur eine einzige ernsthafte Frage, die eine Antwort erforderte: *Ob ich mit ihr reden sollte?* Charlottes Antwort lautete: *Ja, aber ich will keine Szene machen, wenn die Kinder in der Nähe sind. Und was würde ich damit schon erreichen?*

Als die andere Frau später ihr jüngstes Kind in das Klassenzimmer brachte, in dem Charlotte als Aushilfslehrerin arbeitete, schrieb sie:

Schock.
Kann nicht glauben, dass sie einfach so weitermacht.
Sie kann ihre Kinder doch problemlos an eine andere Schule im Ort schicken.
Sie wird mich bis in alle Ewigkeit hinterrücks überfallen.
Panik.
Reiß dich zusammen.
Sollte ich es der Schulleiterin melden?

Ihre Antwort auf die Frage, ob sie es der Schulleiterin melden sollte: *Ich weiß es nicht.*

Charlotte lernte aus dieser Übung wichtige Lektionen:

- Sobald alles auf dem Papier stand, war es zu ihrer Überraschung doch weniger schlimm, als sie erwartet hatte.
- Wenn ihr diese Gedanken nicht länger durch den Kopf gingen, sondern auf dem Papier standen, konnte sie überprüfen, ob sie wirklich zutreffend waren. Beispielsweise fügte sie dem »Ich werde niemals darüber hinwegkommen« präziser hinzu: »Im Moment habe ich das Gefühl, dass ich niemals

darüber hinwegkommen werde.« Obwohl der Unterschied nicht sehr groß ist, lässt es das Problem lösbarer erscheinen.

- Sie konnte einige Punkte hinterfragen: »Sie wird mich bis in alle Ewigkeit hinterrücks überfallen.« Es liegt auf der Hand, dass sie nicht auf ewig hinterrücks überfallen wird. Eines Tages sind die Kinder groß und verlassen die Schule. Andere Übertreibungen sind »niemals«, »für immer«, »müssen« und »sollten«. (Wenn Sie die beiden letzten Begriffe hinterfragen wollen, dann fragen Sie sich: Wer sagt, dass man *muss* oder *soll*? Könnte es nicht auch sein, dass Sie sich für etwas entscheiden können, anstatt dazu gezwungen zu sein? Noch so ein kleiner, aber bedeutsamer Unterschied.)
- Charlotte wurde auch klar, dass sie ein Stopp-Schild besaß und sich selbst beibringen konnte, nicht so besessen zu agieren. In dem vorliegenden Fall unterrichtete sie gerade eine Klasse mit kleinen Kindern, die ihre Aufmerksamkeit brauchten, also musste »sie sich in den Griff bekommen«. Aber sie konnte diesen Trick auch zu Hause anwenden.
- Zu guter Letzt lernte sie, dass sie nicht unbedingt sofort eine Antwort auf ihre Fragen benötigte. Sie konnte sie mit nach Hause nehmen und mit Michael darüber sprechen. (Was das Gespräch mit der Schulleiterin anging, so beschlossen sie, noch eine Weile abzuwarten und später abzuschätzen, ob Charlotte immer noch Probleme hatte.) »Nach unseren Gesprächen hatte ich das Gefühl, dass wir wieder als Team zusammenarbeiteten«, erklärte Charlotte bei der nächsten Beratungssitzung.

Übermäßige Wachsamkeit

Die dritte Form von Nachbeben geht häufig Hand in Hand mit der Besessenheit. Der Überführende ist übermäßig wachsam, sehr leicht alarmiert und hat Schlafprobleme. Wenn das Telefon klingelt, schreckt er zusammen – erwartet weitere schlimme Nachrichten. Betroffene, die allzu wachsam sind, suchen in den Taschen des Partners nach Hinweisen, prüfen E-Mails und verwandeln sich häufig in Vollzeitdetektive. Ich kenne Menschen, die sich mit der dritten Person angefreundet haben und mit ihr in Urlaub gefahren sind (um mehr Fakten über die Affäre in Erfahrung zu bringen), die die Sicherheitsvorkehrungen im Büro ihres Partners umgingen (um sich Aufzeichnungen der Überwachungskameras anzusehen) und die vom Büroparkplatz aus beobachteten, wer wo bei einem Meeting sitzt, an dem der Überführte und die dritte Person teilnahmen. Das sind natürlich extreme Beispiele, aber viele Menschen gehen völlig darin auf, die Aktivitäten ihres Partner und dessen Korrespondenz zu überprüfen.

Was geht hier vor? Die übermäßig Wachsamen wurden durch den Betrug des Partners so sehr verletzt, dass sie fest entschlossen sind, so etwas nie wieder geschehen zu lassen. An diesem Punkt im Heilungsprozess ist die einzige Möglichkeit, die Treue des Partners sicherzustellen, entweder 24 Stunden am Tag in seiner Nähe zu sein oder jeden seiner Schritte zu kontrollieren. Jede Abweichung von der Normalität (wie klein und harmlos auch immer), jeder neue Kontakt mit der dritten Person (wie flüchtig auch immer), jede neue Information über die Affäre (wie unbedeutend auch immer) wird aufgebläht und als Beweis herangezogen, dass man dem Überführten nicht vertrauen kann.

Als Tony beispielsweise Jodie seine Untreue beichtete, hätte er nicht erwartet, dass er sechs Monate später immer noch über »Lügen« streiten müsste. »Ich erklärte mich einverstanden, keinerlei Kontakt mehr mit der anderen Frau zu haben – und das hatte ich auch nicht«, versicherte er. Aber dann stieß er zufällig auf sie, als er die Kinder von der Schule abholte. »Ich sagte kein Wort. Ich nickte ihr nicht einmal zu, und ich dachte nicht weiter darüber nach. Ich habe das Jodie nicht erzählt, weil es offen gesagt nichts zu erzählen gab.« Pech für Tony, dass eine von Jodies Freundinnen die Begegnung beobachtet hatte und ihr davon berichtete. Sie war wütend. »Wie kann ich dir vertrauen, wenn du mich anlügst?«, klagte sie in der wöchentlichen Beratungssitzung. »Schlimmstenfalls war es eine Auslassung«, konterte Tony, »es ist nichts passiert! Was verlangst du von mir? Soll ich dir eine Liste aller Frauen geben, auf die mein Blick fällt, wenn du nicht dabei bist?« Er verschränkte die Arme. »Ich mache mir nicht wegen aller Frauen Sorgen, nur wegen dieser einen«, sagte Jodie.

Ihr Streit hatte sich tagelang im Kreis gedreht – aber wenigstens stritten sie. Häufig werden diese Punkte begraben, denn je wachsamer der eine Partner wird, desto verstohlener wird der andere Partner – nicht, um eine Untreue zu verheimlichen, sondern weil kein Mensch die Energie besitzt, über jede Minute seines Tages Rechenschaft abzulegen. Wie können Sie diesen Teufelskreis unterbrechen?

Ich bat Jodie und Tony, die Plätze zu tauschen und für den Standpunkt des Partners einzutreten. Tony erklärte, dass Jodie glaubte, diese beiläufige Begegnung würde zum neuerlichen Aufflammen der Affäre führen. »Nein, ich glaube, so dumm wärst du nicht. Aber wenn du nicht ›ausgelassen‹ hättest, mir davon zu erzählen, dass sie dir kleine Geschenke machte und dich an deinem Geburtstag zu Kaffee und Kuchen einlud, dann hätte ich damals eingreifen können, bevor du in die Affäre geschlittert bist.« Schließlich begriff Tony, dass Jodie sich mehr über die Lügen aufregte (seinen Mangel an Ehrlichkeit) als über seine sexuelle Untreue. Als Jodie für Tonys Fall eintrat, sagte sie: »Wenn ich dir gesagt hätte, dass ich sie getroffen habe, dann hätte ich tagelang darunter leiden müssen.« Jodie begriff endlich, dass ihre Reaktion auf jede noch so kleine Nachricht über die andere Frau es Tony sehr schwermachte, ehrlich zu sein.

Als wir die zugrunde liegenden Ängste bezüglich des Themas Ehrlichkeit näher betrachteten, mussten sich die beiden nicht länger etwas beweisen und mussten auch nichts widerlegen, sondern fanden einen Kompromiss: Tony erklärte sich einverstanden, immer alles zu sagen, und Jodie versprach, die Verhältnismäßigkeit zu wahren in Bezug auf das, was sie hörte. Ihre Beziehung verbesserte sich rasch, und sie beendeten die Paarberatung nicht nur mit einer besseren Kommunikation, sondern auch mit einer größeren Liebe füreinander.

Wenn Sie derzeit in der übermäßigen Wachsamkeit gefangen sind, sollten Sie sich die folgenden Fragen stellen:

1. *Wie zuverlässig ist die Information, die ich bekommen habe? E-Mails und SMS-Botschaften lassen sich sehr leicht missverstehen, und man kann unmöglich wissen, ob es jemand ernst oder flapsig meint.*
Blähen Sie Ihre Ängste womöglich unnötigerweise auf?

2. Muss ich wirklich alles wissen? Was ist, wenn Sie etwas entde-cken, das Sie verfolgt oder Ihrer Heilung ernstlich im Weg steht?
»Ich habe vier Monate nach dem Ende der Affäre eine CD mit sehr freizügigen Nacktbildern der anderen Frau gefun-den. Er hatte sie völlig vergessen«, berichtete Bethany (28). »Nachdem ich die Bilder gesehen hatte, fiel mir der Sex mo-natelang richtig schwer, weil ständig diese Bilder vor mei-nem inneren Auge auftauchten, und ich ertrug bestimmte Stellungen nicht mehr, weil ich genau wusste, dass die ande-re Frau das gern so mit ihm gemacht hatte.«

3. Wie kann ich einen Gang zurückschalten? Das ständige Über-prüfen kann zur Sucht werden.
Je mehr Sie herausfinden, desto mehr bläht sich Ihr Miss-trauen auf, und desto mehr wollen Sie überprüfen. Versu-chen Sie, den Zyklus zu unterbrechen, indem Sie sich ablen-ken: Schauen Sie sich Ihre Lieblingssendung im Fernsehen an oder telefonieren Sie mit einem Freund. Wenn Sie sich nicht zurücknehmen können, konzentrieren Sie sich darauf, den Modus operandi der Affäre zu verstehen (wie Ihr Part-ner die Zeit für das Verhältnis fand und wie er es geheim halten konnte), anstatt alle Details auszugraben. Wenn Sie das »wie« kennen, können Sie besser dafür sorgen, dass es niemals wieder geschieht.

4. Welche Alternativen haben Sie, um sich selbst zu beruhigen?
Sie sollten andere Wege finden, um den Knoten in Ihrem Ma-gen aufzulösen – außer sich Sorgen zu machen.
Ich habe Klienten, die Schwimmen gingen (um den Körper

beschäftigt zu halten), und andere, die Gedichte auswendig lernten (um den Verstand beschäftigt zu halten). Was könnten Sie tun?

Großinquisitor kontra Angeklagter

Mit dem Nachbeben der Aufdeckung gehen die meisten Menschen gleich um: Der Überführte unterdrückt seine Gefühle, und der Überführende wird besessen und übermäßig wachsam. Unter diesen Umständen gleiten beide Partner in völlig unterschiedliche Positionen, die sie immer weiter auseinanderdividieren:

Angeklagter	Großinquisitor
»Wie soll es uns gelingen, unser Leben fortzusetzen, wenn du nicht vergessen kannst?«	»Wie soll ich mein Leben fortsetzen können, wenn du nicht darüber reden willst?«
»Ich habe mich eine Million Mal entschuldigt, was soll ich denn noch tun?«	»Du hast nie anerkannt, wie sehr du mich verletzt hast.«
»Diese Brücke überqueren wir, wenn es so weit ist.«	»Ich kann die Brücke erst überqueren, wenn ich weiß, was mich auf der anderen Seite erwartet.«
»Können wir es nicht einfach gut sein lassen?«	»Ich habe das Gefühl, dass du mir die Schuld für unsere Probleme gibst.«
»Ich habe die Details vergessen.«	»Du versuchst, mich auszuschließen.«
»Ich liebe dich, reicht das nicht?«	»So einfach ist das nicht.«

Hier zwei Beispiele, wie zerstörerisch eine Beziehung werden kann, wenn ein Paar in der Routine von Großinquisitor und Angeklagtem stecken bleibt. Die Beispiele stammen aus meiner Umfrage zum Thema Untreue in Großbritannien.

»Natürlich hat sie die Affäre und Aspekte daraus gegen mich verwendet. Ich war regelrecht belagert, wie in einer Burg, und ich selbst habe ihr die Munition für die Belagerungswaffen geliefert«, sagte Jimmy (36). »Und es ihr einmal zu sagen, reichte nicht. Wir mussten die Details immer wieder durchgehen. Manchmal geriet sie in einen solchen Zustand, dass sie in der ersten Runde nicht alles mitbekam. Also fragte sie erneut, und ich wurde frustriert, und dann wurde sie wütend, und ich hätte am liebsten einfach alles vergessen.«

Wenn es schon schlimm klingt, in die Fänge eines Großinquisitors zu geraten, so ist die Machtlosigkeit des Nichtwissens mindestens ebenso schmerzhaft. »Ich dachte, ich hätte in den ersten Tagen so gut wie alles herausgefunden«, sagte Janice (42), deren Mann eine viermonatige Liaison mit einer Arbeitskollegin gehabt hatte. »Doch sechs Monate später wählte mich sein Handy, das in seiner Jackentasche steckte, versehentlich an, und ich hörte, wie er bei einem Geschäftsessen saß. Ein göttliches Wesen wollte mich wohl warnen. Ich hatte ihn noch zwei Tage zuvor in einem Brief gebeten, nicht länger gesellschaftlich mit ihr zu verkehren, aber da saßen sie nun und bewirteten gemeinsam einen Kunden! Ich flippte derart aus, als er schließlich am Handy mit mir sprach, dass er das Essen verließ und direkt nach Hause kam.« Die Situation war noch schlimmer, weil ihr Ehemann der Vorgesetzte der anderen Frau war. »Obwohl er mir sagte, er habe die Affäre in dem

Moment beendet, als ich davon erfuhr, machte es mich krank vor Eifersucht, dass er jeden Tag mit ihr Kontakt hatte. Nach monatelangen Entschuldigungen, während erst sie und dann er angeblich nach einem neuen Job Ausschau hielten, stellte ich ihnen ein Ultimatum: Wenn sie bis Weihnachten nicht weg wäre, würde ich es ihrem Ehemann erzählen und meinen Mann aus dem Haus werfen.« Schließlich kündigte die andere Frau, 20 Monate nach der Aufdeckung der Affäre, aber trotzdem hatte Janice noch Fragen. »Ich habe immer noch viele Zweifel und Ängste, kann sie aber nicht hochbringen, weil das ja nun alles in der Vergangenheit liegt – und das Leben ohne ihn wäre schlimm, weil wir uns jetzt wirklich gut verstehen und uns nicht mehr streiten.«

Wie lösen Sie dieses Dilemma? Am besten versteht man das Problem, wenn man sich zwei Menschen auf einer Wippe vorstellt: Je mehr einer der beiden auf seiner Seite nach unten drückt, desto höher lüpft es den Partner auf der anderen Seite. Je mehr der Inquisitor nach Antworten verlangt, desto defensiver wird der Angeklagte. Umgekehrt, je defensiver der Angeklagte wird, desto mehr verlangt es den Inquisitor nach Antworten. Glücklicherweise gibt es eine Alternative:

- In einem Augenblick des Waffenstillstands sollten Sie über diese Wippe sprechen, auf der Inquisitor und Angeklagter sitzen, und eine Vereinbarung über einen Mittelweg treffen.
- Honorieren Sie die Fortschritte, die Sie im Heilungsprozess gemacht haben, und danken Sie Ihrem Partner für die Veränderungen in seinem Verhalten, die Sie bis zu diesem Punkt gebracht haben.

- Versuchen Sie, Ihre Wut verhältnismäßig zu gestalten. Es ist ein Unterschied, ob Sie alte Sünden entdecken (beispielsweise eine E-Mail aus der Zeit, als die Affäre noch anhielt, und in der Ihr Partner sein Herz ausgebreitet hat) oder eine neue Sünde (dass Ihr Partner Ihnen beispielsweise nichts über einen neuerlichen Kontakt mit der dritten Person erzählt).

- Kanalisieren Sie Ihre Ängste, damit Sie auf Ihre Beziehung heute konzentriert bleiben, nicht auf den Seitensprung der Vergangenheit. Fragen Sie nicht: »Wie konntest du ihr so etwas schreiben?«, sondern ändern Sie die Aussage in: »Ich wünschte, du würdest *mir* so etwas schreiben« oder »Was kann ich tun, damit es dir leichter fällt, dich auch mir zu öffnen?«.

- Lassen Sie Ihren Partner regelmäßig wissen, wie wichtig es Ihnen ist, die Beziehung zu verbessern.

- Beschäftigen Sie sich mit dem Abschnitt »Fragestunde« im Übungsteil, Seite 239.

Pattsituation

Manchmal geraten Paare in der Phase der versuchten Normalität in eine Sackgasse. Beide Partner sind angemessen vernünftig und können im Alltag kooperieren, aber sie haben nur selten (oder gar nicht) Sex, und ihre Liebe liegt verborgen unter vielen Schichten an Verletzungen und fehlgeleiteter Kommunikation. Normalerweise will einer von beiden die Beziehung verbessern und mehr Nähe erlangen, aber der andere hält sich zurück, weil er Angst hat, erneut verletzt zu werden. Wenn man nichts unternimmt, vergiftet sich ganz allmählich das Verhältnis der beiden.

William (48) hatte sich darauf konzentriert, den Lebensunterhalt für seine vier Kinder zu verdienen, darum war er viel zu beschäftigt, um zu merken, dass seine Frau Patsy unzufrieden war und später auch eine Affäre einging. Nachdem er ihre Untreue entdeckt hatte – William hatte sich Patsys Handy ausgeliehen –, gab sie ihren Liebhaber auf, unternahm aber nur halbherzige Versuche, ihre Ehe zu retten.

Zur ersten Paarberatungssitzung kam William allein. Er gab sich sehr sachlich: »Es ist nicht sinnvoll, die Familie auseinanderzureißen. Die Kinder sind glücklich, und ich habe hart dafür gearbeitet, uns ein gutes Leben zu ermöglichen – ein schönes Haus, Urlaub im Ausland. Und es ist ja nicht so, als ob wir uns nicht verstehen würden.« Ich konnte verstehen, warum seine Frau sich nicht stärker bemühte, ihre Beziehung wieder zum Laufen zu bringen. »Ich glaube nicht, dass man nur aus Gründen der Vernunft und des angenehmen Lebensstils Hürden überwindet«, sagte ich zu ihm. »Das gibt keine gute Parole ab.«

William wechselte von Sachlichkeit zu Depression, und zum ersten Mal sah ich den Menschen hinter der Fassade. Stockend gab er zu, wie schwer es ihm fiel, seine Gefühle zu zeigen. »Weiß Ihre Frau, was Sie für sie empfinden?«, fragte ich. »Wir sind zusammen, seit wir 20 sind, sie sollte es also wissen«, erwiderte er. »Aber haben Sie ihr gezeigt, was in Ihnen vorgeht?« Er schüttelte den Kopf.

Der griechische Philosoph Aristoteles (384–322 vor Christus) legte mit seinem »dreifachen Ideal« den Grundstock für gute Rhetorik – die Kunst, andere zu überzeugen. Bis heute ist diese Technik das Geheimnis, wie man eine Pattsituation lösen kann. Aristoteles schreibt, man solle Pathos (Emotion), Logos

(Argument) und Ethos (Charakter – wer Sie sind und wie Sie sich verhalten) einsetzen. William hatte ausschließlich Logos verwendet: All die vernünftigen, praktischen Gründe, warum sie zusammenbleiben sollten. Also half ich ihm, seine Emotionen auszupacken und zu lernen, sie zu kommunizieren. Zu diesem Zeitpunkt nahm Patsy ebenfalls an den Sitzungen teil, doch obwohl die Beziehung sich verbesserte, hegte sie hinsichtlich der langfristigen Zukunft Zweifel. Erst ein Streit über die Kinderbetreuung erwies sich als Weg, den Ethos (Charakter) einzubringen: »Er beschwerte sich sogar, als er seinen kranken Sohn zum Arzt fahren sollte«, klagte Patsy. »Ich wollte ihn ja fahren, weil das eine Möglichkeit war, ihn besser kennenzulernen«, entgegnete William. »Das hast du aber auf merkwürdige Weise gezeigt«, sagte Patsy. »Es hat mir einfach nicht gefallen, dass du mir das befohlen hast, anstatt mich zu bitten«, erklärte William.

Bald darauf wurde klar, dass William seine emotionalen Bitten und seine vernünftigen Gründe, es erneut zu versuchen, nicht mit Taten untermauerte. Patsy zweifelte folglich an seinem Charakter: »Das sind doch alles nur leere Worte.« Sobald William sein Fehler klar wurde und er anfing, sich auf den Ethos zu konzentrieren, erzielte das Paar enorme Fortschritte und konnte zur nächsten Phase der Heilung übergehen.

Wieder miteinander schlafen

Wenn Sie die Phase der versuchten Normalität erreicht haben, aber Ihre sexuelle Beziehung noch nicht wieder aufgenommen haben, dann ist das jetzt der richtige Zeitpunkt, Brücken zu bauen. Die nächste Phase wird schwierig, und ein zufriedenstellendes Sexleben bietet Trost und Nähe. Was hält Paare davon ab, wieder miteinander zu schlafen? Manchmal ist es ein rein praktisches Problem – sie schlafen immer noch in getrennten Betten. Manchmal ist es ein emotionales Problem – der Überführende ist noch zu wütend. Doch meistens müssen die Paare einfach erneut lernen, wie sie wieder miteinander intim werden können.

Dominic (35) hatte eine Liebschaft, kurz nachdem seine Frau Danielle (32) ein Baby bekommen hatte. Obwohl sie nach der Geburt wieder miteinander schliefen, verlor Danielle jedes Verlangen, als sie seine Internetaffäre entdeckte. Sechs Monate später hatten sie den Sturm überstanden, aber obwohl sie während der Beratungssitzungen über die Möglichkeit, wieder miteinander zu schlafen, gesprochen hatten, war noch nichts in dieser Richtung passiert.

»Ich finde, Danielle muss den ersten Schritt machen«, sagte Dominic. »Sie weiß, dass ich sie wirklich attraktiv finde. Aber anstatt sie zu drängen, wie ich es früher tat, will ich warten, bis es von ihr ausgeht.«

Danielle glaubte fest daran, dass sich das Verlangen wieder einstellen könnte. »Mir hat unser Liebespiel immer gefallen, ich fand es sehr befriedigend.« Aber sie hatte kein Vertrauen mehr:

»Ich will ihn nicht erst auffordern und ihn dann zurückweisen.« Wie viele Paare in dieser Situation steckten sie im »Alles oder nichts«-Syndrom fest. Sie vermieden beiläufige körperliche Intimität – wie Kuscheln auf dem Sofa, ein gemeinsames Bad oder eine Rückenmassage – aus Angst davor, dass einer der Partner das als Einladung zum Geschlechtsverkehr sehen würde. Doch ohne diese Art des Zusammenseins ist es unmöglich, dass sich wieder die Art von Verlangen aufbaut, die zum Liebesspiel führt. In unserer Beratungssitzung beschlossen wir, dass Dominic und Danielle in der nächsten Woche jeden Geschlechtsverkehr ausschließen sollten. Es mag seltsam klingen, aber zu wissen, dass man nichts weiter als kuscheln darf, vermittelt den Paaren häufig ein Gefühl der Befreiung. Ich wusste, dass es ein Erfolg war, als Dominic und Danielle lächelnd zur nächsten Sitzung kamen. Sie hatten sich gegenseitig damit aufgezogen, dass sie nicht weitergehen durften, und es in ein Spiel verwandelt. (Das ist immer ein positives Zeichen, weil guter Sex dieses Gefühl von Vergnügen und Verspieltheit braucht.)

In der Folgewoche waren sie von Kuscheln – voll angezogen auf dem Sofa – zur gemeinsamen Nacktheit mit Massagen übergegangen (ohne die Sexualorgane zu berühren). In der dritten Woche hoben wir den Bann auf, und Dominic und Danielle schliefen miteinander. »Ich hatte wirklich das Gefühl, dass sie mich wieder begehrt«, sagte Dominic. »Ich hatte schon gedacht, sie wolle mich nur noch als Vater für die Kinder.« Danielle freute sich ebenfalls über die Veränderung: »Bis dahin hatte ich ihm zwar immer gesagt, dass ich ihm vergebe, aber in dem Moment, als ich ihm meinen Körper wieder öffnete, bewies das meinem Kopf, dass ich es auch wirklich so meinte.«

Für den Überführten: Versuchte Normalität

In der fünften Phase wird man leicht frustriert. Trotz Ihrer Bemühungen scheint die Affäre immer noch jeden Tag zwischen Ihnen und Ihrem Partner zu stehen.

Möglicherweise sind Sie versucht, sich ruhig zu verhalten, um das Boot ja nicht zum Kentern zu bringen. Doch wenn Sie Ihre Gefühle unterdrücken, löst das bei Ihrem Partner nur weitere Ängste aus, und höchstwahrscheinlich wird er Sie daraufhin fast zwanghaft im Auge behalten.

Versuchen Sie, Ihrem Partner auf halber Stecke entgegenzukommen, indem Sie weiterhin über Ihre Aktivitäten Auskunft geben, aber ruhig erklären, bei welcher Art von Überprüfung Sie sich besonders unwohl oder gereizt fühlen. Können Sie einen Tausch eingehen? Wenn Ihr Partner »das« für Sie tut, werden Sie »jenes« für ihn tun?

Wenn es den Anschein hat, als würde Ihr Partner Ihnen keine faire Anhörung gewähren, dann kann es daran liegen, dass Sie Ihren Fall nur auf eine von drei Arten vortragen: intellektuell, emotional oder über den Charakter. Sehen Sie sich Ihre früheren Versuche an: Waren Sie zu rational? Haben Sie Ihre Gefühle für sich behalten oder es umgekehrt mit emotionaler Erpressung versucht? Sind Ihre Aussagen, wie Sie an der Beziehung arbeiten wollen, deckungsgleich mit dem, was Sie tatsächlich tun? Wie können Sie das hinkriegen?

Lassen Sie sich nicht entmutigen, wenn es in dieser Phase schwer wird. Ihr Partner und vielleicht auch Sie haben immer noch mit den Nachbeben der Aufdeckung Ihrer Affäre zu tun. Diese Phase ist nicht der Indikator dafür, wie sich die Dinge in der Zukunft entwickeln werden.

Neue Fertigkeit: Hinter die Kulissen schauen

Wir wissen zwar, dass das Leben kompliziert ist, aber es ist uns lieber, wenn die Dinge sich einfach gestalten. Wenn es also ein Problem gibt, neigen wir dazu, uns auf die offensichtlichste Erklärung einzuschießen. Wenn wir gestresst sind oder Angst haben, konzentrieren wir uns noch viel mehr auf Oberflächlichkeiten. Doch in dieser Phase der Heilung sollten Sie sich ein wenig entspannen und einen genaueren Blick auf die Dinge werfen und sich der Vielzahl an Faktoren bewusst werden, die unser Verhalten antreiben.

Lassen Sie uns etwas relativ Einfaches nehmen, beispielsweise eine größere Anschaffung (ein Autor oder ein großes Elektrogerät). Listen Sie alle Faktoren auf, die Ihre letzte Entscheidung beeinflusst haben: Preis, Leistung, Energiebilanz, Aussehen, der Rat von Freunden, die Meinung von Experten, der Ruf des Herstellers und so weiter. Welcher Punkt auf Ihrer Liste gab den Ausschlag? Inwiefern haben sich die Faktoren verstärkt oder einander ausgeschlossen? Würde Ihr Partner dieselben Kriterien anlegen? Worin würde sich Ihr Partner unterscheiden? Selbst bei etwas, das nicht lebensverändernd ist, beispielsweise beim Kauf eines Kühlschranks, beeinflusst eine Vielzahl von Faktoren unsere Entscheidung.

Nehmen Sie sich nun ein aktuelles Problem zwischen Ihnen und Ihrem Partner vor: Welche Faktoren treiben Ihrer Meinung nach sein Verhalten an? Versuchen Sie, so viele Faktoren wie möglich zu nennen. Gibt es noch andere? Bewerten Sie diese Faktoren im Anschluss in der Reihenfolge ihrer Wichtigkeit. Zu guter Letzt sollten Sie noch andere mögliche Gründe aufführen. Gibt Ihnen das eine neue Sichtweise? Hatten Sie ursprünglich nur an den einfachsten Grund gedacht?

Leider kann sich unsere Ansicht, was unseren Partner motiviert, im Lauf der Zeit von einer Meinung in eine Tatsache verwandeln. Letzen Endes ist es immer besser, nachsichtig zu sein und im Zweifel für Ihren Partner zu entscheiden.

Zusammenfassung

- Nach der Theatralik der ersten drei Phasen und der Erleichterung der vierten Phase entspannen sich nun die Paare, und aufgestaute Ängste werden freigesetzt.
- Viele Menschen leiden unter Nachbeben. Obwohl die Beziehung wieder normal zu sein scheint, ist sie noch lange nicht geheilt.
- Auf Schmerz gibt es drei unterschiedliche Reaktionen: Unterdrückung (man zieht sich zurück, fühlt sich wie betäubt); Zwanghaftigkeit (ständiges Durchleben der Gefühle und der Fakten der Untreue) und übermäßige Wachsamkeit (in un-

unterbrochener Erwartung der nächsten Attacke). Das ist eine normale Reaktion auf akuten Stress, ist aber dennoch sehr schmerzhaft, und man riskiert damit, den Heilungsprozess zum Scheitern zu bringen.

- Die Nachwirkungen einer Affäre setzen die Fähigkeit des Paares zur Kommunikation einem großen Druck aus. Die Lösung liegt immer darin, hinter die Kulissen zu schauen – über den offensichtlichen Grund für die Trennung hinaus – und sich den verborgenen Ängsten, Streitpunkten und Problemen zu stellen. Diese Fähigkeit wird auch in der nächsten Phase von entscheidender Bedeutung sein.

Übungen

Im Alltag bin ich derjenige, der ...

Wir alle spielen Rollen in unserem Leben und in unserer Beziehung. Lesen Sie die nachfolgende Liste durch und kreisen Sie alle Wörter ein, die Ihnen vertraut vorkommen. Nehmen Sie sich die Liste dann erneut vor und machen Sie einen Haken neben die Begriffe, mit denen Sie sich auch jetzt noch wohlfühlen, und streichen Sie diejenigen aus, die Sie lieber aufgeben würden. In der dritten Runde unterstreichen Sie alle Rollen beziehungsweise Verhaltensweisen, die Sie künftig annehmen möchten.

Organisator	Denker	Brotverdiener	Handlanger
Märtyrer	Heiliger	Einfühlsam	Federführend
Zweiter Maat	Ausgestoßener	Einsamer Wanderer	Exhibitionist
Auf Abruf	Rebell	Spaßbremse	Sieger
Versager	Sklaventreiber	Sklave	Verführer
Verführerin	Mülleimer	Unsichtbar	Opfer
Retter	Strafverfolger	Spinner	Komiker
Alleinunter-halter	Extrem vernünftig	Ausgenutzt	Sündenbock
Kritiker	Trottel	Beichtvater	Richter
Taxifahrer	Zahlmeister	Mäuschen	Entscheider
Harte Nuss	Weichei	Wanderer	Beobachter
Verlorene Seele	Spanner	Opfer	Nimmersatt
Monster	Kleines Kind	Außenseiter	Berater
Mittelsmann	Prediger	Regelgeber	Allwissend
Klammeraffe	Sünder	Perfektionist	Mitreisender
Bindeglied	Quasselstrippe	Sorgenmacher	Zeitmesser
Buchhalter	Mechaniker	Prügelknabe	Toyboy
Kleines Mäd-chen	Stumm Leiden-der	Workaholic	Idiot
Alleinherrscher	Gefangener	Wärter	Putzfrau/-Putzmann

Wenn Sie dieses Buch zusammen mit Ihrem Partner lesen, dann sollten Sie diese Übung fotokopieren, damit Sie beide sie durchführen und hinterher Ihre Notizen vergleichen kön-nen. Wie sehr stimmen Sie bezüglich der Aufgabenverteilung überein? Was möchten Sie beide ändern? Fragen Sie sich zum Schluss: Wie kann ich meine Entscheidungen umsetzen?

Auf eine gemeinsame Wellenlänge kommen

Untreue treibt den Einsatz in einer Beziehung in solch fiebrige Höhen, dass man leicht von emotionaler Ehrlichkeit (in der man seine Gefühle zeigt) in allzu große Emotionalität gleitet (Gefühle, die so überhöht sind, dass sie nur noch als verschwommenes weißes Rauschen daherkommen). Wenn das geschieht, zieht sich der Partner zurück, und es wird unmöglich, effektiv zu kommunizieren. Doch es gibt eine Alternative:

1. Teil: Hören Sie mit den Dramatisierungen auf und fangen Sie an zu reden

Dramatisierungen sind Gefühlsausbrüche, bei denen sich starke Gefühle immer weiter aufbauen, bis sie völlig verzerrt sind. Anstatt zu dramatisieren oder zu versuchen, Ihre Gefühle zu ignorieren (was ein Garant dafür ist, dass Sie auf den nächsten Auslöser allzu emotional reagieren werden), sollten Sie Ihrem Partner Ihre Gefühle mitteilen. Ein Beispiel: »Ich habe auf deiner Kreditkartenabrechnung gesehen, dass du heimlich mit ihr im Restaurant gewesen bist. Ich war schockiert, dass du so viel Geld ausgegeben hast. Ich war auch wütend, weil du so viel von ihr hältst, dass du sie auf diese Weise verwöhnen wolltest. Ich bin enttäuscht, dass du nicht ebenso viel von mir hältst und mich nicht genauso behandelst.«

Dagegen würden Sie bei einer Dramatisierung Ihrem Partner die Rechnung vor die Nase halten: »Wie konntest du nur? Du Mistkerl! Hast du dabei auch an mich gedacht? Unser sauer verdientes Geld!« Und das wäre vermutlich der Anfang einer furchtbaren Nacht. Wenn Sie dagegen Ihre Gefühle schildern, dann werden Sie ruhiger, die Anspannung in Ihrem Körper nimmt ab, Sie können klarer denken, finden bei Ihrem Partner vermutlich Gehör und werden von ihm ernst genommen. Dieser Ansatz kann zu einer Entschuldigung führen und wahrscheinlich zu einem Abendessen in einem noch besseren Restaurant.

2. Teil: Reden Sie abwechselnd, hören Sie zu und fassen Sie zusammen

In diesem Teil der Übung hat der erste Partner drei Minuten Zeit, um seine Sicht der Dinge darzustellen. Der zweite Partner darf ihn nicht unterbrechen und in dieser Zeit auch nicht seinen Diskussionsbeitrag proben, sondern soll einfach nur zuhören. Sobald der erste Partner geendet hat (oder seine Zeit abgelaufen ist), fasst der zweite Partner die wichtigsten Punkte zusammen. Beantworten Sie die Punkte Ihres Partners nicht, kommentieren und analysieren Sie sie nicht, wiederholen Sie einfach nur, was Ihr Partner gesagt hat. Der erste Partner beendet seine Zeit im Scheinwerferlicht, indem er der Zusammenfassung alles Wichtige hinzufügt, was übersehen wurde. Als Nächstes tauschen die beiden Partner die Rollen, und der zweite Partner redet, während der erste zuhört und zusammenfasst. Sobald beide Seiten die Einstellung und Meinung des anderen umfassend verstanden haben, können Sie Ihre Einsichten diskutieren und besprechen, wie der nächste Schritt aussehen soll.

Wie man mit Panikattacken umgeht

Die Rückblenden zu traumatischen Momenten in Zusammenhang mit der Affäre Ihres Partners können überwältigend sein. Hier vier einfache Ansätze, wie Sie damit zurechtkommen:

1. Gestehen Sie sich ein, dass Sie eine Panikattacke haben.
- Reden Sie sich beruhigend zu.
- »Ich komme damit klar« und »Ich habe das alles schon mal durchgemacht«.

2. Konzentrieren Sie sich auf die Situation, nicht auf sich selbst.
- Konzentrieren Sie sich auf konkrete Gegenstände in Ihrer Nähe.
- Beschreiben Sie sie detailliert.
- Wie können Sie sich sicherer fühlen?
- Halten Sie sich an etwas fest.
- Setzen Sie sich.

3. Nehmen Sie sich eine Auszeit.
- Holen Sie tief Luft, das entspannt Ihre Muskeln und verlangsamt Ihre Pulsfrequenz.
- Räkeln und strecken Sie sich.
- Stellen Sie sich eine entspannte Szene vor, in der Sie sich sicher fühlen. Gestalten Sie diesen Ort mit all Ihren Sinnen so real wie möglich.
- Stellen Sie sich vor, wie jemand, dem Sie vertrauen, mit Ihnen redet. Welchen Rat würde er Ihnen geben?

4. Rufen Sie sich in Erinnerung, dass diese Panikattacke vorübergehen wird.
- Solche Attacken dauern nur wenige Momente.
- Das Gefühl wird nicht von Dauer sein.
- Sie kennen das bereits.

Leiden Sie unter einer posttraumatischen Stressstörung?

Wenn Sie immer noch ängstlich, deprimiert oder zwanghaft sind, könnte das an etwas anderem liegen. Hier die klassischen Anzeichen:

1. Reizbarkeit oder Wutausbrüche.
2. Konzentrationsschwierigkeiten.
3. Übertriebene Wachsamkeit – Sie wollen nicht nur genau wissen, was Ihr Partner macht, sondern überprüfen auch seine E-Mails und Textnachrichten.
4. Einschlaf- und Schlafstörungen.
5. Beim geringsten Geräusch fahren Sie panisch zusammen.
6. Körperliche Rektionen wie Schwindelgefühle und Zittern, wenn Sie an die Untreue erinnert werden – wenn beispielsweise in einer Seifenoper von einem Ehebruch die Rede ist.

Wenn Sie an einem oder mehr Symptomen leiden und schon ein Monat vergangen ist, seit Sie von der Untreue Ihres Partners erfuhren, dann sollten Sie einen Arzt aufsuchen.

Fragestunde

Wenn Sie in den gegensätzlichen Rollen von Inquisitor und Angeklagtem feststecken und Ihre Beziehung wieder in die Krise zurückgefallen ist, kann Ihnen diese Übung helfen, zusammenzuarbeiten und sich wieder zu mögen:

1. Der Inquisitor muss anerkennen, dass es kontraproduktiv ist, auf Fakten zu drängen, und der Angeklagte muss anerkennen, dass innerer Rückzug, Ausflüchte oder Zorn ebenfalls nicht funktionieren.
2. Erstellen Sie einen Kompromissvertrag, in dem Sie eine kurze Zeitspanne pro Woche als Fragestunde festlegen – beispielsweise eine oder zwei Stunden am Mittwochabend.
3. Der Inquisitor darf außerhalb der Fragestunde keine Fragen zur Affäre stellen oder seine Entdeckungen der Woche diskutieren.
4. Dafür verspricht der Angeklagte, alle Fragen, die in der Fragestunde (und nur dann!) gestellt werden, zu beantworten – geduldig, ehrlich und umfassend.
5. Nach einigen Wochen, in denen Sie mit Fragen und Antworten auf diese Weise umgegangen sind, werden Sie feststellen, dass Sie die Fragestunde nicht länger brauchen. Feiern Sie das, indem Sie die Fragestunde, in der Sie über den Seitensprung gesprochen hätten, zu einer besonderen Zeit zu zweit machen.

Fixpunkt

**Drei Schlüsselstrategien, um die vierte Phase –
Versuch der Normalität – zu überleben:**

1. Es braucht Monate, keine Wochen, um sich von einer Affäre zu erholen.
2. Sehen Sie sich Ihr eigenes Verhalten an, um herauszufinden, ob es etwas gibt, das Ihren Partner davon abhalten könnte, Ihnen gegenüber offen zu sein.
3. Schreiben Sie Ihren inneren Dialog auf und halten Sie Ausschau nach Verzerrungen, Übertreibungen und irrationalen Logiksprüngen.

6. Phase: Verzweiflung – die Leichen im Keller kommen hoch

Zu Beginn des Buches habe ich erklärt, dass eine Affäre sowohl Gefahr als auch Chance darstellt. In dieser Phase des Heilungsprozesses befinden sich beide Möglichkeiten in einem fragilen Verhältnis. Die Gefahr liegt auf der Hand. Allzu leicht gleiten die Paare in eine tiefe Depression ab. Sie fürchten, die Affäre habe einen so großen Schatten geworfen, dass sie den Weg zurück ins Licht nie mehr finden werden. Wo bleibt da die Chance? Man kann sich nur schwer vorstellen, dass aus einem Seitensprung etwas Gutes entstehen könnte, aber lassen Sie es mich erklären.

In jeder Beziehung gibt es ungelöste Probleme, fundamentale Meinungsverschiedenheiten und wackelige Kompromisse. In den meisten Fällen wursteln sich die Paare irgendwie durch, indem sie sich einig sind, uneinig zu sein, indem sie einfach die Augen schließen, indem sie die Bedeutung bestimmter Probleme herunterspielen oder die Probleme so tief begraben, dass sie ihnen gar nicht mehr recht bewusst sind. Ich nenne das »die Leichen im Keller« einer Beziehung. Um in diesem Bild zu bleiben: Die meisten Paare wissen ganz genau, wo ihre Leichen begraben sind, haben aber beschlossen, keinen Staub aufzuwirbeln. Wenn ich Paare berate, die nicht mit Untreue zu tun haben, schleichen wir oft auf Zehenspitzen um diese Leichengräber herum und kümmern uns nur um die anstehenden Probleme, ohne die Leichen ausgraben zu müssen. Ich nehme mir das akute Problem vor, helfe den Paaren, besser zu kommunizieren und sich besser zu verstehen, und schicke am Schluss hoffentlich zwei zufriedene Klienten händchenhaltend in den Sonnenuntergang.

Anders verhält es sich bei Paaren, bei denen Untreue das Problem ist. Ihr Kummer ist sehr viel größer, der Wunsch, diese Hölle niemals wieder durchleben zu müssen, sehr viel stärker. Sie sind fest entschlossen, den »Dingen auf den Grund zu gehen« und die Leichen auszugraben. Es ist fast so, als ob ihre Probleme nicht nur begraben, sondern mit Gewichten versehen in einem tiefen See versenkt wurden. An der Oberfläche scheint alles ruhig und idyllisch, aber ganz allmählich steigen die Leichen unaufhaltsam an die Oberfläche. Kein schöner Anblick, wie Sie sich vorstellen können. Und wenn man es mit dem Stress der Untreue zu tun hat, ist es doppelt schlimm. Darum nenne ich diese Phase die »Verzweiflung«. Aber fassen Sie sich ein Herz: Diese sechste Phase ist ein notwendiger Teil Ihrer Reise und bietet die Gelegenheit, nicht nur mit einer geheilten Beziehung daraus hervorzugehen, sondern auch mit einer Beziehung, die glücklicher, gesünder und grundlegend besser ist.

Bevor ich auf einige der Leichen eingehe, die in den Beziehungen anderer an die Oberfläche gekommen sind, und Anhaltspunkte nenne, wonach Sie in Ihrer eigenen Beziehung Ausschau halten sollten, muss ich zu der Gleichung aus Kapitel zwei zurückkehren, die die Gründe für eine Affäre erklärte:

Problem + schlechte Kommunikation + Versuchung = Untreue

Bis jetzt haben Sie vermutlich ein anstehendes Problem als Ursache betrachtet (beispielsweise, dass Sie »immer zu viel zu tun hatten« oder »einander für selbstverständlich erachteten«). In dieser Phase jedoch schauen Sie hinter die Kulissen der akuten Probleme auf die fundamentalen Ursachen. Die Leichen fallen in aller Regel in drei Kategorien: bekannt, entdeckt und versteckt.

Vom Umgang mit »bekannten« Leichen

In manchen Beziehungen gibt es von Anfang an Probleme. Im ersten Rausch der Liebe scheinen sie gar nicht so schlimm – und sie zu bewältigen steigert die Leidenschaft nur noch –, aber sobald die Realität einsetzt, wird alles etwas komplizierter. Ein einigermaßen häufiges Beispiel für langjährige »bekannte« Probleme ist die Stiefelternschaft. Tracey und Paul, von denen wir schon gehört haben, hatten beide Kinder aus früheren Ehen. Traceys Sohn war schon älter und verließ kurz nach ihrer Eheschließung das Haus. Doch Pauls Sohn war erst elf, und obwohl er bei seiner Mutter wohnte, verbrachte er jedes zweite Wochenende bei seinem Vater und Tracey. »Mein Sohn hat sich bei uns nie sehr willkommen gefühlt – was mich bedrückte –, also strengte ich mich besonders an, ihm eine schöne Zeit zu bereiten. Ich hörte diesen allzu fröhlichen Ton in meiner Stimme und hasste mich dafür. Es war keine schöne Atmosphäre«, erläuterte Paul. »Verstehen Sie mich nicht falsch: Tracey war immer nett. Es lag nur irgendwie in der Luft, dass mein Sohn störte. Ich glaube, sie fand, dass sie die Phase der Kindererziehung hinter sich hatte und nicht noch einmal von vorn anfangen wollte.«

Im Lauf der Jahre hatten Paul und Tracey versucht, über dieses Problem zu reden, erreichten damit jedoch nie mehr als einen wackeligen Waffenstillstand. »Tracey sagte immer: ›So bin ich eben, basta.‹ Und das ist auch in Ordnung, aber tief in meinem Innern nahm ich ihr das übel, und vermutlich habe ich damit meinen Betrug gerechtfertigt.« Obwohl ich seit unserem gemeinsamen Vorgespräch zu Beginn der Beratung wusste, dass es Probleme mit der Stiefelternschaft gab, waren Paul und Tracey erst gegen Ende der Paarberatung bereit, sich diesem Problem zu stellen. Also führte ich das Paar durch den Schock, das intensive Befragen, die Entscheidungsfindung, die Hoffnung und den Versuch der Normalität, bis die beiden endlich in der Lage waren, das Problem der Stiefelternschaft zu lösen.

Andere Beziehungen funktionieren von Anfang an relativ gut, geraten aber durch die Umstände aus der Spur. Wenn beispielsweise einer der Partner berufsbedingt versetzt wird oder wenn ein zweites Kind kommt. »Ich fühlte mich in meiner Ehe schrecklich allein«, erklärte Robert, »sie ging ganz in den Kindern auf und sagte immer, sie wolle sich ja gern meine Probleme bei der Arbeit anhören, aber die Kinder müssten gebadet und zu Bett gebracht werden. Sie war nicht so schlimm wie mein Chef, der ständig verlangte: ›Legen Sie mir keine Probleme vor, bringen Sie mir Lösungen«, aber es schien, als müsse ich für Rosie immer stark sein. Und wer war für mich da?«

In solchen auf die Kinder fokussierten Beziehungen wird das Paar zu Mami und Papi – anstatt Ehemann und Ehefrau –, und die ganze emotionale Energie fließt in die Familie, nicht in die Zweierbeziehung. Als Rosie einen Blick zurück auf die letzten Jahre warf, erkannte sie, warum Robert sich zu einer Kollegin hingezogen gefühlt hatte: »Es muss nett gewesen sein, wegen seiner selbst gewollt zu werden, nicht als jemand, der den Kindern Tee macht oder sie irgendwohin fährt. Mir hätte das auch gefallen.« Obwohl sie beide spürten, wie die Leidenschaft in ihrer Ehe ganz allmählich versickerte, hatten sie nichts dagegen unternommen. »Ich dachte, es wird schon besser werden, sobald die Kinder größer sind«, erklärte Rosie. »Ich dachte, so läuft das eben«, meinte Robert. Glücklicherweise brachte die Untreue das Problem ans Licht und schärfte das Bewusstsein, dass etwas unternommen werden musste.

Manchmal ist das »bekannte« Problem so überwältigend, dass es weniger einem vergrabenen Leichnam ähnelt als eher einem Untoten, der die Beziehung heimsucht. Als George (53) eine Affäre mit einer jüngeren Arbeitskollegin hatte, musste seine Frau Vanessa nicht nur mit dem Ehebruch fertig werden, sondern auch mit der Neuigkeit, dass die andere Frau ein Kind von George erwartete: »Vor der Geburt sagte ich, dass ich versuchen wolle, das Kind in mein Leben zu integrieren, und ich meinte es auch so. Aber jetzt, wo mein Mann seine neugeborene Tochter hat – und Sie haben keine Ahnung, wie sehr es mich schmerzt, diese Worte auszusprechen –, ist es mir unmöglich, mich als Teil ihres Lebens zu sehen. Und ich kann auch meinen

Ehemann nicht als Teil ihres Lebens sehen. Vermutlich habe ich aber nicht das Recht, ihn davon abzuhalten, das Kind besser kennenzulernen, wenn er das will.« Zu diesem Zeitpunkt hatte George seine Tochter erst ein einziges Mal gesehen. »Er findet, er solle sie nicht nur finanziell unterstützen. Wenn ich ihn frage, was genau er damit meint, kann er das nicht sagen, und das hilft mir nicht gerade«, erläuterte Vanessa.

Selbst wenn ein Problem so grundlegend ist wie dieses, muss man die ersten Phasen zur Heilung zwingend durchlaufen. Vanessa und George mussten sich darauf konzentrieren, ihre alltägliche Kommunikation zu verbessern, und mussten herausfinden, ob das ursprüngliche Band zwischen ihnen stark genug war, um sie auch jetzt zu tragen. Als sie über die Reaktionen ihrer gemeinsamen Kinder (alle in den Zwanzigern und auswärts wohnend) auf die neue Tochter ihres Vaters oder über künftige Ereignisse im Leben des Kindes sprechen wollten, untersagte ich dieses Thema und richtete ihre Aufmerksamkeit ausschließlich auf ihre Beziehung und die unmittelbaren Belange der Kommunikation angesichts des nächsten Kindsbesuches. Ich wusste jedoch gleich, wann George und Vanessa die sechste Phase erreicht hatten, denn die Verzweiflung in meinem Büro war greifbar: Die Leichen dümpelten jetzt an der Oberfläche.

Gelegentlich hat einer der Partner eine heimlich vergrabene Leiche, aber das Drama, die stundenlangen Gespräche und die intensive Analyse, die einer Affäre folgen, fördern eine Offenlegung. Trudie und Jack, beide Ende 30, waren seit fast 20 Jahren verheiratet und hatten zwei gemeinsame Kinder. Jack glaubte, alles über Trudie zu wissen, bis sie in einer intensiven

Gesprächsrunde nach seiner Liaison beichtete, von einem Onkel sexuell missbraucht worden zu sein: »Ich kann mich nicht erinnern, wie alt ich war, wahrscheinlich acht oder neun. Meine Mutter arbeitete im Schichtdienst, und meine Schwestern und ich schliefen im Haus meiner Tante, und er kam immer in mein Zimmer, um ›nach mir zu sehen‹. Es hörte auf, als ich 13 wurde und ihm sagte: ›Hände weg, oder ich erzähle es allen.‹ Damals war es unangenehm, aber ich kam damit klar.« Jack nahm die Beichte viel ernster: »Du hast immer etwas zurückgehalten und nie wirklich losgelassen, wenn wir miteinander geschlafen haben. Das ergibt endlich einen Sinn.«

Mit dem Leben fortfahren

Viele Paare halten die Verzweiflung in dieser Phase für allzu groß, vor allem da die meisten alles versucht haben, um die langjährigen, hartnäckigen Probleme zu lösen, und sich nichts verändert hat. Leider geben manche Paare auf und erklären, ihre Beziehung lasse sich nicht mehr retten. Das ist sehr schade, denn jeder, der sich wirklich auf die früheren Phasen der Reise von der Entdeckung zum Neuanfang eingelassen hat, hat wichtige, neue Fertigkeiten erlernt: *Offenheit* (Probleme sind nicht schwarz oder weiß, richtig oder falsch, Menschen sind nicht gut oder schlecht, unschuldig oder schuldig); *Verständnis* (Sie sind eher bereit, Ihren Beitrag zu dieser Hängepartie anzuerkennen, anstatt allein Ihrem Partner die Schuld zu geben); *das Positive im Negativen sehen* (nichts ist so hoffnungslos, wie Sie im ersten Augenblick denken; es gibt auch gute Seiten, beispielsweise daran, ein Stiefelternteil zu sein), *der Blick hinter die Kulissen* (anstatt sich von oberflächlichen Auseinandersetzungen ablenken zu lassen, die sich oft sinnlos im Kreis drehen, sind Sie jetzt bereit, die wahren Ursachen Ihrer Probleme anzugehen) und *zuversichtliche, produktive Entscheidungsfindung* (Sie sehen sich das Problem aus allen Blickwinkeln an, bevor Sie eine Entscheidung fällen). Der zweite Vorteil, wenn man langjährige »bekannte« Probleme nach einer Affäre angeht, ist der, dass beide Partner unbedingt zur Heilung finden wollen und daher großzügiger und flexibler sind.

Wenn Sie sich also Sorgen um die »bekannten« Probleme in Ihrer Beziehung machen, wartet womöglich eine angenehme Überraschung auf Sie. In vielen Fällen sind die Leichen, wenn sie zu guter Letzt endlich an die Oberfläche steigen, gar nicht mehr so Furcht einflößend. Obwohl meine Klienten sich oft wochenlang vor diesem Augenblick fürchten, entspricht er sehr oft nicht den Erwartungen: Entweder wird das Problem schon nach der Hälfte der Sitzung gelöst oder sie haben bereits zu Hause eine Lösung gefunden.

So war es auch bei Tracey und Paul und ihrem Problem mit der Stiefelternschaft. »Durch Pauls Affäre habe ich mich einer langen, intensiven Selbstprüfung unterzogen«, sagte Tracey. »Ich musste zugeben, dass ich mich ziemlich zickig verhalten hatte.« Sie bemühte sich von da an, Pauls Sohn näherzukommen. Dadurch fand sie nicht nur zu einem besseren Verhältnis mit ihrem Stiefsohn, sondern brachte auch Paul dazu, sein Verhalten neu zu bewerten. »Mir wurde klar, dass ich mich zu sehr anstrengte, wenn mein Sohn bei uns war«, sagte Paul. »Ich versuchte, ihn jede Sekunde zu bespaßen, und brachte es nicht fertig, mich hin und wieder einfach nur zurückzulehnen und ihn sein zu lassen.« Es gab noch einen weiteren überraschenden Nebeneffekt. »Ich habe jetzt eine viel engere Beziehung zu meinem eigenen Sohn«, sagte Tracey. »Ich glaube, ich bin warmherziger und viel toleranter gegenüber den Schwächen anderer – schließlich musste ich feststellen, dass ich selbst ziemlich viele Schwachstellen habe.«

Was ist mit den hartnäckigeren Problemen, bei denen sich nicht so leicht ein Mittelweg finden lässt? Das Geheimnis liegt darin, sich einfach ruhig mit dem Problem hinzusetzen – weiter nichts. Unternehmen Sie keinen Versuch, Ihren Partner zu überzeugen oder ihm Schuldgefühle einzureden. Versuchen Sie auch nicht, das Problem irgendwie zu lösen. Jeder Partner setzt sich einfach emotional mit der Realität der Situation auseinander – ohne Ablenkungen, ohne wegzulaufen und ohne die Gefühle des anderen zu schonen.

Was geschah, als Vanessa und George sich in aller Ruhe über das »Affärenbaby« unterhielten? »Es ist faszinierend mitzuerleben, wie meine Tochter allmählich ihre eigene, kleine Persönlichkeit entwickelt. Die Hartnäckigkeit, mit der sie sich an etwas hochzieht und dann auf ihren Beinen steht. Es ist unglaublich«, erzählte George. »Wie kann ich einfach weggehen und sie allein lassen?« Zum ersten Mal musste Vanessa zugeben, dass es zwischen ihrem Mann und dem Baby eine Verbindung gab: »Ich vermutete, dass so etwas geschehen würde, aber er hat früher nie wirklich darüber gesprochen.« Über Weihnachten gab es eine kurze Pause in ihrer Paarberatung. Danach bat Vanessa um eine Einzelsitzung. Sie war sehr niedergeschlagen und wollte sich über ihre Gefühle klar werden. Ich lehnte ab und erklärte, dass ihre Gefühle nicht abgepackt und versteckt werden sollten, sondern dass sich ihr Ehemann damit auseinandersetzen müsse. Während der nächsten Sitzung erklärte Vanessa ruhig ihre Gefühle, während George zuhörte. »Ich rege mich eigentlich gar nicht so sehr über das Baby auf, und das macht mir Angst. Ich glaube, ich ziehe mich innerlich zurück. Ich denke nicht, dass ich damit klarkommen kann. Am Schluss werde ich nur allen wehtun, auch meinen eigenen Kindern, die uns beide von Herzen lieben.« Ich fragte sie, ob sie das je zuvor gesagt hatte. Sie erwiderte: »Nein, das ist das erste Mal.«

Anstatt der intellektuellen Auseinandersetzungen, Schuldzuweisungen und Streitigkeiten brachten sie einfach ihre Gefühle zum Ausdruck und erkannten die Tiefe der Gefühle des anderen an. Schließlich waren sie bereit, sich der Realität ihrer Probleme zu stellen. (Mehr über dieses Paar erfahren Sie im letzten Kapitel).

Sich in aller Ruhe mit dem Problem auseinanderzusetzen war auch der Durchbruch für Jack und Trudie mit ihren Missbrauchserfahrungen. Jack war sehr wütend: »Ich hätte am liebsten irgendwas kurz und klein geschlagen. Ich wollte ihn leiden lassen, wie Trudie gelitten hat. Er hat meine Familie verletzt, und dafür sollte er bezahlen.« Auch Trudie regte sich auf: »Diese Reaktion macht es nur schlimmer, viel schlimmer. Ich will meine Mum nicht verletzen, sie hat das Beste getan, was sie unter schwierigen Umständen tun konnte.« Als sie die Tiefe ihrer Gefühle anerkannten, konnten sie zu einem Kompromiss gelangen. Jack erklärte sich einverstanden, dass es nichts bringen würde, wenn er wie ein Elefant im Porzellanladen vorgehen würde, und Trudie schwor, die Geschehnisse nicht länger zu »trivialisieren« und eine Therapie anzufangen.

Wie können Sie und Ihr Partner Ihre jeweiligen Gefühle wahrhaft anerkennen? Eine sehr nützliche Technik besteht darin, die »Schuhe Ihres Partners überzustreifen«. Die Idee dahinter lautet, dass Sie zum Journalisten werden und Ihren Partner zu dem Problem befragen (mit echter Neugier und offener Einstellung). Es gibt jedoch einen Haken: Ihr Partner tut so, als sei er Sie, und antwortet so, wie Sie es seiner Meinung nach tun würden! Bei Robert und Rosie – dem Paar, bei dem sich die Ehe ausschließlich um die Kinder drehte – sah das so aus, dass Robert zum neutralen Journalisten wurde und Rosie zu ihren Kinder befragte, aber sie antwortete so, als wäre sie Robert. Er fing mit allgemeinen Fragen an (während sie sich beide erst daran gewöhnten) und arbeitete sich dann zu speziellen Fragen vor. Hier einige seiner Fragen:

Hallo, Robert, was war es für ein Gefühl, zum ersten Mal Ihren Sohn im Arm zu halten?

Wie haben Sie sich durch die Kinder verändert?

Welche Veränderungen haben Sie im Verhalten Ihrer Frau Ihnen gegenüber bemerkt?

Wie fühlten Sie sich in den sechs Monaten vor der Affäre?

Wie haben Sie sich in dieser Zeit Ihren Kindern gegenüber gefühlt?

Es ist von großer Bedeutung, dass Sie nicht aus Ihrer Rolle als »Journalist« fallen oder abstreiten, was Ihr Partner sagt. Notieren Sie alles, was Ihr Partner für die Wahrheit hält, was aber in Wirklichkeit nicht stimmt. Denken Sie daran, die distanzierte Sprache eines Journalisten zu verwenden – sprechen Sie von »Ihren Kindern«, nicht von »unseren Kindern«. Versuchen Sie,

Ihren Partner nicht zu beeinflussen, sondern stellen Sie offene Fragen – Fragen, die mit wie, warum, wann oder was beginnen. Stellen Sie hinterher klar, wo Ihr Partner sich irrte, sprechen Sie über die Erfahrung, wie es war, in seinen Schuhen zu stecken, und was Sie beide daraus gelernt haben. Es dauert eine Weile, diese neuen Informationen zu verarbeiten, also tauschen Sie nicht gleich danach die Rollen, sondern wiederholen Sie die Übung am nächsten Tag in umgekehrter Besetzung.

Vom Umgang mit »entdeckten« Leichen

Eine Affäre hält der Beziehung den Spiegel vor, und viele Paare entdecken Risse, derer sie sich überhaupt nicht bewusst gewesen waren. In diesen Fällen spreche ich von »entdeckten« Leichen, die von kleineren bis hin zu potenziell zerstörerischen Problemen reichen können. Fangen wir am leichten Ende der Skala an: Häufig stellen Paare fest, wie sehr sie sich isoliert haben. Paul – mit dem Stiefelternproblem – merkte irgendwann, dass er keine Freunde mehr hatte: »Ich war noch nie sehr gesellig. Ich freundete mich nicht gern mit Leuten von der Arbeit an, hatte sie lieber nur als Kollegen. Und ich hatte auch nie gern Leute im Haus, weil ich lieber mit Tracey allein war. Rückblickend finde ich das nicht gerade gesund. Als ich mich dann dieser Kollegin anvertraute, da schuf das plötzlich eine Verbindung. Bevor ich mich versah, erzählte ich ihr meine Geheimnisse, und sie erzählte mir ihre Geheimnisse. Das war falsch.«

Andere Paare stellen fest, dass sie in ihrem Leben die falschen Prioritäten gesetzt haben. Als Carl (38) herausfand, dass seine Frau seit sechs Monaten ein Verhältnis hatte, war das für ihn wie ein Weckruf. Er stand in seinem Job als Chefkoch eines landesweit bekannten Restaurants stets unter hohem Druck: »Ich war völlig darauf konzentriert voranzukommen, gute Kritiken zu erhalten und meiner Familie ein gutes Leben zu bieten. Ich dachte, meine Frau mache es glücklich, wenn sie sich um die Kinder kümmern konnte, dass die Familie ihr Lebensmittelpunkt sei.« Ihm war nicht klar, wie einsam sie sich fühlte und dass es ihr lieber gewesen wäre, ein offenes Ohr zu finden, als Geschenke zu bekommen. Nach dem Ende ihrer Affäre beschloss Carl, einige Änderungen durchzuführen: »Es war nicht nötig, ständig so viel zu arbeiten. Also ging ich früher nach Hause, begleitete meinen Sohn zum Fußballtraining und entdeckte all die Dinge, die ich vernachlässigt hatte. Wichtiger noch, meine Frau und ich erinnerten uns wieder daran, wie sehr es uns gefiel, zusammen zu sein.«

Vielen Affären liegt zugrunde, dass sich einer von beiden auf ausgefahrenen Gleisen bewegt, dass er das Leben grau und vorhersagbar findet und sich wieder richtig lebendig fühlen will. Darum überrascht es nicht, dass bei vielen Paaren die »entdeckte« Leiche eine Midlife-Crisis ist, wobei der angenehme Schauer der Jagd, der Adrenalinrausch, die Täuschung und die Leidenschaft, die der heimliche Sex entfacht, eine existenzielle Krise übertünchen: Wer bin ich, was ist der Sinn meines Lebens, und was soll ich mit dem Rest meines Lebens anfangen?

Laut einer Studie der University of New Hampshire gehen Frauen meistens im Alter von 45 Jahren und Männer im Alter von 55 Jahren eine Affäre ein. Das stimmt mit den Ergebnissen einer Untersuchung des britischen Klinikverbands für sexuell übertragbare Infektionskrankheiten überein, bei der Frauen zwischen 45 und 54 und Männer zwischen 55 und 60 die höchsten Infektionsraten hatten. Bei meiner Umfrage zu »Untreue in Großbritannien« stellte ich fest, dass die meisten eine Affäre mit 46 Jahren eingingen. Es ist immer eine gute Idee, in der Mitte des Lebens Inventur zu machen, und die meisten Menschen stellen fest, dass sie neue Abenteuer brauchen. Sie wechseln den Beruf, suchen sich ein anspruchsvolles Hobby oder reisen an ferne Orte. Leider denken manche Menschen, ihr Partner würde sie nicht unterstützen, oder sie fühlen sich in ihrer Erwartungshaltung gefangen und sind dann in diesem Lebensabschnitt besonders anfällig für eine Affäre.

Ein weiteres Nebenprodukt der Untreue ist das unerwartete Echo aus der Vergangenheit, was dazu führen kann, dass man Aspekte seiner Kindheit neu bewerten muss. Anna (41) wurde von ihrem Ehemann verlassen, nachdem sein Verhältnis ans Licht gekommen war. Obwohl er später die Affäre beendete und nach Hause zurückkehrte, schickte er der anderen Frau immer noch Textnachrichten und tischte Anna Lügen auf (beispielsweise behauptete er, die andere Frau habe sich mit ihrem Ehemann versöhnt, obwohl sie sich getrennt hatten); in den nächsten sechs Monaten führte er eine geheime »emotionale« Affäre. Die Beziehung zwischen Anna und ihrem Mann war düster, zerstörerisch und sehr emotional. Als sie völlig erschöpft waren und sich nicht einmal mehr anschreien konnten, fing Anna an, Bücher zum Thema Untreue zu lesen und über ihre Vergangenheit nachzudenken: »Wenn ich unter Stress stand – wenn ich tobte, die Kontrolle verlor, kränkende

Dinge sagte oder versuchte, ihn zu kontrollieren –, dann entschuldigte ich mich hinterher immer und immer wieder und versprach: ›Ich tue alles, was du willst.‹ Plötzlich sah ich meine Mutter vor mir, die genau dasselbe tat, um meinen Vater davon abzuhalten, sie zu schlagen.«

Margaret aus dem zweiten Kapitel, die ihren Ehemann mit vorgehaltenem Messer aus dem Haus geworfen hatte, entdeckte Probleme in der Beziehung zu ihren Eltern: »Als ich endlich meiner Mutter erzählte, was geschehen war, lauteten ihre ersten Worte: ›Ich bin froh, dass du nicht geheult hast, als du mir das erzähltest, denn damit hätte ich nicht umgehen können‹, und ihr einziger Kommentar seitdem erfolgte, als sie sah, dass ich meinen Ehering nicht mehr trug: ›Wann hört dieser Unsinn endlich auf?‹ Als ich es meinem Vater erzählte, meinte er, die meisten Männer würden das tun, und die Tragödie sei nur, dass ich es herausgefunden hätte.« Margaret hatte immer gewusst, dass die Beziehung zu ihren Eltern oberflächlich war, aber ihre mangelnde Unterstützung bedeutete, dass sie das nicht länger ignorieren konnte.

Um noch einmal auf Paul zu sprechen zu kommen: Er musste die Beziehung zu seiner Mutter neu bewerten, nachdem er zu einem Familiengeburtstag nach Hause zurückgekehrt war. »Meine Mutter nahm Tracey zur Seite und erzählte ihr, wie sie meinen Vater beinahe wegen seiner Affäre verlassen hätte. Er hatte ihr sogar gesagt, sie solle ruhig gehen, aber er würde nicht zulassen, dass sie die Kinder mitnehme, und wir waren damals noch klein«, erläuterte Paul. »Ich hatte mich immer auf die Seite meines Vaters gestellt, weil er so ein fröhlicher Kerl war, während meine Mutter immer etwas miesepetrig wirkte.

Jetzt verstand ich endlich, warum das so war.« In der Folge einer Affäre hinterfragen beide Partner alles – nicht nur ihre Beziehung; ihr ganzes Leben betrachten sie unter einem völlig neuen Blickwinkel.

Das Leben fortsetzen

Wenn Sie mit »entdeckten« Leichen zu tun haben, lautet die gute Nachricht, dass diese Probleme relativ einfach zu lösen sind. Sobald alles zutage gefördert wurde, liegt häufig klar auf der Hand, wie man sein Leben fortsetzen sollte. Paul beschloss, einige seiner Arbeitskollegen nach Hause einzuladen und sie besser kennenzulernen. Er wurde außerdem Mitglied in einem örtlichen Fotoclub, um neue Leute zu treffen. Schließlich entschuldigte er sich bei seiner Mutter dafür, dass er in der Vergangenheit nicht verständnisvoller gewesen war.

Sobald Anna begriff, warum sie bislang immer an ihrer ergebnislosen Strategie festgehalten hatte, fiel es ihr gleich viel leichter, sich davon zu lösen: »Wenn ich etwas wollte, habe ich immer gedrängt. Jetzt lerne ich, mich zurückzunehmen und zu warten.« Margaret fiel es nicht ganz so leicht, eine neue Beziehung zu ihren Eltern aufzubauen – sie waren schon älter und sehr festgefahren. Doch Margaret kommunizierte ihre Gefühle von da an ehrlicher, und dadurch kamen sie alle drei besser miteinander zurecht. Wenn Sie etwas Ähnliches erreichen wollen, folgen Sie diesem Drei-Schritte-Programm:

1. Kommentieren Sie nur das Heute.
   Ein Beispiel: »Was du da sagst, tut mir weh, weil …« Lassen Sie sich nicht verleiten, alte Kritikpunkte aufzulisten, auch wenn

es dabei um dasselbe Grundproblem geht. Ihre Eltern können die Vergangenheit nicht ändern, und nur allzu leicht werden sie von Schuldgefühlen überwältigt und verteidigen sich.

2. Fügen Sie etwas Tröstliches hinzu.
Etwas, das erläutert, warum Sie dieses Gespräch führen, und gleichzeitig ein Friedensangebot darstellt. Ein Beispiel: »Ich bin sicher, du hattest sehr gute Gründe dafür« oder »Ich sage das, weil ich dich liebe und weil ich möchte, dass wir uns näherkommen«.

3. Treffen Sie eine Übereinkunft für eine bessere Zukunft.
Es sollte etwas leicht Ausführbares sein, das sich mühelos nachvollziehen lässt. Ein Beispiel: »Lass uns öfter telefonieren« oder »Wenn ich etwas tue, das dich aufregt, dann sage es bitte, denn ich möchte, dass wir offen über alles reden« oder »Ich werde versuchen, weniger empfindlich zu sein, aber ich wäre dir dankbar, wenn du dieses Thema nicht mehr anschneiden würdest …«. Eine Abmachung, bei der beide Parteien etwas von dem bekommen, was sie wollen, wird eher eingehalten.

Vom Umgang mit »versteckten« Leichen

Einige Probleme sind so tief vergraben, dass keiner der beiden Partner eine Ahnung hat, was zur Untreue führte. Das ist nicht nur verwirrend, sondern auch furchteinflößend. Doch meiner Erfahrung nach handelt es sich bei versteckten Leichen meist um eines von drei Problemen – die nicht nur Paare betreffen, die es mit Untreue zu tun haben. Glücklicherweise lassen sich diese drei Probleme relativ einfach lösen:

Ungleichheit

In einer guten Beziehung begegnen sich die Partner auf Augenhöhe. Manchmal hat einer der beiden in einem bestimmten Bereich mehr Einfluss, aber das wird dadurch ausgeglichen, dass der andere Partner in anderen Bereichen mehr Macht hat. Ein Beispiel hierfür ist die traditionelle Ehe, bei der der Mann zur Arbeit geht und das Geld nach Hause bringt und praktische Dinge erledigt, während die Frau zu Hause bleibt, sich um die Familie und um emotionale Dinge kümmert. Doch wenn die Macht auf diese Weise polarisiert wird, führt das nicht selten zu großer Unzufriedenheit – vor allem, wenn die Paare in die mittleren Jahre kommen. So grollte beispielsweise Carl (der Chefkoch von vorhin) seiner Frau, weil sie ihn in Belangen der Kindererziehung von allen Entscheidungen ausschloss und seine Vorschläge, wie die Familie ihre gemeinsame Zeit verbringen könnte, schlecht machte. Umgekehrt, als seine Frau Sandy beschloss, eine Ausbildung zur Aerobic-Lehrerin zu machen, hatte sie das Gefühl, dass er ihre Arbeit nicht ernst nahm und sie sich nie darauf verlassen konnte, dass er sich um das jüngste Kind kümmerte. Sie fühlte sich von ihm nicht unterstützt, und das nahm sie ihm übel.

Wie kann Ungleichheit zu Untreue führen? Ich stelle immer wieder fest, dass viele Menschen, die eine Affäre eingehen – vor allem Frauen –, ständig die Gebenden sind, was sie auf Dauer erschöpft. Sie haben das Gefühl, sehr viel in ihre Beziehung zu investieren und nur sehr wenig zurückzubekommen. So sah es jedenfalls Sandy in ihrer Ehe: »Ich weiß, es ist selbstsüchtig, aber ich betrachtete meine Liebschaft als etwas, das nur für mich da war. Eine kleine Belohnung, nachdem ich so viel Zeit und Energie darauf verwendete, für andere da zu sein. Es war herrlich, endlich wahrgenommen zu werden.« Interessanterweise kann auch jemand, der nicht genug Energie in eine Beziehung einfließen lässt, sehr anfällig für eine Affäre sein. Diese Menschen sind bereits weniger engagiert und stehen schon mit einem Fuß außerhalb der Beziehung.

Ein großes Machtungleichgewicht ist ebenfalls oft ein Grund für Untreue. Der machtvollere Partner erwartet, dass all seine Bedürfnisse erfüllt werden – wie beispielsweise Sex, wenn er auf Geschäftsreise ist. Dieses Gefühl von Anspruch und Berechtigung ist einer der Gründe, warum Prominente so oft untreu werden. Der weniger machtvolle Partner – beziehungsweise derjenige, der sich als weniger machtvoll wahrnimmt – ist gekränkt und erliegt dadurch ebenfalls leicht der Versuchung.

Phoebe und Adam lernten sich bei der Arbeit kennen, beide waren Mitte 20 und verdienten ungefähr gleich viel Geld. Ihre Beziehung funktionierte sehr gut. Doch fünf Jahre später wurde Phoebe schwanger und gab ihren Job auf: »Ich hatte eine schwere Geburt, litt an postnataler Depression, und mein Selbstvertrauen löste sich in Luft auf. Während Adam in seinem frisch gebügelten Anzug zur Arbeit ging, verbrachte ich meine Tage in Babykotze. Früher hatte ich mein eigenes Geld und musste mich nie für irgendetwas rechtfertigen. Obwohl sein Geld nun unser Geld war, fühlte ich mich schuldig, wenn ich es für mich ausgab.« Am Schluss ging sie eine Affäre mit einem Freund ihres Mannes ein. »Ich fühlte mich gleichzeitig schuldig und wütend auf mich selbst, aber auch sexuell aufgeladener als seit Langem. Ich konnte meinem Liebhaber in die Augen schauen und das Begehen darin sehen und dass er alles für mich riskiert hätte.« Sie fühlte sich wieder machtvoll.

Im nächsten Kapitel gehen wir genauer darauf ein, wie man eine Beziehung im Ungleichgewicht wieder einem Gleichgewicht zuführen kann, aber am besten hilft man ungleichen Partnern, indem man sich darauf konzentriert, wie sie miteinander reden, und das ist auch das Thema meiner nächsten versteckten Leiche.

Das Reden in gekreuzten Zuständen

Die Transaktionsanalyse, kurz TA, wurde in den 1950er-Jahren von dem amerikanischen Psychiater Eric Berne entwickelt. Er ging davon aus, dass all unsere Gedanken, Gefühle und Verhaltensweisen auf drei fest umrissene Teile unserer Persönlichkeit zurückzuführen sind: »Eltern-Ich«, »Erwachsenen-Ich« und »Kind-Ich«. (Ähnlich Freuds Vorstellung von Über-Ich, Ich und Es.) Besonders betont werden muss in diesem Zusammenhang, dass alle drei Teile gleichermaßen wichtig sind und zu unterschiedlichen Zeiten gebraucht werden. Das Eltern-Ich gibt es in zwei Varianten: fürsorglich (liebevoll und gütig) oder kritisch (streng und kategorisch). Das Kind-Ich gibt es ebenfalls in zwei Variationen: natürlich (kreativ und spielerisch) und angepasst (will gefällig sein, schmollt oder ist rebellisch). Im Gegensatz dazu gibt es nur eine Form von Erwachsenen-Ich, nämlich rational, überlegt und einfühlsam. Wenn Sie und Ihr Partner beide gerade denselben Teil Ihrer Persönlichkeit ausleben, läuft alles glatt. Wenn Sie beispielsweise beide zu einer etwas steifen Party eingeladen werden und Ihr inneres Kind-Ich auf Augenhöhe mit dem Kind-Ich Ihres Partners ist, könnten Sie beispielsweise beide beschließen, Musik aufzulegen und alle zum Tanzen zu bringen. Berne nennt das *konkordante Transaktion*. Eine Variante dieser relativ einfachen Art der Kommunikation ist es, wenn das Kind-Ich eines der beiden Partner jammert: »Ich kriege das nie alles erledigt« und das kümmernde Eltern-Ich des anderen Partners erwidert: »Keine Angst, ich helfe dir.« Das nennt man *parallele Transaktion*, und theoretisch sollte diese Form der Kommunikation jahrelang sehr gut funktionieren.

Probleme entstehen durch das, was Berne *gekreuzte Transaktionen* nennt. Beispielweise könnte das Erwachsenen-Ich Ihrer Persönlichkeit fragen: »Hast du meine Schlüssel gesehen?« Anstatt mit seinem eigenen Erwachsenen-Ich zu antworten, reagiert Ihr Partner darauf völlig anders und sagt: »Du solltest besser auf deine Sachen aufpassen!« (das ist das kritische Eltern-Ich) oder »Warum gibst du immer mir die Schuld an allem?« (was dem angepassten Kind-Ich entstammt). Nicht nur unsere Worte verraten, welcher Teil unserer Persönlichkeit gerade im Vordergrund steht, auch unser Tonfall, unser Gesichtsausdruck und unsere Körpersprache.

In der Transaktionsanalyse besteht der Schlüssel zur Vermeidung gekreuzter Transaktionen darin herauszufinden, welcher Teil Ihrer Persönlichkeit gerade im Vordergrund steht. Die folgende Tabelle sollte helfen:

| | Eltern-Ich | | Erwach-senen-Ich | Kind-Ich | |
	Kritisches Eltern-Ich	Fürsorgliches Eltern-Ich		Natürliches Kind-Ich	Angepasstes Kind-Ich
Worte	Sollte, darfst nicht, kannst nicht, wenn ich du wäre	Lass mich dir helfen, keine Sorge, ist schon gut	Wie, wann, warum, was sind die Fakten, Optionen	Toll, klasse, das errätst du nie	Tut mir leid, wenn ich nur, ist nicht meine Schuld
Tonfall	Streng, barsch, verurteilend, empört	Beruhigend, sanft, fürsorglich, einfühlsam	Klar, nachfragend, zuversichtlich	Lachend, energiegeladen, aufgeregt	Flehend, beschwichtigend, protestierend
Körpersprache	Mit dem Finger zeigen, Hände auf den Hüften, Augen rollend	Offene Arme, nickend, den anderen berühren	Augenkontakt, selbstsicheres Auftreten, aktives Zuhören	Große Augen, übertriebene Bewegungen, spontan	Zu Boden gerichteter Blick, Schmollmund, eingefallene Schultern

Beschließt jemand, der Versuchung nachzugeben und eine Affäre einzugehen, tut er das oft aus dem Zustand des angepassten Kind-Ichs heraus. (Aus diesem Grund verhalten sich untreue Partner oft wie schmollende, fordernde und selbstsüchtige Teenager.) Wenn die Betroffenen im Erwachsenen-Ich ihrer Persönlichkeit wären, würden sie sagen: »Ich bin unglücklich; wir müssen an unserer Beziehung etwas ändern.« Was hält sie davon ab? Leider gehen sie vermutlich davon aus, dass ihr Partner im Zustand des kritischen Eltern-Ichs reagieren könnte: »Ich tue alles für dich, und du bist trotzdem nicht glücklich!« Oder: »Du kannst nicht erwarten, dass du im Leben immer nur auf Rosen gebettet wirst.« Tatsächlich ist die häufigste Paarung bei gekreuzten Transaktionen kritisches Eltern-Ich/angepasstes Kind-Ich, und – um auf die versteckten Leichen zurückzukommen – das ist auch ein Zeichen dafür, dass das Paar keine Beziehung auf Augenhöhe führt. Was kann man tun?

- Lernen Sie zu erkennen, in welchem Ich-Zustand Sie und Ihr Partner kommunizieren. Es hilft, wenn Sie dem einen Namen geben: »Das klang sehr nach kritischem Eltern-Ich« oder »Spiele ich gerade das angepasste Kind-Ich?«.
- Wenn Ihnen die Reaktion Ihres Partners nicht gefällt, prüfen Sie, in welchem Persönlichkeits-Zustand Sie gerade stecken. Wenn Sie manchmal denken, Sie hätten ein zusätzliches Kind im Haus, kann es daran liegen, dass Sie mit Ihrem Partner im Zustand des kritischen Eltern-Ichs reden. Wenn Ihr Partner mit Ihnen spricht, als ob Sie sechs Jahre alt wären, reagieren Sie womöglich im Zustand des angepassten Kind-Ichs. In beiden Fällen ist es besser, in den Zustand des Erwachsenen-Ichs überzuwechseln.
- Die Reaktion Ihres Partners entspricht wahrscheinlich dem Zustand, den Sie selbst ausspielen. Wenn Sie das Erwachsenen-Ich zum Einsatz bringen, wird Ihr Partner auch im Erwachsenen-Ich antworten. Wenn Sie das natürliche Kind-

Ich ausleben – Spaß haben und keck sind und mitten am Nachmittag ins Bett gehen –, dann wird er wahrscheinlich ebenso reagieren.

Diese Technik ist besonders für Paare nützlich, bei denen ein Partner – manchmal beide – ein Machtungleichgewicht verspürt. Wenn Sie mit Ihrem Partner auf Augenhöhe kommunizieren und ihn gleichberechtigt behandeln, wird er sich auch so fühlen und anfangen, sich so zu verhalten.

Die Lebensphasen Ihrer Kinder

Die dritte versteckte Leiche erklärt all jene Momente, in denen Sie sich ruhelos, beunruhigt oder ängstlich fühlen, aber nicht genau sagen können, warum. Die Gefühle sind derart unterschwellig, dass sie oft gar nicht registriert werden. Die ganze Erfahrung ist schwer einzuordnen, und normale Problemlösungstechniken versagen so hoffnungslos, dass viele Menschen die Warnzeichen ignorieren. Doch tief in ihrem Innern passiert etwas, und sosehr sie sich auch ablenken mögen, die Gefühle nagen trotzdem an ihnen. Manchmal stürzen sich Menschen in einer solchen Situation in eine Affäre, weil sie zumindest die einfachen, heftigen Gefühle von Verlangen, Scham und Schuld verstehen. Was ist da los?

Am besten erklärt man diese versteckte Leiche an einem Beispiel. Adrian (38) suchte Hilfe, weil er eine heftige Liaison mit einer ehemaligen Arbeitskollegin hatte. »Ich komme mir vor wie ein Narr. Und wie ein Mistkerl. Meine Frau erwartet ein Kind und braucht mich wirklich, aber ich schleiche mich davon, um mich mit dieser Frau zu treffen.« »Wie geht es Ihnen damit, dass Sie jetzt Vater werden?«, fragte ich. »Wir haben schon zwei Kinder, und ehrlich gesagt reicht mir das eigentlich«, erwiderte er. Er hatte seiner Frau von seinen Bedenken erzählt, aber sie konnte sich nicht in ihn einfühlen und teilte ihm nur mit, er solle sich besser an die Vorstellung gewöhnen. »Ich denke wirklich, dass wir einen großen Fehler machen«, meinte er seufzend und vergrub den Kopf in den Händen.

Als wir uns seinen Stammbaum ansahen, stellte ich fest, dass er das dritte Kind in seiner Familie war und seine Eltern sich getrennt hatten, als er sechs Jahre alt war. »Warum haben sich Ihre Eltern scheiden lassen?«, wollte ich wissen. Er zuckte nur mit den Schultern, und sofort gewann ich den Eindruck eines verwirrten, kleinen Jungen. »Glauben Sie, dass es etwas mit Ihnen zu tun hatte?«, fragte ich. »Nicht nur, sie hatten schon lange Probleme und stritten sich ständig«, erwiderte er. »Aber ich glaube, dass sie mich hatten, setzte sie noch zusätzlich unter Druck.« Ich artikulierte die Gefühle, die in seinem Gesicht eingegraben waren: »Vielleicht, wenn Sie nie geboren worden wären …?« Adrian nickte bedächtig. Natürlich war er nicht für die Scheidung seiner Eltern verantwortlich, aber offenbar hatte er dieses Gefühl all die Jahre tief in sich getragen. Die anstehende Geburt seines dritten Kindes hatte diese versteckte Leiche an die Oberfläche treiben lassen.

Bei Paaren, bei denen mir nicht erkenntlich ist, warum es zur Untreue kam, sehe ich mir ihren Stammbaum an und frage sie, was geschah, als sie in dem Alter waren, in dem ihre Kinder jetzt sind. Und immer wieder stoße ich auf ein wichtiges Echo aus der Vergangenheit.

Auf unseren Söhnen und Töchtern ruhen so viele unserer Hoffnungen und Ängste, dass ihre Kämpfe eine starke Wirkung auf uns haben können, selbst wenn wir diese bestimmte Lebensphase ohne allzu viele Probleme durchlaufen haben. Welche häufigen Lebensereignisse können zu Untreue führen?

- Wenn ein Kind in die Schule kommt und zum ersten Mal Unabhängigkeit erlebt, sehnen auch wir uns nach mehr Unabhängigkeit.
- Wenn ein launischer Teenager mit dem ersten Liebeskummer zu tun hat, ist das schlimm genug, auch wenn Ihre Ehe stark ist. Doch wenn Sie auch nur im Ansatz enttäuscht sind, kann das in Ihnen eine Sehnsucht nach der eigenen Jugend wecken, oder Sie beneiden Ihr Kind plötzlich um seine Energie, sein Aussehen oder seinen Glauben an Unsterblichkeit. In dieser Lebensphase geht es ausschließlich darum, Grenzen auszutesten und herauszufinden, was richtig und was falsch ist. Es ist eine Zeit der Rebellion, in der man alle Vorsicht in den Wind schlägt – und diese Haltung ist ansteckend. Aus diesem Grund überschreiten viele Eltern ebenfalls diese Grenzen und gehen eine Affäre ein, wenn ihre Kinder im Teenageralter sind.
- Wenn Kinder junge Erwachsene werden und das Nest verlassen, dann kann eine Beziehung, die sich um die Elternschaft drehte, plötzlich richtungslos und leer werden. Die Versuchung zu fliehen – und sei es auch nur vorübergehend in die Arme einer dritten Person – kann überwältigend werden.

Der beste Weg, mit dem Echo Ihrer Kindheit umzugehen, besteht darin, es laut auszusprechen. Das fällt schwer, weil niemand gern zugibt, dass er neidisch ist oder sich so extrem mit seinen Kindern identifiziert. Doch das kann zum entscheidenden Durchbruch werden. Adrian verstand endlich seine Weltuntergangsstimmung. Er beendete die Affäre und schnitt über seine eigene Erfahrung als drittes Kind dieses Thema erneut bei seiner Frau an. Letztlich war er in der Lage zuzugeben, dass er und das Baby doch zwei verschiedene Menschen waren und sich die Geschichte nicht notgedrungen wiederholen musste, sosehr er sich auch mit diesem Kind identifizierte. Wenn man über ein Gefühl oder eine versteckte Leiche redet und das Problem somit ans Tageslicht zieht – anstatt es im Schatten lauern zu lassen –, verwandelt man selbst schwierige Krisen in harmlosen Staub.

Auch wenn Ihr Partner noch nicht bereit ist, sich das Echo aus der Vergangenheit einzugestehen, kann es für ihn schon befreiend sein, wenn man ihn einfach nur Geschichten aus jener Zeit erzählen lässt. Stellen Sie viele Detailfragen, erkundigen Sie sich nach der Reaktion seiner Eltern und diskutieren Sie anschließend bestehende Ähnlichkeiten mit der Gegenwart. In vielen Fällen reichen diese Gespräche schon aus, um neues Licht auf die versteckte Leiche zu werfen und sie somit auszutreiben. Manche Betroffene entdecken auch neue, praktische Lösungen für den Umgang mit ihren Kindern und können somit die Spannungen im Haus verringern und die Leiche »entschärfen«.

Vom Umgang mit niedrigem Selbstwertgefühl

Eine der Problemzonen, die in der Phase der Verzweiflung offen aufgedeckt werden, ist das Selbstwertgefühl. Es versteht sich von selbst, dass die Affäre Ihres Partners nicht gerade zu Ihrem Selbstvertrauen und Ihrem Selbstwertgefühl beiträgt. Doch die Fragen rund um das Selbstwertgefühl sind häufig komplexer, als auf den ersten Blick ersichtlich. Wieder einmal zeigt eine Fallgeschichte aus meiner Praxis am deutlichsten, was da abläuft.

Danielle (43) hatte im Lauf ihrer Ehe beträchtlich zugenommen. Seit der Aufdeckung des Seitensprungs ihres Mannes hatte sie 15 Kilo verloren. »Er sagt, er steht auf mich, und das noch mehr, wenn ich dünner bin, aber trotzdem kritisiert er ständig mein Gewicht, oft sogar in aller Öffentlichkeit, was jedermann peinlich ist. Er hat das sogar während eines Bewerbungsgesprächs in Schottland getan – zu dem die Ehefrauen ebenfalls eingeladen waren. Ich sprach mit seinem künftigen Chef darüber, wie sehr ich mich auf den Umzug nach Schottland freute, weil ich dann wieder Skilaufen könne. Mein Mann unterbrach mich und meinte, ich müsse vorher aber erst eine Tonne abnehmen! Ich weiß, er verabscheut dicke Frauen und vergleicht mich oft mit seiner Stiefmutter, die er hasst und die übergewichtig ist. Er behandelt sie, als ob sie willensschwach und dumm wäre. Ich habe das Gefühl, mich hat er in dieselbe Schublade gesteckt.«

Man versteht mühelos, warum Danielle deprimiert war und

an niedrigem Selbstwertgefühl litt. Doch auch ihr Mann Liam hatte Probleme mit seinem Selbstwertgefühl. Die Aufmerksamkeit der anderen Frau hatte ihm geschmeichelt, und kurzfristig fühlte er sich selbstsicherer. Doch als Danielle die Affäre entdeckte und ihm das ganze Ausmaß dessen, was er getan hatte, bewusst wurde, rutschte Liams Meinung von sich selbst auf einen Tiefpunkt. Leider stellte er sich nicht diesen schwierigen Gefühlen, sondern übertrug unwillkürlich all sein Unglück auf Danielle, indem er dafür sorgte, dass sie sich so dermaßen elend fühlte, dass er sich vergleichsweise wieder ein wenig besser fühlen konnte. Schließlich war das nicht seine Schuld, dachte er, es lag allein an ihrem Gewicht!

Die Neigung, jemand anderen als Leinwand zu behandeln, auf der wir unsere Bedürfnisse und Emotionen ausspielen können, nennt man »Projektion«. Anstatt zu versuchen, ein besseres Verhältnis zu seiner Stiefmutter zu bekommen oder seine Kindheitsprobleme zu lösen, projizierte Liam seine Probleme auf Danielle und griff sie an. Was lässt sich in so einem Fall tun? Als Erstes half ich Danielle zu verstehen, dass sie für das schlechte Verhältnis von Liam zu seiner Stiefmutter nicht verantwortlich war. Egal, wie viel Gewicht sie verlor, das ursprüngliche Problem würde davon in keiner Weise beeinflusst. Ich ließ sie mehrmals laut aussprechen: »Ich bin nicht Liams Stiefmutter.«

Als Nächstes musste sie verstehen, warum sie für Liam eine so praktische Projektionsfläche darstellte. »Es gefällt mir nicht, so dick zu sein. Ich reagiere sehr empfindlich, schon wenn mich Leute auch nur seltsam anschauen. Dann denke ich, sie halten mich für eine ›fette Kuh‹«, erklärte sie. Es war fast, als ob Danielle Liam die Haken anbot, an denen er seine eigenen Probleme aufhängen konnte. Also fragte ich sie, wie jemand, der sich mit seinem Gewicht wohlfühlte, auf Liams Kommentare reagieren würde: »Du bist auch nicht gerade ein Schönling«, schlug sie lachend vor. Sie hatte bereits begonnen, seine Haken abzunehmen, und das nächste Mal, wenn Liam versuchte, seine eigenen Probleme bei ihr aufzuhängen, würden diese wirkungslos zu Boden fallen. Schließlich ermutigte sie Liam, einen Neuanfang mit seiner Stiefmutter zu wagen und mit ihr von Erwachsenem zu Erwachsener zu agieren.

Sollte das Problem der Projektion für Sie vertraut klingen, folgen Sie diesem einfachen Plan:

1. Erkennen Sie, wenn jemand sein eigenes Unglück oder seine Probleme auf Sie abwälzen will.
2. Akzeptieren Sie, dass diese Probleme nicht die Ihren sind. Wie sehr Sie diesen Menschen auch lieben, es liegt nicht in Ihrer Verantwortung, seine Probleme zu lösen.
3. Nehmen Sie mental die Haken ab. Wenn jemand etwas potenziell Verletzendes äußert, sagen Sie zu sich selbst: »Das hat nichts mit mir zu tun.«
4. Ermutigen Sie Ihren Partner, sich selbst einer Prüfung zu unterziehen. Sprechen Sie in einer ruhigen Stunde mit ihm über den verletzenden Kommentar und fragen Sie ihn, wie er wirklich zu dieser Sache steht.

Im Umgang mit niedrigen Selbstwertgefühlen sollten Sie sich die folgenden Fragen stellen:

Sind meine derzeitigen Ziele realistisch? Schreiben Sie all die Dinge auf, bei denen Sie sich derzeit vorwerfen, sie nicht erreicht zu haben, und prüfen Sie, ob Sie nicht zu viel von sich verlangen. Haben Sie beispielsweise das Gefühl, dass Sie auf dem Weg zur Heilung Ihrer Beziehung schon viel weiter sein sollten – obwohl es erst wenige Wochen oder Monate her ist, seit die Affäre aufgedeckt wurde? Die meisten Paare brauchen ungefähr sechs Monate, bis sie an diesen Punkt gelangen.

Sind Sie wütend auf sich selbst? Nach einem Ehebruch machen sich viele Überführende Vorwürfe, dass sie die Zeichen nicht schon viel früher erkannt haben, dass sie »nicht gut genug« waren oder wegen persönlicher Schwächen, die zur Untreue ihres Partners beigetragen haben. Aber ist Ihre Selbstkritik wirklich gerechtfertigt? Hätten Sie die Gabe des zweiten Gesichts oder ein übertriebenes Misstrauen besitzen müssen? Wollen Sie sich mehr als Ihren fairen Anteil an Schuld für die Geschehnisse aufbürden? Vielleicht gibt es noch einen Rest Wut auf Ihren Partner, den Sie sich anschauen sollten. (Wenn das riskant klingt, gehen Sie zurück zur Übung »Auf eine gemeinsame Wellenlänge kommen« aus dem vorigen Kapitel (Seite 235), vor allem zu dem Teil, wie man Gefühle vermittelt und nicht nur Emotionalität zeigt.)

Spielen Sie den Beitrag, den Sie für die Reise zum Neuanfang leisten, herunter? Wenn Sie müde sind, übersehen Sie leicht, wie stark, kompetent und zäh Sie sind. Leider verwerfen oder vergessen viele Menschen mit niedrigem Selbstwertgefühl ihre Beiträge, die sie in die sechste Phase fließen ließen, und konzentrieren sich ausschließlich auf das, was noch getan werden muss. Wenn das vertraut klingt, schreiben Sie alles auf, was Sie gelernt haben, inwiefern Sie sich selbst überrascht haben und auch die Stärken, die Sie in den letzten Monaten in sich selbst entdecken konnten.

Haben Sie Angst davor, bestimmte schwierige Themen zwischen Ihnen und Ihrem Partner anzugehen? Wut ist eines der wichtigsten Gefühle, die niedrigem Selbstwertgefühl zugrunde liegen, das andere Gefühl ist Angst. Werfen Sie einen Blick auf die vergrabenen Leichen in Ihrer Beziehung und nehmen Sie sich vor, diese endlich auszugraben. Denken Sie daran: Wenn Sie schwierige Dinge vor sich herschieben, schadet das nicht nur Ihrem Selbstwertgefühl, sondern stärkt auch das Gefühl, in der Falle zu sitzen.

Stellen Sie sich Ihren Ängsten

Es ist ganz natürlich, dass einem Untreue Angst einjagt. Sie bringt alle möglichen schwierigen Gefühle hoch: Ablehnung, Verlustängste, Verletzlichkeit, Schmerz, Gesichtsverlust und Versagen. Während die Leichen an die Oberfläche treiben, fürchtet man, dass noch mehr kommen könnte, noch viel mehr. Doch wenn sich meine Klienten der Wahrheit stellen, zeigt sich immer wieder, dass die Konfrontation nie so schlimm ist, wie sie befürchtet haben. Das liegt daran, dass unsere Angst häufig in dem Augenblick am größten ist, kurz bevor die Leichen die Oberfläche erreichen. »Mein Herz pochte so laut wie Hagelkörner auf einem Wellblechdach«, erzählte Danielle, nachdem sie Liam wegen seiner abfälligen Bemerkungen zu ihrem Gewicht zur Rede gestellt hatte. »Doch ich stellte fest, dass es alle möglichen Dinge gab, die mir an seinem Aussehen auch nicht gefielen. Er war klein. Im Sport in der Schule war er nie gut gewesen, darum hatten die anderen Jungs auf ihn eingehackt.« Als Liam sich daran erinnerte, fing er an zu weinen, und Danielle spürte eine Welle der Freude: »Endlich geschah etwas. Wir tauschten nicht länger spitze Bemerkungen aus, sondern redeten.« Häufig ist die Erleichterung hinterher umso größer, je größer zuvor die Angst vor der Aussprache war.

Sollten Sie trotzdem noch Angst haben, brechen Sie die Herausforderung in kleinere Schritte herunter und beantworten Sie die folgenden Fragen:

- Wovor fürchte ich mich wirklich?
- Könnte es sein, dass ich die Herausforderungen übertrieben oder verzerrt wahrnehme? Wenn ja, wie?
- Was verliere ich, wenn ich mich meiner Angst jetzt nicht stelle?
- Welche Ressourcen stehen mir zur Verfügung?
- Was ist das Schlimmste, was passieren könnte?
- Wie könnte ich damit fertig werden?
- Wie werde ich mich fühlen, wenn ich mich meiner Angst gestellt habe?

Wenn Sie sich fürchten, weil Ihre Versuche, langjährige Probleme zu lösen, bisher immer auf Sie zurückgefallen sind – oder weil es unmöglich ist, die Tiefe der Gefühle Ihres Partners zu akzeptieren –, dann ist das wahrscheinlich ein Zeichen dafür, dass Sie noch mehr zu lernen haben. Sollte das der Fall sein, stehen Ihnen zwei Optionen zur Verfügung. Sie können noch einmal die Übungen aus dem vorigen Kapitel durchführen oder Sie können sich auf die guten Aspekte Ihrer Beziehung konzentrieren.

Verleihen Sie Ihrer Beziehung Auftrieb

Diese Phase war besonders schwierig, darum ist es an dieser Stelle wichtig, Negatives mit Positivem auszugleichen. Damit Ihre Beziehung nicht an der Verzweiflung zugrunde geht, sollten Sie es mit den folgenden drei vitalisierenden Strategien versuchen:

Rufen Sie sich die Vergangenheit in Erinnerung. Anstatt immer nur über Ihre Probleme oder die Affäre zu reden, sollten Sie sich an etwas Schönes aus Ihrer Vergangenheit erinnern. Zum Beispiel an den Tag, als Sie sich kennenlernten. Gehen Sie diese Begegnung in allen Einzelheiten durch, erwecken Sie sie zum Leben und durchleben Sie das Glück von damals neu.

Rufen Sie sich gemeinsame Scherze ins Gedächtnis. In jeder Beziehung gibt es Sprüche, die nur für das Paar einen Sinn ergeben und für sonst niemanden. Verwenden Sie Dialogzeilen aus Ihren Lieblingsfilmen oder freche Einzeiler (beispielsweise »Ich habe dich nur wegen deines Geldes geheiratet«), um sich Ihren gemeinsamen Weg vor Augen zu führen.

Planen Sie ein besonderes Verwöhnereignis. Es sollte nichts allzu Ausgefeiltes sein und auch nicht allzu weit in der Zukunft liegen (das kommt später). Sie könnten in Ihrem Lieblingsrestaurant essen gehen, einen Tag in einem Wellnesszentrum verbringen oder ein Konzert besuchen. Diese Verwöhnmomente zeigen Ihnen, dass Sie immer noch zusammen Spaß haben können und die intensiven Gespräche nicht Ihre ganze Beziehung aufgezehrt haben.

Neue Fertigkeit: Akzeptanz

Die Leichen, die während der sechsten Phase an die Oberfläche treiben, sind den meisten Paaren vertraut und letzten Endes keine große Überraschung. Viele haben wiederholt versucht, eine Lösung zu finden, aber einer oder beide Partner waren wütend, verletzt, unaufgeschlossen beziehungsweise desinteressiert: »Sie hat es nicht wirklich ernst gemeint« oder »Wenn er denkt, dass ich das tun werde, dann hat er sich geschnitten«. Doch in der Folge von Untreue sind die Betroffenen häufig bereit, sich mit dem Problem auseinanderzusetzen. Der amerikanische Psychologe und Philosoph William James (1842–1910) schrieb: »Das Geschehene zu akzeptieren ist der erste Schritt, die Folgen eines Unglücks zu überwinden.« Immer wieder stelle ich fest, dass der Durchbruch unmittelbar bevorsteht, wenn ein Betroffener sich in seinem Schmerz oder seiner Hoffnung in all deren Komplexität wahrgenommen fühlt.

Wie kommen Sie an diesen Punkt? Die Antwort ist einfacher, als sich die meisten Menschen vorstellen können: Stil-

Für den Überführten: Verzweiflung – die Leichen im Keller kommen hoch

Die ersten Schritte auf der Reise von der Aufdeckung zum Neuanfang gestalten sich für den Überführenden und den Überführten unterschiedlich. Doch in dieser Phase verspüren beide Partner dieselbe Verzweiflung. Von nun an lohnt es sich (falls Sie das nicht schon längst tun), nicht nur die Hauptabschnitte, sondern auch die Übungsabschnitte zu lesen.

Eine Affäre ist ein Signal, dass etwas in der Beziehung nicht stimmt. In dieser Phase treiben die Probleme, um die es geht, langsam an die Oberfläche. Obwohl dieser Vorgang schmerzlich ist, kann man jetzt wichtige Lektionen lernen.

Überlegen Sie, was Ihnen an sich selbst während der Liaison gefiel: Waren Sie irgendwie anders? Wenn die neue Beziehung Ihnen erlaubte, zu experimentieren und Neues an sich zu entdecken, dann denken Sie darüber nach, wie Sie dieses neue Wissen aus der Affären-Blase in die reale Welt übertragen können.

Wenn Sie grundlegende Veränderungen in Ihrem Leben anstreben – vielleicht nach einer Midlife-Crisis –, dann ist es wichtig, Ihre Optionen mit Ihrem Partner durchzusprechen und ihm die Gelegenheit zu geben, Befürchtungen oder Ängste zum Ausdruck zu bringen. Wenn Sie zu einem gemeinsamen Schluss kommen, anstatt Ihren Partner einfach vor vollendete Tatsachen zu stellen, wird das

Ihrer Beziehung den dringend benötigten Auftrieb geben. Sollte Ihr Partner mürrisch erscheinen, ist das oft ein Signal für verkappte Trauer oder heimlichen Schmerz. Sehen Sie über die unmittelbare Stimmung Ihres Partners hinweg, zeigen Sie Mitgefühl und versichern Sie Ihrem Partner, dass er Ihnen am Herzen liegt. Sie werden reichen Lohn einfahren.

Brechen Sie jeden bedeutsamen Kontakt zu der dritten Person ab, das lässt Ihre Beziehung erstarken. An diesem Punkt wird Sie die Erkenntnis, dass Sie Ihren Affärenpartner verloren haben, mit voller Wucht treffen. Die Versuchung könnte groß sein, eine unverbindliche E-Mail zu schicken, aber das öffnet nur erneut die Wunde, und Sie riskieren damit Ihre immer noch fragile Beziehung zu Ihrem Partner. Aber keine Panik: An die dritte Person zu denken und sich dem Verlust zu stellen ist normal und läutet oft den Heilungsprozess ein. (Weitere Informationen finden Sie unter »Den Verlust betrauern« im Abschnitt mit den Übungen, Seite 283.)

Diese Phase ist alles andere als leicht, aber kurz vor der Morgendämmerung ist es immer am dunkelsten.

le. Wir fürchten, sobald unser Partner seine Probleme vor uns ausgebreitet hätte, müssten wir sie lösen. (Darum ist die Versuchung so groß, einfach wegzugehen.) In Wirklichkeit besteht keinerlei Veranlassung, etwas zu sagen. Worte sind zweitrangig und entstehen, falls nötig, aus der Stille. Sie müssen einfach nur akzeptieren, dass Ihr Partner so fühlt, wie er fühlt, und dass seine Gefühle aus seiner Sicht absolut berechtigt sind. Das ist alles. Mehr ist nicht nötig. Sitzen Sie einfach nur da, ohne mit der Wimper zu zucken, und akzeptieren Sie es. Das klingt leicht, aber in unserer Welt der vielen Ablenkungen – Orte, an denen man sein möchte, Geld, das man verdienen möchte – ist Zeit, in voller Präsenz und unverlangt zur Verfügung gestellt, das größte Geschenk. Und das ist das Wunder: Wenn man aufhört, jemanden ändern zu wollen, hört er auf, sich zu verteidigen, und öffnet sich zu guter Letzt der Veränderung.

Zusammenfassung

- In der sechsten Phase sind die Paare bereit, über das Offensichtliche hinauszuschauen und sich den zugrunde liegenden Problemen zu stellen, die überhaupt erst zu der Affäre führten.
- Wenn Sie das Gefühl haben, dem Druck nicht standhalten zu können, betrachten Sie die Fertigkeiten, die Sie sich bereits angeeignet haben.
- Probleme fallen in drei Kategorien: bekannte Leichen (langjährige, scheinbar unlösbare Probleme), entdeckte Leichen (Probleme, die durch die Untreue entstanden sind) und versteckte Leichen (diese sind häufig im Unterbewusstsein beider Partner vergraben und müssen an die Oberfläche gebracht werden).
- In dieser Phase liegt der Schwerpunkt nicht nur auf Ihrer Kindheit, sondern auch darauf, wie Sie mit Ihren Kindern

umgehen. Es ist wichtig, als Team zu arbeiten, als zwei Erwachsene, die eng interagieren – nicht ein Elternteil und ein rebellisches Kind. Diskutieren Sie strittige Themen vorab zu zweit, damit sie gegenüber Ihren Kindern eine vereinte Front bilden können.

- Das Einzige, was Sie zu fürchten haben, ist die Furcht.
- Wenn eine schwierige oder strittige Leiche an die Oberfläche treibt, dann schauen Sie ihr ins Gesicht. Aus der Stille heraus wird ein Kompromiss entstehen.

Übungen

Sprechen Sie das Unaussprechliche aus

In vielen Beziehungen gibt es ein zentrales Problem, das nie richtig angegangen wurde. Häufig sind sich beide Partner seiner Existenz bewusst, aber es kommt höchstens bei Wutausbrüchen zur Sprache (und wird demzufolge ignoriert oder nicht wirklich wahrgenommen) oder sickert allenfalls über Kleinigkeiten heraus (die man isoliert betrachtete, und darum hat man sich die Schwere des Problems nie wirklich klargemacht).

Wie sieht die Alternative aus? Hier sind sieben Schritte:

- **Seien Sie tapfer.** Wenn einer der Partner in aller Ruhe das unaussprechliche Problem ausspricht – und seinen Wunsch äußert, daran zu arbeiten –, ist der andere in vielen Fällen sehr erregt, aber doch auch erleichtert, dass endlich alles offen zutage liegt.

- **Denken Sie gründlich darüber nach.** Stellen Sie sicher, dass Sie Ihrem Partner die Sache so darlegen, dass er daran arbeiten kann (beispielsweise größere Unabhängigkeit). Im Gegensatz dazu ist »Du hast mir nie etwas bedeutet« oder »Ich habe dich nur geheiratet, weil meine Eltern es so wollten« grausam und sinnlos. Wenn Sie nicht genau wissen, wie Sie sich ausdrücken sollen, dann sprechen Sie zuerst mit einem engen Freund darüber.
- **Geben Sie dem Gefühl einen Namen.** Es ist in Ordnung, wenn Sie Ihrem Partner gegenüber wütend, bitter oder enttäuscht sind. Es ist unmöglich, dass zwei Menschen zusammenleben, ohne dass solche Gefühle irgendwann zum Tragen kommen. Anstatt diesen Gefühle in gemeinen Kommentaren oder Beleidigungen und aggressivem Verhalten Luft zu verschaffen, sollten Sie versuchen, sich Ihrem Partner mitzuteilen. Sagen Sie beispielsweise: »Ich bin wütend« oder: »Ich bin unsicher« (übernehmen Sie die Verantwortung für Ihre Gefühle und geben Sie nicht Ihrem Partner dafür die Schuld).
- **Grenzen Sie das Gefühl ein.** Solange Sie das »*wenn*« nicht erläutern, besteht die Gefahr, dass Ihr Partner Sie falsch versteht oder zu den falschen Schlussfolgerungen gelangt. Beispielsweise »… wenn du nicht zuhörst« oder »… wenn du lieber woanders wärst«.
- **Erklären Sie das Gefühl.** Es geht darum auszusprechen, warum Sie dieses Gefühl hegen. Beispielsweise »… weil ich denke, dass es dir egal ist« oder »… weil ich schon früher zurückgewiesen wurde«.
- **Führen Sie alles zusammen.** Jetzt haben Sie eine dreiteilige

Formel zur effizienten Kommunikation: »Ich fühle ... wenn du ... weil ...« Ein Beispiel: »Ich fühle mich einsam, wenn du dich weigerst, mit mir an exotische oder ungewöhnliche Urlaubsziele zu reisen, weil ich mich gerade dort am lebendigsten fühle.«

- **Trösten Sie.** Nachdem Sie Ihrem Partner etwas Problematisches mitgeteilt haben, ist es wichtig, etwas Tröstliches zu sagen und sich nach seinen Gefühlen zu erkundigen. Ein Beispiel: »Ich habe das nur gesagt, weil ich glaube, dass wir ehrlich zueinander sein müssen, wenn wir diese Beziehung retten wollen« oder »Wie geht es dir damit?«.

Frischen Sie Ihre Überzeugungen auf

Unser Leben stützt sich auf Hunderte unterschiedlicher Überzeugungen, die wir von unseren Eltern, Lehrern, Freunden und der Gesellschaft übernommen oder aus unseren Erfahrungen gewonnen haben. Es ist sinnvoll, diese Überzeugungen aus dem Unterbewusstsein ins Wachbewusstsein zu bringen und sie zu überprüfen, um herauszufinden, ob wirklich noch alle Gültigkeit haben. Das ist besonders für Menschen mit geringen Selbstwertgefühlen wichtig, weil eine nicht zutreffende, negative Überzeugung uns zurückhalten kann. Was genau verstehe ich unter »Überzeugung«? Das sind die Redensarten, die wir als Wahrheit akzeptieren. Beispielsweise: »Man kann einem alten Hund keine neuen Tricks mehr beibringen«, »Nichts ist umsonst«, »Das Leben ist ungerecht«, »Es gibt immer jemanden, der schlimmer dran ist als man selbst« oder »Ich bin grundsätzlich an allem schuld«.

1. Nehmen Sie ein Blatt Papier und schreiben Sie so viele Überzeugungen wie möglich auf. Fangen Sie mit denen Ihrer Kindheit an. Ich nenne Ihnen in den verschiedenen Kategorien einige meiner Überzeugungen, um Sie in Gang zu bringen: »Wer dumm fragt, kriegt dumme Antworten« oder »Die Familie hält zusammen«. Listen Sie Überzeugungen Ihrer Lehrer auf: »Du bist Durchschnitt« (wir wurden nach Leistung platziert, und ich war immer in der Mitte). Wenn Sie studiert haben oder eine Lehre durchliefen, welche Überzeugungen wurden Ihnen dort mit auf den Weg gegeben? »Das Leben ist ein Scheißsandwich, und je mehr Knete man hat, desto weniger Scheiße muss man fressen« (war auf der Toilettenwand meiner Universität in den 1970er-Jahren zu lesen). Was ist mit Ihren Freuden? »Was uns nicht umbringt, macht uns stärker.« Aus der Gesellschaft: »Wenn man sich nicht vorsieht, lebt man über kurz oder lang unter der Brücke und isst Schuhsohlen.« Und schließlich die Überzeugungen, zu denen wir aufgrund unserer Lebenserfahrungen gelangten: »Ich komme immer zurecht, solange ich nur einen Schritt nach dem anderen mache« (angesichts der Trauer nach dem Tod meines ersten Partners).

2. Sobald Sie ungefähr 20 oder 30 Beispiele haben, gehen Sie die Überzeugungen durch und zählen, wie viele davon Ihnen zuträglich sind (positiv) und wie viele Sie eher hemmen (negativ). Das ist besonders wichtig, wenn Sie unter geringen Selbstwertgefühlen leiden, weil die meisten Betroffenen signifikant mehr negative Überzeugungen hegen.

3. Hinterfragen Sie die Gültigkeit dieser Überzeugungen. Beispielsweise das Graffiti in der Universitätstoilette: Sind die

Reichen wirklich glücklicher? Brauchen wir nicht einige schwierige oder unangenehme Erfahrungen, um als Mensch wachsen zu können?

4. Welche Überzeugungen sind verzerrt oder nicht mehr gültig? Als ich beispielsweise während meiner Studentenzeit als Rettungsschwimmer in einer Ferienanlage arbeitete, traf ich dort auf viele Leute, die mit schlechten Noten oder völlig ohne Abschluss von der Schule abgegangen waren. Ich hatte mich immer nur mit den Leuten in meiner unmittelbaren Umgebung verglichen. Aber in Wirklichkeit war ich gar nicht durchschnittlich.

5. Wie können Sie einige dieser Überzeugungen umgestalten? Das »Wer dumm fragt, kriegt dumme Antworten« könnte zu »Wer nicht fragt, bleibt auf jeden Fall dumm« werden.

6. Wie könnten Sie zu neuen, positiven Überzeugungen gelangen? Sie finden sie beispielsweise in diesem Buch: »Aus schlimmen Erfahrungen können gute Dinge entstehen«. Aber auch in meinen anderen Büchern: »Die Liebe findet immer einen Weg« oder »Für jeden Topf gibt es einen Deckel«. So gut wie jeder Film hat eine Botschaft – meistens eine erhebende –, denken Sie deshalb an Ihre Lieblingsfilme und welche Überzeugungen Sie aus ihnen gewinnen könnten.

Den Verlust betrauern

Die körperliche Seite der Affäre mag vorüber sein und der Kontakt abgebrochen (oder auf das rein Geschäftliche beschränkt sein, falls der Seitensprung mit einem Arbeitskollegen stattfand), aber dennoch stellen viele Überführte fest, dass sie immer noch »Gefühle« für die dritte Person hegen. Diese

Übung soll Ihnen helfen, diese Restgefühle loszulassen. Sie ist aber auch für Überführende gedacht, die den Verlust ihrer Beziehung betrauern, wie sie vor der Affäre war, als die Beziehung noch sicher und gefestigt wirkte – um so den Raum zu bereiten für eine neuere und bessere Beziehung zum Partner.

1. *Lösen Sie sich von allem, das starke Erinnerungen weckt.*
   Nach dem Ende der Liaison haben Sie hoffentlich schon alle Geschenke, Briefe und andere Liebesbeweise entsorgt. Doch häufig ist es nötig, noch einen Schritt weiter zu gehen. (Beispielsweise nicht mehr an Orten vorbeizufahren, die heftige Erinnerungen wecken, wie die Bar, in der Sie sich immer mit der dritten Person trafen.) Wenn Sie der Entdecker sind, sollten Sie die Dinge entfernen, die sich aufgrund der Untreue Ihres Partners beschmutzt anfühlen (beispielsweise einen Schnappschuss aus einem vermeintlich glücklichen Urlaub, als Sie hinterher feststellen mussten, dass Ihr Partner zu diesem Zeitpunkt die Affäre begann.)

2. *Suhlen Sie sich nicht in Ihrem Elend.*
   Für den Überführten bedeutet das, den Sender zu wechseln, wenn der Lieblingssänger der dritten Person im Radio aufritt. Für den Überführenden bedeutet es, den Sender zu wechseln, wenn es in einer Talkshow um Untreue geht. Es ist absolut sinnlos, sich selbst zu quälen.

3. *Setzen Sie Ablenkungstechniken ein.*
   Anstatt einem Tagtraum nachzuhängen, wie die Dinge hätten sein können, denken Sie über etwas Praktisches nach,

das aktuell ansteht: Was Sie zum Abendessen kochen oder wann Sie das Auto zur nächsten Inspektion bringen sollten.

4. Integrieren Sie Ihre Erfahrungen in Ihr Leben.
Den Menschen in unserem Leben, die wir lieben, teilen wir häufig eine ganz bestimmte Rolle zu: Ihre Großmutter ist beispielsweise der einzige Mensch, der Sie immer liebt, egal was Sie tun, oder Ihr Vater ist die beschützende Kraft, die dafür sorgt, dass Ihnen kein Leid zustößt. Nach einem Trauerfall tritt die letzte Phase der Heilung ein, wenn wir diese Rolle selbst annehmen und uns selbst wertschätzen und beschützen. Wenn Sie untreu waren, dann denken Sie daran, was Ihnen der Affärenpartner bedeutete. Hat er Ihnen beruflich weitergeholfen? In diesem Fall sollten Sie sich überlegen, wie Sie Ihrer Karriere allein auf die Sprünge helfen können. (Vielleicht bitten Sie die Personalabteilung, Sie auf einen Fortbildungskurs zu schicken.) Oder Sie fühlten sich durch die dritte Person wieder jung? Warum erfüllen Sie sich nicht stattdessen alte Jugendwünsche, die Sie bislang beiseitegeschoben haben? (Lernen Sie beispielsweise, Gitarre zu spielen.) Wenn Sie der Entdecker waren, dann denken Sie daran, was Ihnen Ihre Beziehung vor der Affäre bedeutete. Vielleicht hat Ihr Partner Sie aus einer schwierigen Lebenssituation »gerettet«. Wie können Sie von jetzt an mehr Verantwortung übernehmen?

Fixpunkt

**Drei Schlüsselstrategien, um die sechste Phase –
Verzweiflung – zu überleben:**

1. Das ist jetzt die Gelegenheit, Ihre Beziehung zum Besseren zu wenden.

2. Hören Sie Ihrem Partner aufmerksam zu und versetzen Sie sich in seine Lage. Was wäre, wenn jedes Wort, das er sagt, der Wahrheit entspräche?

3. Überlegen Sie sich eine kleine, positive Veränderung. Was sieht der erste Schritt aus, um diese Veränderung geschehen zu lassen?

7. Phase: Intensives Lernen

Wenn ein Paar die letzte Phase des Heilungsprozesses erreicht, ist die Liebe neu erblüht, und die Partner fühlen sich einander näher als seit Langem. Es gibt einiges zu feiern, aber manche sind dennoch unsicher oder besorgt: »Was ist, wenn wir einen Rückfall erleiden?«, »Wie kann ich sicher sein, dass so etwas nie wieder passiert?« oder »Ich spüre, dass ich meinem Partner allmählich wieder vertraue, aber es fällt mir immer noch schwer«. Wenn Ihnen das bekannt vorkommt, dann fassen Sie Mut. Es ist völlig normal, Zweifel zu hegen oder gegen Ende der Reise kleine Vertrauenskrisen zu durchlaufen. Am besten geht man diese Ängste an, indem man sich die häufigsten Gründe für das Fremdgehen vor Augen führt und seine eigene Beziehung dagegen feit. Die türkischen Psychologen Zuhal Yenicen und Dogan Kökdemir befragten über 400 Studenten (eine Mischung aus alleinstehenden, liierten und einigen verheirateten) zum Thema Untreue. 36 Prozent hatten Untreue persönlich erlebt, entweder als »Betrüger« oder als »Betrogener«, und insgesamt gaben die Befragten 100 unterschiedliche Gründe für die Untreue an (*Social Behaviour and Personality*, 2006). Die Antworten fallen in sechs Kategorien und wurden in der Reihenfolge ihrer Häufigkeit – von sehr häufig bis selten – aufgeführt:

Legitimierung
- Der Partner zeigt kein Interesse mehr an der Beziehung.
- Man sieht keine Zukunft für die Beziehung.
- Der Partner ist unsensibel.
- Die Beziehung war von Anfang an ein Fehler.
- Aus Rache.
- Diese Rechtfertigung wurde häufiger von Frauen genannt.

Verführung
- Der »Betrüger« wurde von jemand sehr gut Aussehendem verführt.
- Überwältigendes Verlangen nach einem anderen Menschen.
- Diese Rechtfertigung wurde häufiger von Männern genannt.

Normalisierung
- Untreue ist gerade angesagt.
- Alle tun es.
- Es ist ein Menschenrecht.
- Männer hielten das für einen Grund, warum Frauen Ehebruch begingen.

Sexualität
- Der Sex in der Beziehung ist schlecht.
- Der Partner verweigert sich dem Sex.
- Der Partner stellt unberechtigte sexuelle Forderungen, beispielsweise einen Tabubruch.
- Interessanterweise zogen Männer diese Rechtfertigung heran, projizierten ihre Gefühle auf Frauen und dachten fälschlicherweise, diese würden ebenso denken.

Soziale Herkunft

- Zu jung geheiratet.
- In einem konservativen Umfeld aufgewachsen.
- Zu wenig romantische Beziehungen in der Jugend.

Sinnlichkeit

- Wunsch nach Freude.
- Langeweile mit dem Alltagsleben.

Meiner Meinung nach sind die beiden häufigsten Gründe – Legitimierung und Verführung – die wichtigsten. Normalisierung und soziale Herkunft kämen überhaupt nicht ins Spiel, wenn der untreue Partner nicht das Gefühl hätte, seine Tat sei legitim. Und so ist man auch nur dann anfällig für Verführung, wenn es in der Beziehung Probleme mit der Sexualität oder der Sinnlichkeit gibt. Wie können Sie mithilfe dieses Wissens Ihre Beziehung schützen? Im Lauf dieses Kapitels werde ich erklären, wie man mit Verführung umgeht (und die drei Grundsteine für ein gutes Sexualleben darlegen), aber zuerst müssen Sie ein starkes Fundament bereiten und die Kommunikation verbessern, um der Legitimierung entgegenzuwirken.

Die vier Grundlagen einer guten Beziehung

Leo Tolstoi ließ seinen Roman *Anna Karenina* bekanntermaßen wie folgt anfangen: »Alle glücklichen Familien gleichen einander; jede unglückliche Familie ist auf ihre eigene Art unglücklich.« Aber welche Eigenschaften sind diesen glücklichen Familien gemeinsam, mit deren Hilfe sie ihre Probleme bewältigen, anstatt von ihnen aufgefressen zu werden? Leider gibt es in glücklichen Familien wenig Dramatik, und daher tauchen sie selten in Büchern oder Filmen auf. Praktischerweise wurde mir das Privileg zuteil, Hunderten von Paaren vom Unglück zum Glück zu verhelfen. Ich weiß, dass meine Aufgabe vollendet ist, wenn ein Paar anfängt, sich die folgenden vier Schlüsselfertigkeiten anzueignen und zu vervollkommnen.

Zuhören und Reden

Diese ersten beiden Fertigkeiten sind keine Überraschung. Bei vielen Paaren, die in meine Praxis kommen, beschwert sich einer der Partner: »Er redet nie mit mir« oder »Sie schließt mich aus«. Über Probleme zu reden ist wichtig, aber diese Wahrheit ist so in aller Munde, dass viele Menschen übersehen, von welch entscheidender Bedeutung auch das Zuhören ist. Immer wieder zeigt sich, dass ein Mensch, der sich über die mangelnde Kommunikation seines Partners beklagt, diesen unterbricht, wenn er sich endlich öffnet! (Für den, der unterbricht, gibt es immer nur noch *eine* wichtige Information oder eine Anmerkung, die er mitteilen muss, bevor er dann zuhören kann.) In der Zwischenzeit fühlt sich der Partner, der unterbrochen wurde, ständig abgewürgt, und wird immer stiller. Doch je besser ein Redender im Zuhören wird, desto besser wird sein Partner im Kommunizieren. Hier einige Tipps:

- Ein guter Zuhörer ist bereit, sich auch Dinge anzuhören, die unangenehm oder unschön sind.
- Ein guter Zuhörer bittet um weiterführende Informationen und überprüft, ob er alles richtig verstanden hat. Er zieht keine voreiligen Schlüsse.
- Ein guter Zuhörer verwendet die Zeit, in der sein Partner redet, nicht dafür, seine eigenen Argumente vorzubereiten.
- Ein guter Zuhörer akzeptiert, dass der Standpunkt seines Partners (aus dessen Sicht) seine Berechtigung hat, und legt dann seine eigene Meinung dar.

Sobald die beiden Fertigkeiten Zuhören und Reden verankert sind, zeigt sich außerordentlich deutlich, wie sehr sich die beiden Partner öffnen und wie viel sie erreichen können.

Paul und Tracey, die wir im zweiten, vierten und sechsten Kapitel schon getroffen haben, gewannen viele neue Einsichten, als sie miteinander über frühere Sexpartner redeten und einander zuhörten. »Das Thema war früher immer tabu für uns gewesen«, sagte Tracey, »nicht so sehr aus Eifersucht, sondern wegen unserer eigenen Unsicherheit.« Und was fanden sie heraus? »Ich hatte nur zwei Mal Sex, ohne dabei zu denken und zu hoffen, dass daraus eine feste Beziehung werden könnte, und danach fühlte ich mich schmutzig und erniedrigt.«

»Ich wurde als guter Katholik erzogen, und die Brüder vom

Konvent sorgten schon dafür, dass wir nicht vom rechten Weg abkamen«, erzählte Paul. »Als ich dann die Freiheit der Universität erlebte, schlug ich über die Stränge und kam ziemlich herum.«

Während Tracey Paul zuhörte, verstand sie allmählich, dass sie selbst Liebe und Sex zwar nicht trennen konnte, Paul dagegen schon: »Es war rein körperlich.« Das bot ihr eine neue Perspektive auf seine Untreue: »Es ist ja nicht so, als ob er ihr Geschenke gemacht oder sie irgendwohin ausgeführt hätte – das hätte mich wirklich aufgeregt.«

Wenn Sie akzeptieren, dass Ihr Partner in einem wichtigen Bereich eine andere Einstellung hat – und lernen, mit diesem Unterschied zu leben –, ist das eine sehr erwachsene Herangehensweise an das Leben. Paul und Tracey konnten dadurch einen wichtigen Baustein auf dem Weg zum Neuanfang legen. Am Schluss musste auch Paul noch etwas lernen: »Ich erinnerte mich an die Atmosphäre im Haus, als meine Mutter ›überfällig‹ war – sie fürchtete sich davor, erneut schwanger zu sein –, und wie mürrisch mein Dad daraufhin wurde. Mir fiel auch auf – an Weihnachten und Ostern, wenn die ganze Familie zusammen war –, wie sehr sich die Stimmung hob, wenn meine Mutter nachgab.« Als Erwachsener war Paul ebenfalls mürrisch geworden, wenn Tracey zu müde oder nicht interessiert war. »Mir wurde klar, dass ich mich verhalten hatte, als hätte ich ein Anrecht darauf, und das ist nicht der richtige Ansatz für ein erfülltes Liebesleben.«

Probleme hochbringen und eindämmen

Nicht die Gemeinsamkeiten, die geteilten Werte oder ein gesundes Sexualleben sind das verlässlichste Erkennungszeichen, welche Paare blühen und gedeihen und welche scheitern werden, sondern wie gut ein Paar Auseinandersetzungen beilegen kann. Der Psychologe John Gottman von der University of Washington in Seattle baute ein Eheversuchslabor auf – ein bequem möbliertes Wohnung mit Küche, Wohnzimmer und Schlafzimmer – und beobachtete darin nicht nur Paare bei ihren Interaktionen, sondern zeichnete auch ihren Herzschlag und ihre Pulsfrequenz auf und wie viel sie bei Stress schwitzten. Nachdem er über 2000 Ehepaare im Lauf von 20 Jahren beobachtet hat, behauptet er, mit 94-prozentiger Sicherheit sagen zu können, welche Paare verheiratet bleiben. Gottman widerspricht nicht nur der Vorstellung, dass häufige Streitigkeiten zur Scheidung führen, sondern geht noch einen Schritt weiter: »Gelegentliche Auseinandersetzungen, vor allem in den Anfangsjahren der Ehe, scheinen langfristig gut für die Beziehung zu sein.«

In jeder Beziehung tendiert einer der Partner dazu, die Probleme anzusprechen; doch die Rolle des anderen ist gleichermaßen wichtig, wenn sie auch oft missverstanden wird. Liza und Bob, beide Ende 20, klagten wie so viele Paare über »Kommunikationsprobleme«, normalerweise eine Verschlüsselung für »Wenn wir streiten, lösen wir nichts«. In ihrer ersten Beratungsstunde schaute Bob rechtschaffen drein: »Wenn etwas gesagt werden muss, bin ich derjenige, der es ausspricht.« Er schob Liza die Rolle der Bösen zu: »Sie würde am liebsten alles unter den Teppich kehren.«

Liza sagte nichts, sah nur auf den Boden, als erwarte sie von mir, dass ich ihr einen Rüffel erteilen würde. Nach etwas gutem Zureden verteidigte sie sich: »Manchmal flippt Bob wegen der albernsten Kleinigkeiten aus. Was hat es für einen Sinn, sich über das Rotationsprinzip der Vorräte in der Tiefkühltruhe aufzuregen? Das Leben ist zu kurz für so einen Schwachsinn.« Liza lieferte etwas, das genauso wichtig war, wie das Problem anzusprechen, nämlich das Problem im richtigen Verhältnis zu sehen.

Obwohl ich kein Freund von Sportmetaphern bin, hilft Cricket, die beiden Streitpositionen einer erfolgreichen Beziehung zu erläutern. Derjenige, der das Problem zur Sprache bringt, wirft den Ball. Der andere, der das Problem eindämmt – damit das Paar nicht die ganze Zeit streitet –, ist der Schlagmann. Der Schlagmann kann sich entscheiden, ob er den Ball blockiert (den Streit vermeidet) oder ihn zurückschlägt (den Streit beginnt). Früher war es eher so, dass Frauen Probleme ansprachen und die Männer sie eindämmten, heute sind die Rollen austauschbar. Wie beim Cricket kann ein Paar die Rollen auch abwechselnd besetzen, sodass jeder Partner einmal Schlagmann und einmal Ballwerfer ist.

Bob und Liza kamen zur Eheberatung, nachdem er eine Affäre mit einer Arbeitskollegin hatte. Natürlich fühlte er sich schuldig, weil er Liza so sehr verletzt hatte. Er war sehr darauf aus, über seine Kindheit zu sprechen, und spekulierte, er habe seine Untreue von seinem Vater »geerbt«, der zahlreiche Liebschaften gehabt hatte. Er wollte außerdem die Wurzel jeder einzelnen Streitigkeit verstehen, die er normalerweise seiner Untreue zuschrieb. Ich wusste, dass die beiden Fortschritte machten, als Liza ihn stoppte: »Nicht alles hat mit deiner Affäre zu tun. Ich hätte gern zur Abwechslung einen Streit nur darüber, wann *ich* die Geschirrspülmaschine ausräumen soll und wann *du* das tust, anstatt immer über deinen Seitensprung zu reden. Und was deine Befürchtungen wegen deines Vaters angeht – können wir uns bitte darauf konzentrieren, unser eigenes Leben zu leben?« Liza hatte das Problem eingedämmt.

Es ist gleichermaßen wichtig, ein Problem anzusprechen wie es einzudämmen. Wenn beide Partner es eindämmen, wird alles vergraben. Wenn beide es ansprechen, wird so viel Zeit mit Analysen verbracht, dass das Paar allzu empfindlich und zänkisch wird.

»Wir« und »ich«

Es ist zwar wichtig, dass Paare Zeit miteinander verbringen, aber es auch wichtig, dass jeder Partner Zeit für sich hat. Das richtige Gleichgewicht zu finden ist schwer, weil es ebenso schädlich ist, allzu sehr voneinander abzuhängen, wie allzu unabhängig zu sein. Ich habe schon Paare beraten, die niemals eine Nacht getrennt verbrachten. Als sie ihr Ehegelübde ablegten, schien ihnen das eine sehr romantische Vorstellung. Doch als sie in meine Praxis kamen, empfanden sie es als klaustrophobisch.

»Ich wollte eine Fortbildung im Trampolinspringen absolvieren, um es später zu unterrichten«, erläuterte Virginia (45), »aber eine Kurseinheit fand außerhalb statt. Ich wusste, das würde ihm die Stimmung verderben, und offen gesagt, war es die schlechte Stimmung nicht wert.« Sie belegte den Kurs also nicht, nahm das aber ihrem Mann Alistair übel: »Er hält mich zurück, hindert mich daran, ich selbst zu sein.« Alistair war willens, sie gehen zu lassen, fand es aber schade, dass sie nicht mehr Zeit mit der Familie verbringen wollte: »Die Kinder sind noch in einem Alter, wo sie mit uns zusammen sein wollen. Das wird nicht ewig so bleiben.«

Doch in der Phase des intensiven Lernens übernimmt jeder Partner die Verantwortung für sein eigenes Glück – und schiebt nicht einfach nur dem anderen die Schuld zu. Das passierte auch bei Virginia und Alistair. »Mir wurde klar, dass es nicht die Aufgabe von Alistair ist, mich glücklich zu machen«, räumte Virginia ein. »Das muss ich schon selber tun. Ich kann jetzt für das eintreten, was ich brauche, anstatt zu schweigen und zu schmollen – und das vermittelt mir das Gefühl, dass ich es verdiene, glücklich zu sein, und ich nicht erwarten muss, dass mein Mann mich glücklich macht.« In der Zwischenzeit hatte Alistair über seine eigenen Bedürfnisse nachgedacht, nicht nur über die des Paares: »Es gibt ein paar Dinge, die ich tun möchte – bei einem Formel-1-Rennen dabei sein, zum Beispiel –, und das interessiert weder meine Frau noch meine Töchter.« Sie hatten angefangen, das »ich« und das »wir« auszugleichen.

Meistens haben Paare, die zu unabhängig sind – und das »wir« in der Beziehung vergessen haben –, bereits erkannt, dass sie mehr Zeit miteinander verbringen sollten, wenn sie in meine Praxis kommen. Diesen Paaren ist daher im Allgemeinen leichter zu helfen. Sollten Sie in diese Kategorie fallen, dann vereinbaren Sie einen festen Termin für Sie als Paar – beispielsweise jeden Mittwochabend – und wachen Sie eifersüchtig darüber. Ansonsten werden unzählige Dinge Ihre Zeit als Paar sabotieren: Die Kinder wollen chauffiert werden, Sie müssen länger arbeiten oder Ihr Partner hat gesellschaftliche Verpflichtungen.

Ins Gleichgewicht kommen

Eines der Themen in diesem Buch – und in all meinen Büchern – ist der Umstand, wie wichtig es ist, eine ausgeglichene Beziehung zu führen. In Krisenzeiten werden leider beide Partner zu extremen Versionen ihrer selbst. Wenn jemand gewohnheitsmäßig Probleme anspricht, wird er sie in einer Krise Hunderte von Malen ansprechen. Sein Partner wird daraufhin immer stiller. Je mehr Probleme eine Hälfte hochbringt, desto mehr wird die andere Hälfte das Bedürfnis verspüren, sich zurückzunehmen (ansonsten gäbe es morgens, mittags und abends nichts anderes), und das macht den ersten Partner nur umso eifriger bestrebt, darüber zu reden (wenn *ich* es nicht anspreche, werden wir das Problem nie lösen). Rufen Sie sich die Wippe in Erinnerung: Je mehr ein Partner auf seiner Seite nach unten drückt, desto höher steigt der andere. Damit es für beide Partner angenehmer wird, muss einer aufhören, auf seiner Seite nach unten zu drücken, und ein Gleichgewicht anstreben. Sobald Virginia beispielsweise nicht mehr das Gefühl hatte, sie müsse die Zeit für sich wie einen Augapfel hüten, war sie offener für Zeit zu zweit. Umgekehrt, als Alistair aufhörte, mehr Zeit zu zweit einzufordern, erkannte er den Wert von privater Zeit, in der er sich um seine ganz eigenen Bedürfnisse kümmern konnte.

Auch Jane (45) suchte nach der Untreue das richtige Gleichgewicht und lernte, dass es durchaus so etwas wie »zu hohe

Selbstachtung« geben konnte: »Ich war vor der Affäre meines Mannes ziemlich selbstgefällig und arrogant. Ich hatte so eine hohe Meinung von mir selbst, dass ich bei Problemen immer dachte, jemand anderes müsse daran schuld sein.« Im Gegensatz dazu hatte Alan (41) ein sehr niedriges Selbstwertgefühl: »Wenn ich mich von Jane zurückgestoßen oder nicht anerkannt fühlte, dann sagte ich nie etwas, sondern bewahrte es in einer dunklen Ecke meines Herzens, und mit diesem Groll rechtfertigte ich meine Untreue und meine anderen Schwächen.«

Durch die Beratung lernte Jane, nicht nur ihre Zustimmung zu zeigen, sondern auch, wie viel ihr an Alan lag. Alan wiederum lernte, dass er sich keineswegs besser fühlte, wenn er sich selbstsüchtig verhielt: »Ich musste mir Eier wachsen lassen und für mich selbst eintreten.« Jane dachte kurz nach und ergänzte: »Ich habe aufgehört, mich hinter meiner ›Ich bin ja so perfekt‹-Fassade zu verstecken, und bin dadurch menschlicher geworden.« Sie erreichten eine ausgeglichenere Beziehung – ohne die Extreme zu hoher beziehungsweise zu geringer Selbstachtung.

Um auf Robert und Rosie zurückzukommen, das Paar aus dem vorigen Kapitel, bei dem sich alles um die Kinder drehte: Ihre Beziehung wurde in der Phase des intensiven Lernens ebenfalls ausgeglichener: »Als wir heirateten, war es, als ob ein Märchen wahr geworden wäre«, sagte Rosie. »Er rettete mich vor meinen Eltern, die sich unablässig stritten. Ich kam mir vor wie Aschenputtel.« Das machte Robert natürlich zu einem Traumprinzen – jemand, der die Bürde zu tragen hatte, immer perfekt sein zu müssen. Sie heirateten, als Rosie 19 war, und in mancherlei Hinsicht hatte er immer »das Sagen«

gehabt. Das Paar beschloss, es sei an der Zeit für eine ausgeglichenere Beziehung, und nahm sich jeden Abend Zeit, um die Sorgen des anderen anzuhören. Indem Rosie ihren Teil der Verantwortung an dem, was schieflief, übernahm, fühlte sie sich nicht länger wie ein kleines Mädchen – der Gnade Roberts hilflos ausgeliefert – und übernahm die Kontrolle über ihr eigenes Leben.

Die drei Grundpfeiler für ein gutes Sexualleben

Nachdem wir nun über die Eigenschaften gesprochen haben, die uns weniger anfällig für eine Affäre aus »legitimen« Gründen machen, gehen wir zum zweiten Teil über und sehen uns an, wie man sich gegen Verführung wappnet. David Blanchflower, britischer Wirtschaftswissenschaftler am Dartmouth College in New Hampshire, ist Experte für Daten und Tabellen. Doch er setzt sein Wissen nicht nur ein, um Preisstürze an den Börsen und die Auswirkungen von Zinsänderungen vorherzusagen, er interessiert sich auch für die Vorhersage von Glück und Lebenszufriedenheit. Blanchflower hat ausgerechnet, dass ein gutes, regelmäßiges Sexualleben 50 000 Pfund im Jahr wert ist, und das gilt für Männer ebenso wie für Frauen. Diese Zahl unterstreicht, wie entscheidend es für unser gesamtes Wohlbefinden ist, uns sexuell vibrierend zu fühlen, und umgekehrt, wie schlecht es uns geht, wenn unserem Liebesleben etwas fehlt.

In den 1980er-Jahren ging der Partner der Journalistin Alexandra Penney fremd, und zu ihrem Heilungsprozess gehörte es, 200 Männer zu interviewen und sie zu fragen, ob sie ihre Partnerin jemals betrogen hätten, und wenn ja, warum. Die fünf häufigsten Gründe lauteten:

1. Neugier
2. Wunsch nach Abwechslung
3. Sexuelle Frustration
4. Langeweile
5. das Bedürfnis nach Anerkennung und Akzeptanz

Was ist mit den Frauen? In den 1990er-Jahren befragte das Magazin *Ebony* sowohl Leserinnen als auch Therapeuten nach den häufigsten Gründen, warum Frauen untreu werden. Die fünf meistgenannten Gründe lauteten:

1. um das Selbstwertgefühl zu erhöhen
2. emotionale Vernachlässigung
3. Rache
4. Wunsch nach Abenteuer
5. Verführung und Romantik

Wie nicht anders zu erwarten, gibt es bei den Untreuegründen große Unterschiede zwischen Männern und Frauen. Doch es gibt auch eine wichtige Überlappung: »Um das Selbstwertgefühl zu erhöhen« entspricht dem »Bedürfnis nach Anerkennung und Akzeptanz«, und »Wunsch nach Abenteuer« ist nur ein anderer Ausdruck für »Langeweile«. Der siebthäufigste Grund bei Frauen war »Mangel an Sex«, das Parallelproblem bei Männern hieß »sexuelle Frustration«. Angesichts dieser Erkenntnisse habe ich die folgenden drei Regeln aufgestellt:

Gestatten Sie sich gegenseitig, Dampf abzulassen

- Sprechen Sie über Berühmtheiten oder Menschen auf der Straße, die Sie attraktiv finden. Seien Sie ehrlich mit dem, was Sie anspricht, das entschärft das Feuer geheimer sexueller Fantasien.
- Necken Sie sich mit Ihrer Leidenschaft für Brad Pitt, Angelina Jolie oder wen auch immer. Durch ein solches Geplänkel sehen wir uns und unseren Partner als begehrenswerte und leidenschaftliche Menschen – und das ist von entscheidender Bedeutung für unser sexuelles Selbstvertrauen und unser Glück im Allgemeinen.
- Gestatten Sie Ihrem Partner, auf Partys zu flirten. Der genießerische Blick und das interessierte Lachen tun dem Ego gut, und wenn Sie sehen, wie attraktiv andere Menschen Ihren Partner finden, kann das auch Ihre Leidenschaft für ihn neu entfachen.

Sagen Sie Ihrem Partner, wie wundervoll er ist

- Ihr Partner muss das Gefühl haben, dass er der beste Liebhaber der Welt ist. Geben Sie ihm also reichlich positives Feedback – sowohl verbal als auch körperlich.
- Machen Sie Ihrem Partner viele Komplimente zu seinem Körper, auch wenn Ihr Partner darüber lacht oder es abstreitet. Die Tatsache, dass Sie beispielsweise seinen Hintern knackig finden, erhöht insgesamt das Vertrauen im Schlafzimmer.

- Seien Sie stolz auf die Leistungen Ihres Partners und fürchten Sie sich nicht, das auch auszusprechen. Viele Menschen zögern, weil sie fürchten, zu euphorisch zu werden oder unaufrichtig zu klingen. Doch ich sage ja nicht, dass Sie etwas erfinden sollen, teilen Sie Ihrem Partner einfach nur mit, was Sie denken: »Du arbeitest wirklich hart für uns, und ich möchte dir sagen, wie dankbar ich dir dafür bin«, »Du hast das wirklich sehr gut gehandhabt – du bist ein toller Vater« oder »Ich weiß, wie sehr es an deinen Kräften zehrt, meine Mutter so oft im Krankenhaus zu besuchen, aber ich wollte dir sagen, dass ich von deiner Geduld wirklich sehr beeindruckt bin«.

- Zeigen Sie Ihrem Partner, für wie wundervoll Sie ihn halten, indem Sie regelmäßig etwas Schönes für ihn tun, beispielsweise durch kleine Gefälligkeiten, indem Sie ihr frische Brötchen zum Frühstück holen oder ihm den Kaffee ans Bett bringen.

- Wenn sich Ihr Partner zu Hause begehrt und gewürdigt fühlt, besteht kein Grund, warum er auf die Schmeicheleien anderer eingehen sollte.

Machen Sie aus dem Liebesspiel ein Abenteuer

- Vielen Menschen denken bei »Abenteuer« gleich an Kostümierung, Sexspielzeuge, Fesselungen und andere SM-Spiele und verschließen sich sofort wie eine Auster. Wenn eines dieser Dinge Sie und Ihren Partner fasziniert, dann ist das wunderbar. Aber darüber spreche ich hier nicht. Es geht darum, in Ihr Liebesspiel das Element der Überraschung einzuführen.

- Suchen Sie sich neue Orte für Ihr Liebesspiel: Nicht immer nur im heimischen Schlafzimmer, sondern unter der Dusche, auf einer Decke im Wald an einem lauen Sommerabend oder im Himmelbett eines Landgasthofs.
- Abenteuerlust hat etwas Geheimnisvolles: Ihr Partner weiß nie, was ihn erwartet. Wenn Sie beispielsweise eine Lieblingstechnik beim Oralsex haben, dann setzen Sie sie zwei von drei Mal ein, aber fügen Sie beim dritten Mal eine Neuerung oder Veränderung hinzu. Wie wäre es, wenn Sie dabei einen Eiswürfel im Mund hätten?
- Schauen Sie sich in Ihrer Wohnung um und suchen Sie sich Hilfsmittel, mit denen Sie spielen können. Gibt es etwas im Kühlschrank, das Sie Ihrem Partner vom Körper lecken könnten?
- Das beste Aphrodisiakum bleibt ein erregter Partner, also setzen Sie sich nicht unter Druck, etwas zu tun, wobei Sie sich nicht wohlfühlen.
- Ein Partner, der liebevollen und abenteuerlustigen Sex erlebt, lässt sich von anderen nicht in Versuchung führen.

Jetzt, da Ihr Vertrauen in die Beziehung wieder im Wachsen begriffen ist und Sie ein erfüllteres Sexualleben führen, ist es an der Zeit, zum vorletzten Bestandteil des Heilungsprozesses zu kommen.

Wahre Vergebung

Es ist ein Unterschied, ob Sie Ihrem Partner so weit vergeben, dass Sie einen Neuanfang wagen, oder ob Sie ihm wahrhaft vergeben, was eine notwendige Voraussetzung ist, um das Thema Untreue wirklich abzuschließen. Die wahre Vergebung besteht aus vier Teilen; die ersten beiden sind zwar für die Heilung hilfreich, aber entscheidend sind die letzten beiden.

Wiedergutmachung

Überlegen Sie, was den Schaden, der durch die Affäre entstand, beheben würde. Manchmal kann es etwas Praktisches sein – das alte Auto, in dem es Sex mit der dritten Person gegeben hat, gegen ein neues einzutauschen oder eine Entschuldigung bei Ihren Eltern für das Chaos, das Sie angerichtet haben. Bei anderen Paaren ist es etwas Materielles – Schmuck oder ein Liebesurlaub. Wenn Ihr Partner noch keine Wiedergutmachung geleistet hat, überlegen Sie sich etwas, das Ihnen helfen würde, Ihr Leben fortzusetzen, und teilen Sie es ihm mit. Erwarten Sie nicht, dass Ihr Partner Gedanken lesen kann.

Lassen Sie die Wut auf die dritte Person los

Es ist ganz natürlich, auf die dritte Person wütend zu sein. Doch in dieser Phase Ihrer Heilung sollte es möglich sein, über Ihre anfängliche Reaktion hinauszuwachsen. Alan und Jane lag viel daran, die Affäre hinter sich zu lassen. Sie hatten bereits eine Vier-Tage-Reise nach Wien unternommen – zum Teil, um das Überleben ihrer Liebe zu feiern, zum Teil als Wiedergutmachung. Während dieser Kurzreise beschloss Jane, einen Brief an die andere Frau zu schreiben: »Nicht in Wut – obwohl es eine Zeit gab, in der ich am liebsten zu ihr nach Hause gefahren wäre und ihr die Hölle heiß gemacht hätte –, sondern um einen Schlussstrich zu ziehen und mit meinem Leben fortzufahren.« Sie las den Brief in der Beratungssitzung vor, und obwohl sich ein wenig Bitterkeit darin fand – »Haben Sie eine Ahnung, wie es für mich war, als ich feststellen musste, dass Alan Sie mit in mein Zuhause gebracht hatte, um es nur wenige Zentimeter von meinen Kleidern entfernt mit Ihnen zu treiben? Das nenne ich Besudelung!« –, fand sich auch ein Anklang von Vergebung: »Ich bin mir bewusst, dass auch Sie verletzt wurden.«

Ich verstand, warum sie einen Brief schreiben wollte, war mir aber nicht sicher, ob sie ihn auch abschicken sollte, also erklärte mir Jane: »Ich wollte diese Frau wissen lassen, dass Alan und ich wieder zusammen sind und es uns gut geht, damit sie nicht abwartete in der Hoffnung, wir würden implodieren und Alan würde zu ihr zurückkehren. Aber vor allem wollte ich ihr zeigen, dass ich alles wusste, dass Alan vollkommen ehrlich zu mir gewesen war und es keine ›Geheimnisse‹ mehr gab, die sie mir voraushatte.« Im letzten Absatz des Briefes beschrieb Jane ihre neu erwachte Liebe zueinander und erkannte an, dass auch die andere Frau verletzt worden war und dass sie ihr vergeben würde. »Vielleicht noch nicht jetzt, aber in absehbarer Zukunft«, sagte Jane.

Nicht hilfreiche Mythen über die Vergebung

Es gibt viele Gründe, warum es Ihnen schwerfallen kann zu vergeben. Hier einige Mythen, die das noch zusätzlich erschweren:

- Wenn ich meinem Partner vergebe, ist er fein raus, und sein Verhalten ist gewissermaßen entschuldigt. (Das mag so sein, wenn man sofort vergibt, ohne die sechs Phasen zu durchlaufen, aber an diesem Punkt Ihrer Reise sollte Ihr Partner die Vergebung mittlerweile verdient haben.)
- Mein Partner könnte mich erneut betrügen. (Dieser Mythos besagt, dass Strafe die einzige Möglichkeit ist, jemanden zur Treue zu bewegen. Er errichtet aber eine dauerhafte Barriere zwischen Ihnen und Ihrem Partner und verhindert die Heilung.)
- Mein Partner verdient keine Vergebung. (Wenn Sie das denken, sind Sie noch nicht wirklich in der siebten Phase angelangt. Es ist außerdem ein Hinweis darauf, dass Ihr Partner noch nicht all Ihre Fragen bezüglich der Affäre beantwortet hat, darum ist es eine gute Idee, Phase zwei erneut durchzulesen: Intensives Befragen.)
- Vergeben heißt auch vergessen, und das kann ich nicht. (Die Erinnerung wird immer bleiben, aber die Vergebung nimmt der Erinnerung den Schmerz.)
- Ich kann nur unter bestimmten Voraussetzungen vergeben – beispielsweise nach einer umfassenden Entschuldigung. (Zum Thema Entschuldigungen findet sich am Ende dieses Kapitels noch ein Abschnitt für den Überführten.)
- Wenn ich meinem Partner vergebe, werden mich die Leu-

te dafür kritisieren. (Diesbezüglich möchte ich Sie als Erstes fragen, ob Sie Ihre Familie und Freunde von Ihren Fortschritten auf dem Laufenden gehalten haben? Oder denken die anderen immer noch, Sie stünden ganz am Anfang der Reise? Wie können Sie sie informieren? Und zweitens möchte ich Ihnen sagen, dass man es nicht jedem recht machen kann!)

Jetzt haben wir uns angesehen, worum es bei der Vergebung nicht geht, nun ist es an der Zeit, sich mit dem Wesentlichen der Vergebung zu beschäftigen. Wenn Vergebung aus tiefstem Herzen erfolgt – und nicht erzwungen ist –, können wir Groll, Schuldzuweisungen und Wut loslassen. Darum ist sie nicht nur ein großzügiger Akt gegenüber unserem Partner, sondern auch ein Geschenk an uns selbst. Sie befreit uns von der Vergangenheit, erlaubt uns, einen Schlussstrich zu ziehen und neu anzufangen. Und zu guter Letzt fällt es unserem Partner durch unsere Vergebung leichter, auch uns zu vergeben.

Wie man Lektionen und Geschenke des Lebens erkennt

Zu Beginn dieses Buches sprach ich über die Gefahr und die Chance, die die Untreue bietet. Die Chance besteht darin, einige wichtige Lektionen zu lernen (und sie in Zukunft auch anzuwenden) sowie einige nützliche Geschenke zu erhalten (neue Sichtweisen oder größere Weisheit). Wenn es Ihnen immer noch schwerfällt, wahrhaft zu vergeben, wird es Ihnen helfen, sich Ihre Lektionen und Geschenke einmal näher vor Augen zu führen.

Als Judy (45) herausfand, dass ihr Mann seit zwei Jahren eine Affäre hatte und die Kinder der anderen Frau dieselbe Schule besuchten wie ihre eigenen, wurde sie fuchsteufelswild. Insbesondere, weil sie zu diesem Zeitpunkt schon ein Jahr lang in der Eheberatung waren. Sie fing sogar an, Rache-Webseiten anzuklicken. Glücklicherweise stolperte sie über mein Buch (*Ich liebe dich, aber bin ich noch verliebt?*), las es in fünf Stunden von vorn bis hinten durch und beschloss, dass es eine Möglichkeit geben musste, das Ruder herumzureißen. Sie nahm auch an meiner Umfrage zu »Untreue in Großbritannien« teil und entdeckte die folgende Lektion für sich: »Ich hätte offener sein sollen, hätte meinem Mann sagen müssen, dass ich bestimmte Dinge nicht mag, hätte mehr mit ihm streiten müssen – und weil ich all das nicht ausreichend tat, war ich sehr oft wütend und konnte ihm keine Intimität mehr schenken.« Eingedenk Ihrer Lektionen, welche Geschenke (auch wenn sie unerwünscht waren) hat Ihnen das Leben gemacht, und welche Lektionen könnten Sie noch lernen?

Die Mehrheit der Teilnehmer an meiner Umfrage nahm aus der Untreue etwas Positives mit. Die häufigste Lektion – bei 25 Prozent aller Teilnehmer – lautete: »Ich bin jetzt stärker.« Ich habe die Antworten in vier Kategorien unterteilt:

Positive persönliche Lektionen

55 Prozent waren optimistisch. Nach »Ich bin jetzt stärker« wurden »Ich kann vergeben« und »Ich muss ich selbst sein« am häufigsten genannt. Andere positive Lektionen lauteten: »Ich bin kein Opfer« und »Es ist in Ordnung, traurig und verärgert zu sein, aber ich lasse mir dadurch nicht mein Leben ruinieren«.

Negative persönliche Lektionen

Diese Antworten machten 18 Prozent aus und unterstrichen, wie schmerzhaft Untreue sein kann. Die häufigste Antwort lautete: »Ich bin so dumm« (sieben Prozent der gesamten Umfrageergebnisse), gefolgt von »Mir fehlt es an Selbstvertrauen«. Weiter wurden genannt: »Ich hielt mich immer für stark und glücklich, aber ich bin eine schwache und einsame Frau«, »Meine Fähigkeit zu vergeben ist groß, aber vergessen kann ich nicht«, »Meine Fähigkeit, den Schein zu wahren, ist ganz erstaunlich« und »Ich kann den Kopf in den Sand stecken und einfach weitermachen«.

Erwartungen an die Zukunft

Diese Gruppe machte 15 Prozent der Umfrage aus. Die häufigsten Antworten lauteten: »Ich darf Konfrontationen nicht länger ausweichen« und »Ich muss mehr an meiner Ehe arbeiten«. Weiter wurde genannt: »Ich muss offener zu den Leuten sein und mehr über meine Gefühle sprechen. Ich war wie Spock vom Raumschiff Enterprise – mir waren immer nur wenige emotionale Reaktionen zu entlocken.«

Lektionen über die Ehe und das Leben im Allgemeinen

Zu der letzten Kategorie gehörten 12 Prozent der Teilnehmer. Die häufigste Lektion bestand für sie darin, von welch entscheidender Bedeutung zuverlässige Freunde waren. Weitere Antworten lauteten: »Die Ehe ist das Wichtigste«, »Ich kann nicht das Leben meines Partners führen, das muss er selbst tun« und der Wert von »Ehrlichkeit, Fairness und Wahrhaftigkeit«. Eine der interessantesten Antworten stammte von jemandem, der selbst untreu geworden war: »Ich bin jetzt glücklich mit meinem Leben und muss nicht länger hinter Regenbogen herjagen oder denken, die Kirschen in Nachbars Garten seien größer – und wie viele Menschen können das schon von sich behaupten?«

Wie man wieder Vertrauen fasst

Da dieses Buch *Kann ich dir jemals wieder vertrauen?* heißt, sollte es auch einen Abschnitt darüber geben, wie man wieder Vertrauen fassen kann. Im Lauf der letzten drei Phasen haben Sie einige Schlüsselelemente der Heilung kennengelernt. In der vierten Phase (Hoffnung) wird Ihr Partner von sich aus angeboten oder sich zumindest damit einverstanden erklärt haben, seine Aktivitäten offener darzulegen. Ihr Partner sollte jeden Kontakt zur dritten Person abgebrochen und gezeigt haben, dass er diese Beziehung hinter sich lassen will, indem er all Ihre Fragen zur Affäre beantwortet hat. Während der fünften Phase (Versuch der Normalität) sollte sich die Kommunikation zwischen Ihnen beiden verbessert haben. In der sechsten Phase (Verzweiflung – die Leichen im Keller kommen hoch) sollte Ihr Partner gezeigt haben, dass er langjährige Auseinandersetzungen beilegen will, und damit die Grundlage für eine erneuerte Beziehung gelegt haben. Und in dieser Phase konzentrieren Sie sich nun auf die Versuchung und impfen Ihre Beziehung gegen künftige sexuelle Probleme.

Unter diesen Umständen sollte sich das Vertrauen automatisch wieder einstellen. Häufig passiert das so leise und unauffällig, dass es vielen Leuten erst hinterher klar wird: Der Partner kommt später von der Arbeit, aber man ist so beschäftigt, dass einem die Zeit gar nicht auffällt, und erst hinterher wird einem klar, dass man keinen Knoten in der Magengegend bekam und sich die Gedanken nicht im Kreis drehten.

Woher wissen Sie, wann sich Ihr Vertrauen wieder eingestellt hat? Der sicherste Hinweis, dass die Krise vorüber ist, besteht darin, wenn Sie beide wieder gemeinsam Zukunftspläne schmieden oder von der Zukunft träumen können. Früher waren diese Gedanken reine Fantasie und Teil Ihrer privaten Tagträume. Sobald das Vertrauen zurückgekehrt ist, sprechen Sie offen darüber und schmieden gemeinsam konkrete Pläne für die Zukunft.

Was ist, wenn alle Bestandteile des Vertrauens vorhanden sind, Sie aber immer noch von irgendetwas zurückgehalten werden? »Ich will Lyle ja vertrauen, und er verhält sich auch wirklich sehr süß – er hat mir sein Passwort gegeben, und ich kann jederzeit seine E-Mails lesen oder sein Telefon überprüfen«, sagte Candace (28), »und es scheint ihm ehrlich leidzutun. Ich glaube ja, dass die Affäre vorüber ist, aber ich kann einfach nicht loslassen. Ich setze Lyle immer noch zu und fürchte, das treibt uns auseinander.« Also schlug ich Candace vor, es zwei Wochen lang mit einer alternativen Strategie zu versuchen. Ich nenne diese Strategie »So tun als ob«. Anstatt sich zu sorgen, ob er ihr wieder untreu war, sollte sie denken: »Was würde ich jetzt tun, wenn ich ihm vertraute?« Und dann sollte sie dieses imaginäre Verhalten in die Wirklichkeit umsetzen. Das Experiment war fast sofort ein Erfolg. Die Stimmung in ihrem Haus hob sich. Lyle wurde offener – er rechnete nicht mehr jede Sekunde damit, angegriffen zu werden –, und sie kamen einander sehr viel näher. Schon nach kurzer Zeit musste Candace nicht mehr »so tun als ob«, weil sie ihm wirklich vertraute.

Für den Überführten: Intensives Lernen

Das ist die letzte Phase des Heilungsprozesses. Ihre Beziehung ist jetzt viel stärker, aber um einen Neuanfang zu wagen, fehlt noch etwas.

Wahrscheinlich haben Sie das Gefühl, seit Ihrer Beichte beziehungsweise der Aufdeckung Ihrer Affäre nichts anderes getan zu haben, als sich zu entschuldigen. Das ist aber nicht dasselbe, wie echte Reue zu zeigen.

Zu echter Reue gehört die Einsicht in das, was Sie getan haben; Sie müssen einen vollständigen Bericht darüber ablegen; müssen anerkennen, wie sehr Sie anderen Menschen geschadet haben; müssen sich die Auswirkungen Ihres Verhaltens vor Augen führen, Ihr Bedauern zum Ausdruck bringen und Vorschläge zur Wiedergutmachung leisten.

Alles andere wird für Ihren Partner nur als Versuch scheinen, sich aus den Folgen Ihrer Untreue herauszuwinden oder Reue vorzutäuschen.

Aus diesem Grund haben Sie erst am Ende der Reise genug Wissen über sich selbst und Ihre Beziehung angesammelt, um sich wirklich angemessen entschuldigen zu können.

Eine umfassende Entschuldigung besteht aus fünf Eckpfeilern: Sie erkennen an, dass Sie sich falsch verhalten haben. (»Ich habe nicht nur dich betrogen und angelogen, sondern auch die Kinder.«) Sie akzeptieren die Verantwortung für Ihr unangemessenes Verhalten – ohne Ihre Beweggründe zu erläutern, denn das kann den Anschein erwecken, Sie wollten sich rechtfertigen. (»Ich war selbstsüchtig und habe nur an mich selbst gedacht.«) Sie erklären sich für die Folgen verantwortlich. (»Ich habe dir wehgetan, und weil ich keine angemessenen Schutzmaßnahmen ergriff, habe ich sogar deine Gesundheit aufs Spiel gesetzt.«) Sie bringen Ihre Trauer zum Ausdruck. (»Es tut mir wirklich leid. Ich schäme mich.«) Sie erklären, warum das nie wieder vorkommen wird. (»Ich bin fest entschlossen, diesen Fehler nicht noch einmal zu begehen, und habe mir vorgenommen, freitagabends früh nach Hause zu kommen, anstatt mit meinen Kollegen feiern zu gehen.«)

Eine umfassende Entschuldigung erlaubt es Ihrem Partner, Ihnen zu vergeben und sein Leben endlich fortzusetzen.

Eine Affäre beginnt wie folgt: Problem + schlechte Kommunikation + Versuchung = Untreue. Was haben Sie darüber gelernt, wie Sie künftige Auseinandersetzungen zwischen Ihnen und Ihrem Partner beilegen können? Wie hat sich Ihre Kommunikation zum Besseren gewandelt? Wie könnten Sie der Versuchung in Zukunft aus dem Weg gehen? Teilen Sie Ihre Erkenntnisse mit Ihrem Partner.

Neue Fertigkeit: Ständige Weiterentwicklung

Kehren wir zu den drei grundlegenden Überzeugungen zurück, die durch die Aufdeckung der Untreue zerstört wurden. Wie sehen sie jetzt aus?

1. Die Welt hat einen Sinn.
2. Ich bin wertvoll.
3. Die Welt ist gut.

Während der Phase des intensiven Lernens haben Sie sich angesehen, was Sie alles aus der Affäre gelernt haben (und sei es noch so unfreiwillig gewesen). Auf diese Weise konnten Sie Ihren Erfahrungen einen Sinn abgewinnen und der Welt eine neue Bedeutung gegeben. Während der Reise von der Aufdeckung zum Neuanfang wurde Ihre Selbstachtung zumindest teilweise wiederhergestellt. Schon allein dadurch, dass Sie die Untreue überlebten, haben Sie neue Kraftreserven entdeckt sowie eine Gefühlstiefe, derer Sie sich zuvor wahrscheinlich gar nicht bewusst waren. Sie sind auf einem guten Weg, sich wieder wertvoll zu fühlen. Die letzte Grundüberzeugung – die Welt ist gut – ist da schon schwerer wiederherzustellen. Wir würden gern glauben, dass das Leben gut ist, aber wir wissen, dass es Kriege und Naturkatastrophen gibt und dass Menschen sterben. Wenn wir älter werden, haben wir die Wahl: Entweder akzeptieren wir, dass die Schwarz-Weiß-Vorstellungen unserer Kindheit ein Update benötigen, oder wir halten uns die Ohren vor der Wahrheit zu und singen »la, la, la«. Ich glaube, wenn wir akzeptieren, dass das Leben sowohl gut als auch schlecht ist, lernen wir die guten Teile mehr zu schätzen und fühlen uns weniger persönlich getroffen, wenn wir unseren Teil an Schlechtem zu tragen haben. Letzten Endes führt das zu einem besseren und erfüllteren Leben.

Die Fertigkeit, die wir in diesem Kapitel gewinnen, ist die ständige Weiterentwicklung. Es geht dabei um Wachstum – unser eigenes und das unserer Beziehung. Wir wollen nur das Beste glauben, wenn Elizabeth Mr. Darcy in *Stolz und Vorurteil* heiratet, wenn Maria und Baron von Trapp am Ende von *The Sound of Music* über die Berge klettern und wenn Hugh Grant in *Notting Hill* Julia Roberts seine Liebe erklärt. Ihr Leben wird in einem Augenblick des Glücks eingefroren – aber das ist nicht die ganze Geschichte. Beziehungen sind lebende Organismen und können nicht stillstehen. Sie brauchen fortgesetzte Weiterentwicklung oder laufen Gefahr, schal zu werden und womöglich zu verdorren und abzusterben. Die letzte Fertigkeit, die Sie erlernen müssen, um Ihre Beziehung zu erneuern, mag mühsam erscheinen – und klingt alles andere als märchenhaft –, aber sie macht unsere Liebe zu einem Abenteuer und zu dem kostbarsten Geschenk der Welt.

Zusammenfassung

- Die beiden wichtigsten Gründe, warum Menschen untreu werden – Legitimierung und Verführung – wurden abgehandelt, und das Paar hat genug gelernt, damit diese Punkte in Zukunft kein Thema mehr sind.
- Alle Probleme und die ganze Unsicherheit, die durch die Aufdeckung hochkamen, sind beigelegt, und die Welt sieht allmählich wieder besser aus.
- Der untreue Partner hat sich umfassend entschuldigt. Der andere Partner hat seine Vergebung angeboten.
- Vergebung ist die beste Möglichkeit, der Vergangenheit den Schmerz zu nehmen und mit seinem Leben fortzufahren. So gesehen ist es auch das beste Geschenk, das Sie sich selbst machen können.
- Sie wissen im Moment noch nicht genau wie, aber Sie haben angefangen, Ihrem Partner wieder zu vertrauen.

Übungen

Was bewundere ich an meinem Partner?

Einer der häufigsten Gründe für Untreue ist »als selbstverständlich erachtet zu werden«, und in dieser Übung geht es um das genaue Gegenteil. Sie zielt darauf ab, alles aufzuführen, was Sie an Ihrem Partner schätzen, was aber irgendwie aus Ihrem bewussten Radar herausgefallen ist.

Nehmen Sie ein Blatt Papier und schreiben Sie die nachfolgenden Überschriften auf. Dann schreiben Sie zu jeder Überschrift etwas dazu. Denken Sie nicht zu viel darüber nach, schreiben Sie einfach das Erstbeste auf, das Ihnen in den Sinn kommt. Wenn Ihnen gar nichts einfällt, lassen Sie den betreffenden Punkt aus und gehen zum nächsten über. Kehren Sie ganz am Schluss zu diesem Punkt zurück und füllen Sie die Lücke aus. Je mehr Ihnen einfällt, umso besser.

Was bewundern Sie an Ihrem Partner?

1. Charakter
2. Bei der Arbeit
3. Als Elternteil oder in Bezug auf Kinder
4. Talent
5. Im Haus
6. Im Garten
7. Erscheinungsbild
8. Als Freund
9. In praktischen Angelegenheiten
10. In emotionalen Dingen
11. Einstellung gegenüber den Eltern
12. Im Umgang mit anderen
13. Gesellschaftlicher Verkehr
14. Kochen
15. Sport
16. Hobbys
17. Haustiere
18. Geld
19. Unter widrigen Umständen
20. Spiritualität

Wenn Sie dieses Buch gemeinsam mit Ihrem Partner durcharbeiten, sollten Sie beide diese Übung durchführen und einander die Ergebnisse zeigen. Ansonsten sagen Sie Ihrem Partner einfach, für wie großartig Sie ihn halten.

Des Teufels Advokat spielen

Diese Übung soll Ihnen helfen, aus dem Trott sich wiederholender Streitigkeiten auszubrechen:

1. Anstatt Ihren eigenen Standpunkt zu vertreten, nehmen Sie den Ihres Partners ein. Schließlich haben Sie ihn oft genug gehört.
2. Währenddessen vertritt Ihr Partner Ihre Seite, und das so vehement wie möglich.
3. Lassen Sie dem Streit ansonsten seinen gewohnten Lauf.
4. Keine Sorge, wenn Sie anfangen zu lachen oder Spaß zu haben. Wahrscheinlich hat es wirklich etwas Lächerliches, wie vertraut Ihnen der Streit mittlerweile geworden ist.
5. Sprechen Sie im Anschluss über diese Erfahrung. Was haben Sie gelernt, als Sie den Standpunkt Ihres Partners einnahmen? Welches Argument klang besonders einleuchtend? Was hatten Sie bislang falsch verstanden? Inwiefern hat sich Ihre Meinung geändert?
6. Gehen Sie mit diesen neu erlangten Einsichten in die nächste Übung.

Einen Kompromiss erzielen

Kompromisse sind eine besondere Fertigkeit, aber mit dem richtigen Wissen und etwas Übung können Sie lernen, nicht länger zu streiten, sondern eine Lösung zu finden, die für Sie *und* Ihren Partner funktioniert. Das läuft in drei Schritten ab:

1. Legen Sie Ihre vorgefassten Meinungen ad acta.

- Sehen Sie sich Ihre Meinungen, Prinzipien und Ihre bevorzugte Lösung an und fragen Sie sich: Wie wichtig sind sie mir und warum?
- Was könnte Sie davon abhalten, zu einem Kompromiss zu gelangen? Müssen Sie unbedingt gewinnen? Fühlen Sie sich bemüßigt, Ihrem Partner recht zu geben (und tun Sie das dann widerstrebend, nur um später seinen Plan zu sabotieren)?
- Streiten Sie gern über Ihre Prinzipien? Das macht es schwerer, eine gemeinsame Basis zu finden, weil Sie davon ausgehen, dass Ihr Partner im Grunde dieselben wie Sie haben muss. Außerdem basieren Prinzipien immer auf früheren Erfahrungen und halten Sie daher in der Vergangenheit gefangen.
- Sobald Sie Ihre eigene Motivation verstehen, nehmen Sie sich vor, sie zu ändern und ohne vorgefasste Meinungen in die Auseinandersetzung zu gehen.

2. Planen Sie Zeit ein, um zu reden.

- Planen Sie einen Termin und einen Ort, an dem es keine Unterbrechungen gibt und die Kinder nicht in der Nähe sind.
- Hören Sie Ihrem Partner zu.

- Wenn der Partner wütend oder herablassend reagiert, will man es ihm nur allzu gern mit gleicher Münze heimzahlen. Versuchen Sie jedoch, sich auf die Botschaft zu konzentrieren, nicht auf die Art, wie sie vorgetragen wird.
- Fassen Sie im Anschluss den Standpunkt Ihres Partners zusammen. (Nur um sicherzustellen, dass Sie nichts hineininterpretieren.)
- Widerstehen Sie der Versuchung, Ihren Partner zu kommentieren oder anzugreifen. Das ermutigt ihn nur, seine Einstellung um jeden Preis zu verteidigen, und macht Kompromisse umso schwerer.
- Wechseln Sie sich anschließend ab und übernehmen Sie das Reden, während Ihr Partner zuhört.

3. Halten Sie Ausschau nach Lösungen.

- Sie können erst dann eine Lösung finden, wenn Sie beide gesagt haben, was Sie sagen wollten.
- Viele potenzielle Kompromisse werden zunichtegemacht, weil einer der Partner zu schnell und zu heftig seinen Standpunkt vertritt und der andere sich zu einer übereilten Entscheidung gezwungen fühlt.
- Gehen Sie so viele Ideen wie möglich durch, selbst jene, die undurchführbar klingen. Wenn Sie wissen, was Sie beide *nicht* wollen, kann das den Weg zu einem Durchbruch ebnen.
- Seien Sie offen für Alternativen jenseits Ihrer bevorzugten Lösungen.
- Diskutieren Sie die Konsequenzen jeder einzelnen Option und was davon am besten wäre.

• Manchmal muss man für einen Kompromiss eigene Wünsche revidieren, manchmal muss man einen Handel abschließen (»Wenn du x tust, dann mache ich y ...«), und manchmal ist es eine Kombination aus beidem.

Fixpunkt

Drei Schlüsselstrategien, um die siebte Phase – intensives Lernen – zu überleben:

1. Sorgen Sie für einen Ausgleich in Ihrer Partnerschaft, indem Sie anerkennen, dass Ihr Partner Fähigkeiten besitzt, die die Ihren ergänzen.
2. Vergebung erlaubt es Ihnen, einen Schlussstrich zu ziehen und die Vergangenheit hinter sich zu lassen.
3. Die größten Lektionen warten häufig in unseren dunkelsten Momenten auf uns.

Ablenkungen, Entgleisungen und Sackgassen

Die gute Nachricht lautet, wenn man sich durch die sieben Phasen der Heilung arbeitet, erhält man dafür eine tiefere, weisere und erfüllendere Beziehung. Sobald der erste Jahrestag der Entdeckung vorbei ist und Sie gemeinsam Geburtstage, den Hochzeitstag, Weihnachten oder andere wichtige Termine überstanden haben, sind Sie bereit, die Tür zu diesem Kapitel Ihres Lebens zu schließen. Unterwegs haben Sie vielleicht den einen oder anderen Rückschlag erlitten – in einem solchen Fall ist es hilfreich, das letzte Kapitel noch einmal zu lesen –, aber insgesamt befinden Sie sich auf dem richtigen Weg. Doch bestimmte Umstände gefährden immer noch Ihre Reise oder machen sie zumindest schwieriger. Dieses letzte Kapitel ist dem Umgang mit diesen Problemen gewidmet. Es zeigt Ihnen, was Sie tun können, wenn Ihr Partner nicht bereit beziehungsweise nicht in der Lage ist, sich für die Heilung Ihrer Beziehung einzusetzen, was Sie tun sollten, wenn sich Ihre Beziehung einfach nicht mehr retten lässt, und wie Sie in schwierigen Zeiten nicht den Verstand verlieren. Es endet mit einer Mut machenden Geschichte.

Was, wenn das goldene Zeitfenster geschlossen ist?

Eine meiner Annahmen beim Schreiben dieses Buches war, dass Sie die Untreue Ihres Partners vermuten oder erst vor Kurzem entdeckt haben. In der zweiten Phase, intensives Befragen, bezeichne ich die ersten sechs Monate nach der Entdeckung als das Zeitfenster, in dem Ihr Partner höchstwahrscheinlich noch kooperieren wird. Aber was ist, wenn Ihnen mein Buch zu spät in die Hände fiel? Was ist, wenn Ihr Partner sich weigert, mit Ihnen zu reden, weil »das alles schon ewig her ist«, oder mit der Begründung, »wenn du die Vergangenheit nicht loslassen kannst, dann gibt es auch keine Hoffnung für die Zukunft«?

Ich will ehrlich sein: Je länger die Untreue zurückliegt, desto schwerer wird es sein, Ihre Probleme in den Griff zu bekommen. Sandra und Jerome waren zehn wunderbare Jahre lang verheiratet, dann hatte er eine Affäre. Obwohl sie zur Eheberatung gingen, waren sie nicht in der Lage, ihr Problem zu lösen, und in den nächsten fünf Jahren lag der Seitensprung wie ein dunkler Schatten über ihnen. Als Jerome eine unangemessene Freundschaft mit einer von Sandras Freundinnen einging, obwohl sie ihn ausdrücklich bat, den Kontakt abzubrechen, kamen all die alten Gefühle wieder hoch. »Er besorgte sich sogar heimlich ein zweites Handy, damit er mit ihr reden konnte, ohne dass ich es erfuhr«, erzählte Sandra. »Du tust es schon wieder«, klagte Jerome, »wir können einfach nicht entspannt zusammen sein, weil ich weiß, dass da immer noch etwas in

dir lauert und bereit ist, mich anzuspringen und zu beißen.«
In der Paarberatung arbeiteten wir daran, einige der Auswirkungen der ersten Untreue zu neutralisieren. Doch sobald wir
auf die unangemessene Freundschaft zu sprechen kamen, wurde Jerome wütend: »Hört das denn nie auf?« Er wandte sich an
Sandra: »Wirst du mir nie vergeben können?« Da die beiden
mittlerweile getrennte Wohnungen hatten und nur wenig Zeit
miteinander verbrachten, erwies es sich als unmöglich, das zu-
hauf vorhandene Misstrauen in den Griff zu bekommen, und
wir beendeten die Beratung. Was können Sie also tun, wenn die
Affäre Ihres Partners schon einige Zeit zurückliegt?

Lassen Sie sich in Ihrer Entschlossenheit zuallererst nicht
ins Wanken bringen. Untersuchungen der State University of
New York zeigen, wie wichtig es ist, die Untreue anzugehen.
Die Forscher verglichen zwei Gruppen von Frauen mit ähnlichen Eheproblemen. Eine Gruppe hatte Untreue erlebt, die
andere nicht. Doch die Frauen, deren Partner untreu geworden waren, litten sechs Mal häufiger an Depressionen und
Angstgefühlen.

Zweitens sollten Sie Ihr Problem im »Hier und Jetzt« festma-
chen, anstatt ständig auf die Untreue zurückzukommen. Auf
gewisse Weise haben Sie die Phasen von Schock und Unglauben, das intensive Befragen, die Entscheidungsfindung und
die Phase der Hoffnung schon durchlaufen und stecken jetzt
in dem Versuch der Normalität fest. Leider ist es zu spät, um
zum intensiven Befragen zurückzukehren und Ihre noch offe-
nen Fragen bezüglich der Affäre anzugehen. Doch Sie können
sich die Grundprobleme Ihrer Beziehung vornehmen und die
Leichen an die Oberfläche treiben lassen. Denken Sie immer

daran, sich ausschließlich auf Ihr heutiges Leben zu beschränken: »Warum können wir keinen Streit beilegen?«, »Warum verbringen wir nicht mehr Zeit miteinander?« oder »Wie können wir unser Sexleben verbessern?« Sehen Sie sich die Übungen im vorigen Kapitel an, vor allem »Einen Kompromiss erzielen« (Seite 319).

Was ist mit unseren Kindern?

Gemeinsame Kinder stärken die Entschlossenheit eines Paares zusammenzubleiben. Leider werden Kinder oft in die Auseinandersetzungen ihrer Eltern hineingezogen und ergreifen dann Partei. In diesem Fall kann sich der Heilungsprozess signifikant verlangsamen.

Als Catherine (37) feststellte, dass ihr Ehemann Nick (42) eine Affäre hatte, tat sie einfach alles: »Nur durch bloße Entschlossenheit hielt ich meine Ehe am Laufen. Ich las alle einschlägigen Bücher, und mithilfe meiner Freunde lavierte ich uns durch diese Krise. Wir mussten es allerdings unseren Töchtern erzählen, die 17 und 13 waren, weil ihr Vater uns verlassen und zu dieser Frau ziehen wollte. Vermutlich ahnten sie, dass es ein Problem gab. Ich verlor bisweilen jedes Zeitgefühl, und wenn sie dann aus der Schule kamen, saß ich weinend am Küchentisch. Ich riss mich zwar jedes Mal zusammen, aber sie waren ja nicht blind.«

Das Paar kam zu mir in die Eheberatung, weil Catherine kurz zuvor eine E-Mail von Nick an seine frühere Geliebte gefunden hatte: »Ich war niedergeschlagen und fragte mich einfach, wie es ihr wohl ging«, erklärte Nick. »Mehr war da nicht. Ich liebe Catherine und die Mädchen.«

Bald darauf wurde klar, warum Nick so niedergeschlagen war. Obwohl seine Frau und seine jüngere Tochter bereit waren, die Vergangenheit zu vergessen, weigerte sich seine ältere Tochter, mit ihm zu reden. »Sie hatte ihrem Vater immer besonders nahegestanden, und die Sache erschütterte sie sehr«, erläuterte Catherine. Selbst wenn Nick mit seiner älteren Tochter allein im Auto saß, redete sie nicht mit ihm, höchstens um eine an sie gestellte Frage zu beantworten – beispielsweise um wie viel Uhr er sie wieder abholen sollte. »Ich habe versucht, sie aufzuheitern, aber sie ist ziemlich dickköpfig, darum lasse ich es wohl besser auf sich beruhen«, meinte Nick. »Sie mag dich sehr«, sagte Catherine, »und ich mache mir große Sorgen, dass es zu spät sein könnte, wenn sie ihr Studium aufnimmt und du bis dahin euer Verhältnis nicht wieder in Ordnung gebracht hast.«

Nick war definitiv jemand, der alles in sich hineinfraß, anstatt Probleme anzusprechen. Wir verbrachten drei Wochen damit auszuklügeln, wann und wie er seine Tochter ansprechen sollte. Er fürchtete insbesondere, dass durch ein Gespräch alles noch schlimmer werden könnte: »Wenigstens ist es bei uns zu Hause im Moment friedlich.« Doch sobald er die Wut seiner Tochter anerkannte, sich für den Schmerz, den er ihr und ihrer Mutter zugefügt hatte, entschuldigte und betonte, wie sehr er sie beide liebte, vergab sie ihm und konnte mit ihrem Leben fortfahren. Nick und Catherine gelang es schließlich, ihre Beziehung zu kitten.

Was sollten Sie Ihren Kindern also sagen? Meiner Meinung

nach so wenig wie möglich. Wenn Ihre Kinder Fragen stellen – weil sie etwas gehört oder beobachtet haben –, dann bestätigen Sie, dass Sie beide Probleme haben, dass es aber nichts mit ihnen zu tun hat und dass Sie daran arbeiten, alles zu bereinigen. Es ist nicht fair, Ihre Kinder zu bitten, die Affäre geheim zu halten. Seien Sie sich bewusst, dass Kinder heute diese Informationen auf Internetseiten kommunizieren und bald Ihr gesamter Freundeskreis Bescheid wissen wird.

Es gibt Ausnahmen zu meiner Strategie des »so wenig wie möglich«. Bevor Ihre Kinder von dritter Seite etwas über die Untreue erfahren, ist es besser, wenn Sie beide es ihnen zuerst sagen. Was genau Sie sagen, hängt vom Alter Ihrer Kinder ab. Kleinkinder wissen gar nicht, was genau eine Liaison ist, aber sie verstehen: »Mami hat sich mit einem anderen Mann angefreundet« oder »Daddy hat sich mit einer andere Frau angefreundet«. Heranwachsende haben mit ihrer eigenen Sexualität zu kämpfen und mit den Grenzen dessen, was erlaubt ist und was nicht. Sie denken oft in Schwarz-Weiß-Kategorien und haben einen feinen Radar für jedes noch so kleine Anzeichen von Heuchelei. Aus diesem Grund werden Teenager höchstwahrscheinlich wütend reagieren, ihren Frust ausleben, Regeln brechen oder zu kindlichem Verhalten Zuflucht suchen.

Obwohl Ihre eigenen Probleme in diesem Moment im Mittelpunkt Ihres Denkens stehen und es Ihnen schwerfallen wird, sollte Ihr besonderes Augenmerk Ihren Kindern gelten – egal wie alt sie sind. Halten Sie Ausschau nach ungewöhnlichen Verhaltensweisen, einschließlich einem allzu erwachsenen Benehmen, und seien Sie jederzeit bereit, ihnen Mut zuzusprechen. Was ist, wenn Ihre Kinder schon älter sind? Können Sie ihnen Ihre Probleme wie von Erwachsenem zu Erwachsenem anvertrauen? Ich würde sehr sorgfältig darüber nachdenken, bevor ich Kinder in die Auseinandersetzungen einbeziehe. Die Untreue ihres Vaters oder ihrer Mutter wird sie auch als Erwachsene noch sehr mitnehmen. Eine solche Nachricht kann ungelöste Probleme aus der Kindheit wieder hochspülen, oder sie fürchten um ihre eigene Beziehung.

Mein Partner ging zu Prostituierten

Obwohl die Prostitution angeblich das älteste Gewerbe ist, sucht erst seit ein paar Jahren eine steigende Zahl von Paaren meine Hilfe, nachdem herauskam, dass der Ehemann für Sex zahlt. Verlässliche Statistiken sind schwer zu finden, aber die Zeitschrift *Scientific American Mind* schätzt, dass 16 Prozent aller männlichen Amerikaner schon einmal bei einer Prostituierten waren. Zeitgleich stellte eine gemeinsame Untersuchung des Imperial College in London, des University College in London, der London School of Hygiene and Tropical Medicine und des National Centre for Social Research fest, dass die Zahl der Männer, die Frauen für Sex bezahlen, sich verdoppelt hat. War es früher einer von 20, ist es heute fast einer von zehn Männern. Es gibt keine Zahlen für Frauen, die Männer für Sex bezahlen, aber Gerüchten zufolge kommt auch das immer häufiger vor.

Die folgende Geschichte aus meiner Praxis verdeutlicht, welche Probleme die Untreue mit Prostituierten mit sich bringt, zeigt aber auch einen Ausweg auf. Als Angie (28) einen merkwürdigen Eintrag auf der Kreditkartenabrechnung ihres Mannes entdeckte, sagte ihr ein Bauchgefühl, sie solle sich das genauer anschauen: »Ich legte ihm schließlich die Beweise vor, und er wurde bleich und gab zu, dass er bereits sechs Mal einen Escortservice in Anspruch genommen hatte – obwohl ich glaube, dass diese Zahl noch tiefgestapelt ist.« Ihr Ehemann Duncan (31) widersprach dem nicht. Er nickte nur und schaute dümmlich: »Aber wenigstens bin ich emotional nicht beteiligt gewesen, und du weißt, dass ich dich nie für eine andere Frau verlassen würde.«

Wie so viele Menschen, die in der Untreufalle gelandet sind, versuchte er, seinen Betrug mit Rationalisierungen und Schubladendenken zu bagatellisieren. Doch für den Partner gibt es einen signifikanten Unterschied, wenn die Untreue mit Prostituierten ans Licht kommt. Das Selbstvertrauen des Überführenden bekommt nämlich einen schweren Schlag ab. Angie fühlte sich »nutzlos, hässlich und unzulänglich«. Die Angst, sich eine Geschlechtskrankheit zuzuziehen, ist sehr viel größer, und ein solcher Fehltritt ist nur selten ein Garant, dass das Sexleben nach der Untreue besser wird. »Ich kann mich kaum noch entspannen, weil ich ständig denke, dass er meinen Körper mit dem der anderen Frauen vergleicht«, erklärte Angie. Zur Komplexität des Problems trägt auch die größere Isolation bei, weil sich der Entdecker in aller Regel zu sehr schämt, um es seinen Freunden zu erzählen.

Was sollten Sie also tun, wenn Ihr Partner Sie mit einer Prostituierten betrogen hat? Schock und Unglauben werden größer sein und die Phase des intensiven Befragens länger. Sie müssen unbedingt zu verstehen versuchen, warum Ihr Partner sich

Sex gekauft hat. Die Gründe sind für gewöhnlich komplex und reichen von Einsamkeit auf Geschäftsreisen über Junggesellenpartys bis hin zu sexuellem Missbrauch als Kind oder Sexsucht. Selbst in unseren besten Zeiten fällt es schwer, über Sex zu reden. Leider wird Ihr Partner sein Problem bagatellisieren, weil er sich schämt und um Sie vor geschmacklosen Einzelheiten zu schützen. Doch ohne einen richtigen Abschluss fällt es dem Überführenden schwer, eine wohldurchdachte Entscheidung zu fällen, ob er in der Beziehung bleiben soll oder nicht. Eine Paarberatung wird Ihnen und Ihrem Partner helfen, sich offen und ehrlich zu unterhalten und das Gespräch auf den Punkt zu bringen, und Sie beide durch schmerzliche Offenbarungen führen. Wenn Ihr Partner sich weigert, eine Paarberatung aufzusuchen, gehen Sie allein zum Therapeuten und suchen wenigstens Sie sich Hilfe.

Im Fall von Angie und Duncan war er ehrlich, was das Ausmaß seines Problems betraf. Wir erforschten die Fantasien, die ihn dazu trieben, zu Prostituierten zu gehen, und wie er Pornografie benützte, um den Stress bei der Arbeit erträglich zu machen. Sobald Duncan bessere Bewältigungsstrategien erlernt und seine Ansichten über »anständige« Frauen und Sex neu überdacht hatte, konnten Angie und er eine erfüllende und befriedigende Ehe führen.

Mein Partner hat eine gleichgeschlechtliche Affäre

Eine überraschend hohe Zahl von Männern und Frauen muss feststellen, dass ihr Partner ihnen nicht nur untreu war, sondern auch noch bisexuell ist. Laut einer Studie hatten in den letzten fünf Jahren 3,9 Prozent aller männlichen Amerikaner, die verheiratet sind oder waren, Sex mit einem anderen Mann. Das heißt, dass zwischen 1,7 und 3,4 Millionen Amerikanerinnen mit einem Mann verheiratet sind oder waren, der Sex mit anderen Männern hat. In einer YouGov-Umfrage in Großbritannien bezeichneten sich 91 Prozent der Bevölkerung als heterosexuell, die Zahl fiel jedoch um sieben Prozent, als die Kategorie »heterosexuell, aber bi-neugierig« hinzugefügt wurde. Aufgrund der Allgegenwart von Internetpornografie und dem Anstieg von schwulen und lesbischen Dating-Seiten entdecken immer mehr Menschen, dass ihr Partner zumindest »Fantasien« von Sex mit jemandem des gleichen Geschlechts hat. Mittlerweile gibt es sogar einen neuen Begriff: gemischtorientierte Ehe.

Was veranlasst einen Menschen mit schwulen oder lesbischen Neigungen, eine heterosexuelle Ehe einzugehen? Obwohl wir in einer toleranteren Gesellschaft leben, sind viele junge Menschen immer noch gehemmt, was die Erforschung ihrer Sexualität angeht. Dazu kommen Wunschdenken, Zwiespältigkeit bezüglich der eigenen Wünsche, Unerfahrenheit und eine echte Zuneigung für den künftigen Ehepartner – und schon ist eine Ehe kein ganz so großer Schritt mehr. Nichts davon mindert die Gefühle des Schocks, wenn man entdeckt, dass der eigene Partner nicht der Mensch ist, für den man ihn hielt. Schlimmer noch, die eigene Identität erhält einen schweren Schlag, und Fragen tauchen auf, warum man nicht in der Lage war, den Partner zu »befriedigen«. Was können Sie tun, wenn das auch Ihre Geschichte ist?

Die Reise von der Aufdeckung zum Neuanfang folgt auch in diesem Fall den genannten sieben Schritten – selbst wenn Schock, Scham und Isolation größer sind. Doch meiner Erfahrung nach ist es gefährlich, die Entdeckung zu bagatellisieren. Wenn Ihr Partner Ihnen beichtet: »Ich glaube, ich bin schwul/lesbisch«, ist es leicht, ein »vielleicht aber auch nicht« hineinzuinterpretieren. Wenn Ihr Partner dazu noch erwähnt, er stünde »unter viel Stress« oder es sei »nur eine Phase, die wieder vorübergeht«, dann klingt das in Ihren Ohren sehr verführerisch – ebenso das strikte Leugnen, dass der Genuss schwuler oder lesbischer Pornos bedeuten müsse, er fühle sich zu Menschen seines eigenen Geschlechts hingezogen. (Es stimmt natürlich, dass man nicht unbedingt immer seine Fantasien auch ausleben will. Doch das Tabu, dass heterosexuelle Männer andere Männer nicht attraktiv finden dürfen, ist so stark, dass reine Neugier höchst unwahrscheinlich ist.) Sie sollten die Gefühle Ihres Partners nicht unter den Teppich kehren – das hat ja überhaupt erst zu diesem Problem geführt –, also wenden Sie viel Zeit für das intensive Befragen auf und kehren Sie auch später immer wieder zu dieser Phase zurück.

Was bedeutet es langfristig gesehen für Ihre Ehe, wenn Ihr Mann oder Ihre Frau bisexuell oder schwul beziehungsweise lesbisch ist? Das International Straight Spouse Network hat festgestellt, dass sich ein Drittel aller gemischt-orientierten Ehen sofort trennt, ein Drittel versucht, das Problem zu lösen, scheitert jedoch daran, und ein Drittel hält durch. Was macht den Unterschied aus?

Meiner Erfahrung nach bleiben Paare, die den Versuch wagen, ihre Ehe zu retten, daran aber scheitern, in dem Versuch der Normalität stecken. Die Frauen – es sind fast immer die Ehefrauen, die eine Beziehung retten wollen – tun so, als würden sie ihren Männern vertrauen, und die Männer spielen den pflichtbewussten Ehegatten (sammeln jedoch weiter schwule Pornografie oder treffen sich heimlich mit schwulen Männern). Infolgedessen gibt es fast immer eine zweite Aufdeckung und noch mehr Liebeskummer. Doch wenn sich ein Paar mit Phase sechs auseinandersetzt – Verzweiflung: die Leichen im Keller kommen hoch – und sich allen Problemen stellt, ist es durchaus möglich, eine liebevolle Beziehung aufrechtzuerhalten. Allerdings wurde in allen Fällen, die mir bekannt sind, ein Arrangement getroffen, bei dem der Mann sich weiterhin männliche Sexpartner suchen durfte.

Jedes Paar findet eine eigene Formel für sich. Manche Männer dürfen sich nur zu Gelegenheitssex treffen, andere führen eine Zweitbeziehung neben ihrer Ehe. Manche Ehefrauen wollen alle Einzelheiten wissen, andere möchten lieber so wenig wie möglich erfahren. Man muss viel miteinander reden und genau wissen, was akzeptabel ist und was nicht. Aus diesem Grund ist es nötig, immer wieder zur Entscheidungsfindungsphase zurückzukehren, denn zwischen dem, was Sie theoretisch tolerieren, und dem, was Sie dann praktisch aushalten, besteht ein himmelweiter Unterschied. Doch wenn ein Paar sich sehr liebt – und vielleicht auch kleine Kinder da sind –, ist es absolut möglich, trotz allem eine liebevolle und tragfähige Ehe zu führen.

Untreue in schwulen Beziehungen

Die meisten Heterosexuellen und Lesben wünschen sich eine monogame Partnerschaft. Doch schwule Männer haben oft eine völlig andere Haltung zu »Treue«. Unter treu können sie alles verstehen – von sexueller Exklusivität bis hin zu mehreren Partnern, die man allerdings offen bekennt. Manche Paare fahren eine »Nichts fragen, nichts sagen«-Strategie und regen sich nicht allzu sehr auf, wenn einer oder beide gelegentlich streunen. Die Bandbreite der Interpretationen, was man unter Betrug versteht, kann oft zu Missverständnissen, Verwirrung und viel Schmerz führen.

»Die Paarberatung schien unsere Unfähigkeit zur Kommunikation nur noch weiter zu erhöhen. Ich dachte, ich würde Fortschritte machen, weil ich tapfer genug war, einen Streit zu riskieren, aber mein Partner fühlte sich von der Situation erdrückt«, gab Jake (28) auf meinem Untreue-Fragebogen an. »Ich wusste nicht, dass er sich mit jemand anderem traf, mit dem er zusammen sein wollte, und dass er mich nur noch als Freund wollte. Ich hatte auch nicht erkannt, dass wir bereits eine offene Beziehung führten und er es vollkommen in Ordnung fand, sich mit anderen Männern zu treffen.« Ich möchte an dieser Stelle allerdings anmerken, dass man nicht einfach feststellt, eine »offene« Beziehung zu führen. Über so etwas muss man unbedingt von vornherein sprechen. Leider gehen viele schwule Männer wie Jake einfach davon aus, dass ihr Partner dieselbe Einstellung zu Beziehungen hat wie sie, und sind dann tief geschockt, wenn der Partner eine unausgesprochene Grenze überschreitet. Wenn Sie dieses Buch gekauft haben, weil Ihr Partner Sie betrügt, ähnelt der Weg zur Heilung den sieben Schritten, die ich auf den vorherigen Seiten aufgeführt habe. Doch wenn Sie wieder Vertrauen erlangen wollen, müssen Sie darüber hinaus auch die folgenden Fragen klären:

- Werden Sie künftig monogam sein?
- Falls nicht, wie viel Aktivität außerhalb der Beziehung ist akzeptabel?
- Sind ausschließlich One-Night-Stands erlaubt oder auch Wiederholungsbegegnungen?
- Sind Menschen aus Ihrem Freundeskreis tabu?
- Wie viel wollen Sie einander erzählen?
- Können Sie die ganze Nacht fortbleiben?
- Können Sie jemanden mit nach Hause bringen?
- Welche anderen Probleme müssen auf den Tisch kommen?

Was, wenn der Affäre ein Kind entspringt?

In den 25 Jahren, die ich nun schon in der Partnerberatung tätig bin, habe ich Paaren geholfen, bei denen die Ehefrau das Kind eines anderen trug oder bei denen der Ehemann mit seiner Geliebten ein Kind zeugte. Wenn das auch Ihr Problem ist, wird die Reise mühsamer und sehr viel emotionaler, und das Risiko ist darüber hinaus höher, doch es ist dennoch möglich, dass Ihre Beziehung das übersteht. Wie kommen Sie am besten damit zurecht?

Zuerst müssen Sie das Problem in bissgerechte Stücke herunterbrechen. Wenn Sie versuchen, die Situation in ihrem ganzen Ausmaß zu schlucken, werden Sie daran ersticken. Konzentrieren Sie sich auf Ihre Beziehung: Wie stark ist das Band zwischen Ihnen? Welche Gefühle hegen Sie füreinander? Lieben Sie sich? Das ist das Material für die Entscheidungsfindungsphase. Schieben Sie an diesem Punkt den Gedanken an das Baby noch beiseite – vor allem, wenn es noch gar nicht auf der Welt ist. Meiner Erfahrung nach können Sie sich zwar vorstellen, wie Sie sich fühlen werden – und wahrscheinlich verbringen Sie einen Großteil Ihrer wachen Stunden damit, sich mit dieser Idee auseinanderzusetzen –, aber die Wirklichkeit wird dennoch anders aussehen. In der Zwischenzeit sollten Sie herausfinden, ob Sie beide eine gemeinsame Grundlage haben, die stark und liebevoll genug ist, um darauf aufzubauen.

Aaliyah war 25, ihr Ehemann Jonathan 40. Sie hatten sich vorübergehend getrennt, als Aaliyah sich Hals über Kopf in einen Arbeitskollegen verliebte. Sie wurde von ihrem Geliebten schwanger, aber die Beziehung endete, und Aaliyah und Jonathan suchten meine Hilfe. Jonathan war schon zuvor verheiratet gewesen und hatte zwei Kinder im Teenageralter, die bei seiner ersten Frau lebten. Aaliyah hatte entschieden, ihrem ehemaligen Geliebten nichts von dem Kind zu erzählen. »Das hat nichts mit ihm zu tun. Er ist von der Bildfläche verschwunden.« Kaum hatten sie meine Praxisräume betreten, da stritten sie auch schon: Was sollten sie dem Kind sagen, sobald es alt genug war, um es zu begreifen? Sollten sie das Kind unterstützen, wenn es seinen biologischen Vater suchen wollte? Wenn das Baby ein Mädchen war, wer sollte sie an ihrem Hochzeitstag zum Altar führen?

Ich musste ihnen in Erinnerung rufen, dass Aaliyah erst im dritten Monat schwanger war. Stattdessen richtete ich ihre Aufmerksamkeit auf die anstehenden Sorgen: Wem sollten sie es erzählen? Wie würde Jonathan sich fühlen, wenn ihm Angehörige und Kollegen zur Vaterschaft gratulierten, wo er doch wusste, dass er nicht der Vater war? Wollten sie, dass irgendjemand die Wahrheit erfuhr? Die beiden sprachen darüber, und in der Folgewoche kehrten sie mit der Entscheidung zurück, ihr Umfeld in zwei Kategorien aufzuteilen: »Wir werden unseren Familien die Wahrheit sagen, aber ich komme nicht damit zurecht, all das jemandem zu erklären, den ich kaum kenne und den ich nur mal im Supermarkt getroffen habe«, erklärte Aaliyah. »Wir teilen unsere Bekannten in Kategorie A und Kategorie B auf«, scherzte Jonathan. Doch aus dieser Entscheidung ergab sich eine weitere Konsequenz. »Ich finde, es ist nur fair, wenn das Kind die Wahrheit erfährt«, sagte Aaliyah. »Wir haben mit einer Freundin gesprochen, die als Sozialarbeiterin Adoptionen arrangiert, und sie hat uns gesagt, wie wir das Ganze angehen sollten.«

Ich war beeindruckt, wie gut sie mit ihren Problemen umgingen, und obwohl ich sie immer wieder zum Hier und Jetzt zurückführen musste, machten sie ausgezeichnete Fortschritte. Als die unmittelbaren Probleme rund um das Baby gelöst waren, konzentrierten wir uns auf ihre Beziehung. Warum war

Aaliyah so unglücklich und anfällig gegenüber der Versuchung gewesen? Warum war es ihnen so schwergefallen, angemessen zu kommunizieren? Es waren dieselben Fragen, die sich jedes Paar nach einer Affäre stellen muss. Jonathan und Aaliyah beschlossen, dass sie einander liebten und versuchen wollten, ihre Ehe zu retten.

Im Lauf der Schwangerschaft kommt der Moment, in dem es unmöglich ist, die Beratung fortzusetzen. Die Kombination aus heftigen Emotionen, Hormonen und Erschöpfung macht die Therapie nicht nur unproduktiv, sondern laugt auch alle Beteiligten aus. Wie auch immer die Schwangerschaft zustande gekommen sein mag, ich arbeite darauf zu, die Beratung im siebten Monat zu unterbrechen. Also legten Jonathan und Aaliyah eine Pause ein und kamen erst nach der Geburt wieder. Wie erwartet, war die Situation bei ihrer Rückkehr eine völlig andere. Jonathans Ängste hatten sich als grundlos erwiesen, und er hatte zu dem neugeborenen Jungen eine enge Verbindung: »Ich hatte all diese komplizierten Gefühle erwartet. Intellektuell wusste ich, dass das Baby nichts dafürkonnte, aber ich glaubte, es würde eine ständige Erinnerung an eine schwierige Zeit in meinem Leben sein. Doch all das war vergessen, als ich ihn sah, ihn im Arm hielt und er Teil meines Lebens wurde. Ich fühlte mich wie sein Vater.«

Stattdessen hatte Aaliyah Probleme: »Verstehen Sie mich nicht falsch, ich liebe meinen Sohn, aber erst nach seiner Geburt wurde mir das wahre Ausmaß meiner Handlungen bewusst.« Es dauerte einige Wochen, aber sobald sowohl Aaliyah als auch Jonathan ihre Gefühle umfassend zum Ausdruck gebracht hatten, waren sie bereit für die Phase des intensiven

Lernens. Wir stellten fest, dass der Altersunterschied ihre Beziehung ungleich hatte werden lassen. Also suchte Aaliyah konstruktive Wege, um sich selbst zu behaupten – anstatt in die teenagerhafte Rebellion eines Seitensprungs zu flüchten –, und am Ende der Paarberatung führten sie eine stärkere Beziehung als zuvor.

In mancherlei Hinsicht hatten Aaliyah und Jonathan Glück. Der biologische Vater spielte keine Rolle mehr. Aber was ist, wenn die dritte Person die Mutter des Kindes ist? So war es bei Vanessa und George, die wir schon im sechsten Kapitel getroffen haben. Seine Geliebte wurde gegen Ende der Affäre schwanger, und obwohl George seine Ehe retten wollte, fühlte er sich seinem ungeborenen Kind gegenüber verpflichtet und wollte ein Teil seines Lebens werden.

Vanessa stellte fest, dass sie sich vor der Geburt völlig anders fühlte als danach: »Ich hatte mitfühlend sein wollen. Ich dachte, es würde mir nichts ausmachen, wenn George sein Kind trifft – obwohl es mir alles andere als angenehm war. Aber die Wirklichkeit sieht ganz anders aus – es fällt mir sehr, sehr viel schwerer, großherzig zu sein. Mein Magen verknotet sich bei der Vorstellung, dass er mit ihr spricht, dass sie E-Mails austauschen und immer noch Kontakt haben.« Sie wusste, dass George seine Ehe retten wollte, zweifelte aber an den Motiven der anderen Frau.

In der Eheberatung wandten wir viel Zeit dafür auf, über die Gestaltung der Besuche zu sprechen. George musste lernen, seine Arrangements stets offenzulegen, insbesondere wenn sich die Umstände in letzter Sekunde änderten – was bei einem Neugeborenen ja oft der Fall ist. Vanessa musste lernen, ihre pessimistischen Gedanken zu hinterfragen. Beispielsweise: »Ich werde niemals lernen, damit zurechtzukommen.« Welche Beweise gab es für »niemals«? Vanessa korrigierte: »Also gut, ich komme im Moment nicht damit zurecht.« Auch danach fühlte Vanessa sich noch niedergeschlagen, aber sie hatte dieses Gefühl auf eine Größe zurechtgeschnitten, mit der sie umgehen konnte. Sie musste außerdem mehr reden und weniger fühlen, damit George ihre Gefühle verstehen konnte, aber sich nicht davon erschlagen fühlte, wenn er von einem Besuch bei seiner neugeborenen Tochter zurückkehrte.

Wenn das auch Ihr Problem ist, sollten Sie einige grundlegende Richtlinien beachten:

- Arbeiten Sie daran, alle verbliebenen Geheimnisse zu lüften. (Denn die verbinden den Überführten mit der dritten Person.)
- Der Überführte sollte nicht das Haus seines früheren Affärenpartners aufsuchen. Direkte Kontakte sollten sich am besten auf öffentliche Orte beschränken.
- Der Entdecker wird sich machtlos fühlen und wie ein fünftes Rad am Wagen. Darum sollte der Überführte seinen Partner freiwillig mit Informationen versorgen, so schmerzlich oder scheinbar unwichtig sie auch erscheinen mögen. Der Überführende sollte seinem Partner dafür danken und versuchen, seine Gefühle erst zu verarbeiten, bevor er über die Situation spricht. Das hält ihn davon ab, etwas zu sagen, was er später bereut, und sein Partner wird Offenheit dann nicht automatisch mit Schmerz gleichsetzen.
- Es gibt langfristig für das Verhältnis eines Vaters mit dem

Kind aus seiner Affäre nur zwei Optionen. Entweder erfüllt er ihm gegenüber nur seine grundlegenden finanziellen und rechtlichen Pflichten. Oder er holt seine Ehefrau mit ins Boot und integriert das Kind in seine Familie – als sei es ein Kind aus einer früheren Ehe. Sollte das Kind allerdings nicht in die Ehe integriert werden, ist es nicht angemessen für den Überführten und die dritte Person, das gemeinsame Sorgerecht zu haben.

Der letzte Punkt fiel George schwer. Als Vanessa sich endlich stark genug fühlte, um Georges Tochter zu treffen, weigerte sich die dritte Person rundheraus. Ich hatte eine Sitzung allein mit George, in der er über seine Schuldgefühle sprach.

»Meine Geliebte und ich hatten darüber gesprochen, zusammen durchzubrennen und gemeinsam ein neues Leben anzufangen, darum hatte ich später immer das Gefühl, sie enttäuscht zu haben.« Bedeutete das, dass er auf ewig in ihrer Schuld stand? »Sie ist ganz allein auf sich gestellt, darum finde ich, dass ich vorsichtig vorgehen muss.« Schlimmer noch, er hatte ein Band zu seiner Tochter geknüpft und fürchtete, wenn er den Unmut ihrer Mutter erregte, dürfe er sie womöglich nicht mehr sehen.

In vielerlei Hinsicht befand er sich noch mitten im Affärendreieck – er versuchte, beide Frauen glücklich zu machen. Ich fragte ihn: »Was glauben Sie, wie sich Vanessa fühlt, wenn Sie das Verhalten Ihrer ehemaligen Geliebten verteidigen?« Zerknirscht räumte er ein: »Als ob ich sie immer noch an die erste Stelle setze und Vanessa erst an die zweite.« Letzten Endes musste er eine Entscheidung fällen, und wenn er seine Ehe retten wollte, musste er seiner ehemaligen Geliebten mitteilen, dass auch Vanessa eine Rolle im Leben des Kindes zu spielen hatte.

Die Gefahren einer »trockenen« Affäre

Bei Alkoholkranken spricht man von »trockenen Alkoholikern«. Das sind Menschen, die keinen Alkohol mehr trinken, aber immer noch das umwölkte Denken und zerstörerische Verhalten eines Alkoholikers an den Tag legen. Eine »trockene Affäre« liegt folglich vor, wenn jemand zwar keinen intensiven Kontakt mehr zu der dritten Person pflegt, aber gemeinsame Freunde trifft, Stalking im Internet betreibt, Erinnerungsstücke an die Liaison hortet oder sogar versucht, »Freunde« zu bleiben. Das Denken ist immer noch umwölkt, weil jemand in einer trockenen Affäre die Wirkung seines Verhaltens auf seinen Partner herunterspielt und in seinem Herzen einen besonderen, unantastbaren Ort für den ehemaligen Geliebten einrichtet. Trockene Affären machen es schwerer, wenn nicht gar unmöglich, die Beziehung zu retten, und das Paar bleibt auf ewig im Versuch der Normalität gefangen.

Kehren wir zum Fall von Vanessa und George zurück. Er hatte legitime Gründe, mit der Mutter seiner neugeborenen Tochter zu kommunizieren. Doch hielt er wichtige Entwicklungen vor Vanessa geheim. Beispielsweise hatte er mehrere E-Mails mit seiner früheren Geliebten ausgetauscht, um einen Treuhandfonds für ihr gemeinsames Kind einzurichten, bevor er darüber mit seiner Frau sprach. »Es ist ja nicht so, dass ich gegen den Fonds wäre«, sagte Vanessa, als er es ihr schließlich erzählte, »obwohl wir darüber nachdenken müssen, welche rechtlichen Implikationen das für unsere Kinder hätte, aber ich wurde vollkommen ausgeschlossen …« Sie saß in meiner Praxis, unfähig, den Satz zu beenden. »Sie wussten, dass etwas vor sich geht, aber Sie wussten nicht, was – auf gewisse Weise ähnelte das den Gefühlen, die Sie hatten, kurz bevor Sie die Affäre entdeckten«, resümierte ich. Vanessa nickte und wandte sich an ihren Ehemann: »Was sagt ihr das? Wenn du immer noch Geheimnisse vor deiner Frau hast?«

George wusste darauf anfangs nichts zu sagen. »Vermutlich hofft sie, dass es doch noch Hoffnung gibt – die es *nicht* gibt«, fügte er rasch hinzu. Obwohl George den Begriff der »trockenen Affäre« hasste, musste er zugeben, dass man damit sein Verhalten beschreiben konnte. Er hatte den Seitensprung mit seiner Arbeitskollegin beendet, aber seine Beziehung zu ihr war alles andere als offen und transparent.

Wenn eine trockene Affäre auch in Ihrer Beziehung vorkommt, kehren Sie zum Abschnitt »Leben mit Sicherheitsvertrag« in der vierten Phase (Seite 166) zurück.

Was, wenn mein Partner das »ganze Paket«, aber nicht mich will?

In den meisten Fällen werden dem untreuen Partner nach der Aufdeckung der Affäre die Augen geöffnet – alle Rechtfertigungen lösen sich in Luft auf, und er beschließt, sich wieder ganz auf seine Beziehung zu konzentrieren. Doch es ist nicht immer ganz so einfach. Ein nicht unbeträchtlicher Teil an untreuen Partnern will zwar nicht gehen, ist sich aber auch nicht sicher, ob die Ehe fortgesetzt werden sollte. Diese Menschen wollen das »ganze Paket« – ein Heim, Kinder und Sicherheit –, aber das »Verliebtsein« in den Partner gehört für sie nicht unbedingt dazu. Wenn Sie in dieser Situation stecken, gehört Ihnen mein ganzes Mitgefühl. Es ist schrecklich, einfach nur als »Teil des Pakets« gesehen zu werden oder als »Haushälterin« beziehungsweise als »Versorger«. Wir wollen alle um unserer selbst willen geliebt werden – nicht nur als praktische Dreingabe zu einem bequemen Leben. Unter diesen Umständen brauchen viele Betroffene Sicherheit – »Wenigstens kann ich mein Leben fortsetzen« – und Hoffnung – »Ich bin noch nicht zu alt, um jemanden zu finden, der mich wirklich liebt« –, also zwingen sie ihren Partner zu einer Entscheidung. Es ist allerdings gut, wenn man die Hintergründe für die Unentschlossenheit des Partners kennt, bevor man diesbezüglich aktiv wird:

Erschöpft und unentschlossen

In Beziehungen mit großem Konfliktpotenzial, in denen unendlich oft gestritten wird, ist die Aufdeckung einer Affäre, als würde man Benzin in ein offenes Feuer schütten. Der Überführte fürchtet sich, über seine Gefühle zu sprechen, weil er Angst hat, damit eine neue Runde an Vorwürfen einzuläuten. Darum sagt er so gern: »Ich weiß nicht« – zum Teil, weil er es wirklich nicht weiß, zum Teil, weil es ihm einfach leichter scheint. Leider macht das die Situation nur noch schlimmer. Ohne ein sinnvolles Gespräch wird der Überführte immer verwirrter und erschöpfter von den ständigen Fragen seines Partners.

Es gibt einen Ausweg: Nehmen Sie eine kurze Auszeit voneinander – ein Wochenende oder eine Woche allein –, damit Sie beide Ihre Batterien neu aufladen können. Versichern Sie Ihrem Partner hinterher, dass Sie auf jeden Fall die Wahrheit hören wollen – wie schmerzlich sie auch sein mag –, dass Sie jedoch die alten Muster ändern wollen, indem Sie sich selbst 24 Stunden geben, um seine Antworten auf Ihre Fragen zu verdauen, bevor Sie darauf reagieren.

Ängstlich und unentschlossen

In Beziehungen mit niedrigem Konfliktpotenzial, in denen die Partner ihre Meinungsverschiedenheiten hinunterschlucken oder sie ignorieren, wird die Aufdeckung einer Affäre die scheinbare Beschaulichkeit des Alltagslebens sprengen. Doch sobald das erste Drama vorbei ist, fällt man leicht in alte Gewohnheiten zurück. Der Überführte weiß tief in seinem Innern, dass längst nicht alles in Ordnung ist. Er will seinen

Partner nicht erneut verletzen, fürchtet jedoch, dass er auch in Zukunft anfällig für einen Seitensprung sein könnte.

Möglicher Ausweg: Sie sollten mein Buch *Ich liebe dich, aber bin ich noch in dich verliebt?* lesen und in dem hier vorliegenden Buch alle Übungen noch einmal durchgehen, die mit einer besseren Kommunikation zu tun haben.

Überlastet und unentschlossen

Das Leben wäre einfacher, wenn unsere Probleme immer nur jeweils einzeln auftreten würden. Leider tritt Untreue häufig in Begleitung einer Vielzahl von Schwierigkeiten auf: Todesfall, Midlife-Crisis, finanzielle Probleme, Insolvenz. Einige dieser Gründe können der Affäre zugrunde liegen, andere können im Zuge der Liaison entstehen. Wie auch immer, der Überführte fühlt sich völlig überlastet und von seinen Problemen erdrückt.

Möglicher Ausweg: Für die Betroffenen ist das Drängen auf eine Klärung besonders nervig, weil sie allzu häufig am Rand eines völligen Zusammenbruchs stehen. Also treten Sie einen Schritt zurück und geben Sie Ihrem Partner mehr Zeit, um alles zu verarbeiten.

Ob Ihr Partner nun erschöpft, ängstlich oder überlastet ist, Sie müssen sich klarmachen, dass seine alten Gefühle für Sie zurückkehren können und es möglich ist, sich wieder ineinander zu verlieben. Klammern Sie sich an diese Möglichkeit. Vielleicht will Ihr Partner im Moment nur »das Paket«, aber das ist wahrscheinlich nur eine temporäre Sackgasse. Stellen Sie klar, dass Sie sich mehr von Ihrer Beziehung wünschen (und bereit sind, dafür auch etwas zu tun), aber ziehen Sie sich sechs Monate lang zurück. In der Zwischenzeit verhalten Sie sich liebe-voll, lesen die Kapitel über Phase sechs und sieben erneut, blei-ben ruhig und machen einfach weiter. Nach Ablauf der sechs Monate ist es an der Zeit, Ihre Gefühle und die Ihres Partners einer neuerlichen Prüfung zu unterziehen und eine überlegtere Entscheidung hinsichtlich der Zukunft zu treffen.

Vom Umgang mit einem reuelosen oder Jo-Jo-Partner

Im letzten Szenario war sich der Überführte nicht klar, was er wollte, aber zumindest kam in seinen Planungen der Af-färenpartner nicht mehr vor. Am schlimmsten ist es – noch schlimmer als der Verlust des Partners –, wenn der Überführte zwischen seinem Partner und der dritten Person hin- und her-schwankt oder wenn er die Ehe aufrechterhält, aber der drit-ten Person immer noch zugetan ist (entweder emotional oder sogar körperlich).

Benjamin (41) wurde überführt, nachdem er nachlässig mit Restaurantbelegen umgegangen war. Er teilte Sophia (40) mit, dass er Zeit brauche, um die Affäre zu beenden. Sie dachte über seinen Vorschlag nach, bat ihn aber dennoch auszuziehen. Ei-nige Wochen später war er wieder da: »Ich habe die Kinder schrecklich vermisst, und die Wohnung, die ich gemietet habe, war viel zu weit weg.« Er gelobte Besserung und wollte es wie-der mit seiner Frau versuchen. Doch er nahm im Urlaub immer noch Anrufe von seiner Geliebten an und eilte ihr zu Hilfe, als ihr Wagen liegen blieb. In unseren Beratungsgesprächen erklärte er sich schließlich bereit, mit seiner Geliebten Schluss zu machen: »Ich glaube, sie weiß, dass ich wieder an meiner Ehe arbeiten will, aber ich habe ihr das noch nicht in aller Deutlichkeit gesagt, weil sie sich dann schrecklich aufregen würde.« Er brauchte noch einen weiteren Monat, um jeden Kontakt zu der Frau zu unterbinden, aber es fiel ihm schwer, wirklich loszulassen: »Wenn ich einen Schalter umlegen könnte, um meine Gefühle auszuknipsen, würde ich das tun.« Während unserer gemeinsamen Beratungszeit verließ Benjamin seine Frau drei Mal und kehrte zwei Mal wieder zurück. Die Eheberatung ist kein guter Ort für eine Entscheidungsfindung, und solange er sich nicht auf eine von den beiden Beziehungen konzentrierte, konnte man ihm auch nicht helfen. Also beendete ich die Beratung.

Sebastian (46) war 20 Jahre lang verheiratet. Vor zwei Jahren fand er heraus, dass ihn seine Frau zwei Jahre lang betrogen hatte. Die beiden stellten sich dem Problem und erklärten sich einverstanden, zum Wohl ihrer Teenager an ihrer Ehe zu arbeiten – weil »der Schock und der Schmerz für Angehörige und Freunde wirklich entsetzlich wäre«.

Ein Jahr später fand Sebastian ein geheimes Handy und konfrontierte seine Frau damit. Er schrieb in meiner Umfrage zum Thema Untreue: »Sie war seltsam ruhig und erklärte, sie hätte es schon längst entsorgen wollen. Das stimmte aber nicht, und ich habe Beweise, dass sie sich immer noch mit dem anderen Mann trifft. Es ist eine Sache, von den ersten beiden Jahren zu erfahren, aber viel schlimmer ist es zu wissen, dass sie es hinter meinen Rücken immer noch mit ihm treibt – trotz meiner guten Absichten. Manchmal bin ich hoffnungsvoll. Ein einfaches Lächeln wie in alten Tagen, ein Dankeschön oder ein

Insiderwitz am Abendbrottisch ist für mich ein echter Höhepunkt. Danach bin ich extrem müde und kann ausnahmsweise gut schlafen.« Sebastian fühlte sich in der Falle: »Niemand weiß von der Situation und vom Ausmaß des Betrugs, weil ich die Kinder nicht aufregen will. Meine Frau führt ein Doppelleben, und ich lebe in einem Albtraum. Die Frau, die ich vor so vielen Jahren traf, gibt es nicht mehr, aber unsere Ehe ist noch nicht zu Ende, und so lange kann ich mit meinem Leben nicht fortfahren. Ich finde keinen Abschluss und kann nicht um das trauern, was ich verloren habe. Positiv ist, dass sich meine Beziehung zu den Kindern meinem Empfinden nach verbessert hat, und ich habe eine Tiefe an Gefühlen erlebt, wie ich es früher nie kannte. Ich muss versuchen, mein Leben wieder ins Gleichgewicht zu bringen.«

Um mit diesem Szenario zurechtzukommen, müssen Sie die Kraft und die Dauerhaftigkeit eines Dreiecks verstehen. Wie in Phase drei bereits erwähnt, verwenden Ingenieure Dreiecke bei der Konstruktion großer Strukturen – wie Brücken –, weil sie mühelos selbst schwere Gewichte tragen, unter denen ein einfacher Träger längst eingeknickt wäre. Und darin liegt der Schlüssel zur Freiheit verborgen. Anstatt zu hoffen, zu flehen oder ein Ultimatum zu stellen, damit sich Ihr Partner ändert, müssen Sie einfach gehen. Es stimmt zwar, kurzfristig wird Ihr Partner daraufhin in die Arme der dritten Person eilen, aber wie Sie im nächsten Szenario lesen können, ist es unwahrscheinlich, dass das zu einem märchenhaften Happy End führt. Sobald das Dreieck zerbrochen ist, muss die Affärenbeziehung zum ersten Mal Druck aushalten und sich der Bewährungsprobe des Alltags unterziehen. Wichtiger noch, wenn Sie gehen, wird das

Ihren Seelenfrieden und Ihre Selbstachtung wiederherstellen. Falls Ihr Partner zurückkehren sollte, werden Sie sich nicht mit seinem Versprechen, sich mehr anzustrengen, begnügen, sondern sind stark genug, um selbst die Bedingungen festzulegen: Keinerlei Kontakt mehr mit der dritten Person, Eheberatung und was sonst noch zu Ihrer Heilung beiträgt.

Was, wenn mich mein Partner für die dritte Person verlässt?

Auf den ersten Blick scheint die Lage aussichtslos. Ihr Partner hat die »neue« Liebe seines Lebens getroffen. Die beiden sind »Seelengefährten« und marschieren Hand in Hand in den Sonnenuntergang. Doch gehen Sie nicht davon aus, dass die beiden glücklich sein werden. Als Paartherapeut weiß ich, was als Nächstes geschieht. Ein typisches Beispiel sind Rosemary, Ende 40, und Luke, Ende 30. Die letzten fünf Jahre waren eine Achterbahn. Rosemarys Ehemann hatte, nachdem die Affäre schon zwei Jahre angedauert hatte, herausgefunden, dass seine Frau ihn betrog, und sie hatte versprochen, es zu beenden. »Ich habe es wirklich versucht«, erklärte sie in meiner Praxis, »aber ich konnte Luke einfach nicht aufgeben.« Sie wollte ihm das Knie tätscheln, um ihm zu zeigen, wie wichtig ihr die Beziehung zu ihm war, aber Luke rückte von ihr ab. Seine Wut war überdeutlich. »Ich war von Rosemary förmlich besessen, ich konnte nicht schlafen, konnte nicht essen, konnte nicht mit der Vorstellung leben, dass er [ihr Ehemann] sie berührte«, erläuterte Luke.

Schließlich kam die Affäre ein zweites Mal ans Licht. »Mein Ehemann wollte unsere Ehe immer noch retten«, sagte Rosemary, »aber das war einfach nicht möglich. Doch das ist jetzt alles Schnee von gestern, und es gibt so vieles, worauf wir uns freuen können …« Ihre Stimme verlor sich, als sie den finsteren Gesichtsausdruck von Luke bemerkte. »Ich dachte, sobald die Scheidung durch sei, die sehr erbittert verlief und sich endlos hinzog, wären wir aus dem Schlimmsten heraus«, fuhr sie fort, aber Luke unterbrach sie: »Du kapierst es einfach nicht, oder?« Sein Frust und seine Verbitterung standen ihm ins Gesicht geschrieben. Was war schiefgelaufen?

Wenn eine Affäre nicht länger heimlich ist, sondern öffentlich wird, geschehen zwei Dinge. Zum einen verliert die Beziehung ihren Kitzel. Menschen sind widersprüchliche Kreaturen. Sobald wir die Erlaubnis und die Gelegenheit haben, so oft Sex zu haben, wie wir wollen, nimmt das Verlangen signifikant ab. Darüber hinaus ist verbotener Sex automatisch erregend, lustvoll und angenehm, wohingegen das Liebesspiel in einer langfristigen Beziehung gute Kommunikation, Rücksichtnahme und geübte Techniken erfordert. Da die meisten Affären auf Leidenschaft aufbauen, kann dieser Wechsel ziemlich destabilisierend ausfallen.

Der zweite Faktor ist noch wichtiger: Der Affärenpartner sehnt sich so sehr nach einer Vollzeitbeziehung, dass er seine eigenen Bedürfnisse schluckt und so gut wie alles vergibt, und das auch noch mit einem Lächeln. Das ist selbst für kurze Zeitspannen nur schwer durchzuhalten. Langfristig ist es unmöglich. Lukes Groll galt dem Urlaub, den Rosemarys Ehemann für sie zu den Malediven gebucht hatte. »Ich bin als ›Freundin‹

mitgefahren«, erklärte Rosemary, »nach allem, was ich ihm zugemutet hatte, war es das Mindeste, was ich tun konnte.« »Er wollte versuchen, dich zurückzugewinnen«, erwiderte Luke. »Ja, das hätte er versuchen können. Aber ich habe von vornherein deutlich gemacht, dass es dazu nicht kommen würde«, wehrte Rosemary ab. »Was glaubst du, wie ich mich in diesen beiden Wochen gefühlt habe?«, schoss Luke zurück. »Es war ein Fehler, das weiß ich jetzt«, räumte Rosemary ein.

Rosemary versuchte zu schlichten, aber das zog bei Luke nicht. Bald wurde klar, dass dieser Urlaub nur das extremste Beispiel dafür war, wie Rosemary ständig versuchte, beide Männer glücklich zu machen, aber letzten Endes dadurch nur beide immer mehr verärgerte. Leider war Luke so damit beschäftigt gewesen, den verständnisvollen Liebhaber zu spielen, dass Rosemary das ganze Ausmaß seines Kummers nie klar wurde. Schlimmer noch, während Luke entschlossen war, Rosemary für sich zu gewinnen, hatte er sich selbst davon überzeugt, dass er keine Kinder wollte. Nun, wo er Rosemary hatte, stellte er seine Entscheidung infrage. Es war eine sehr dunkle Version der sechsten Phase: Verzweiflung – die Leichen im Keller kommen hoch.

Ich versuchte zwei Wochen lang, sie zu beraten, aber ohne Erfolg. Während die meisten Beziehungen einen soliden Anfang haben, der als Ressource dient, wenn es einmal schwer wird, baute diese Beziehung auf Täuschung auf und hatte daher keine verlässliche Grundlage. »Ich kann ihr nicht vertrauen und nichts von dem glauben, was sie sagt«, erklärte Luke, als wir die Beratung beendeten. »Sie hat mich einfach zu oft angelogen.« Es war seltsam, zur Abwechslung einmal die dritte Person dieselben Vorwürfe aussprechen zu hören wie sonst den Partner, der eine Affäre entdeckt hat.

Die Wahrscheinlichkeit ist also groß, dass die neue Beziehung Ihres Partners scheitert, aber das heißt nicht automatisch, dass er zu Ihnen zurückkehrt. Was können Sie tun, wenn Sie – trotz allem, was geschehen ist – Ihre Beziehung immer noch retten wollen?

Unterziehen Sie die Realität einer Prüfung

Es ist wichtig, die Stärke Ihres Beziehungsfundaments zu testen. Die folgenden Fragen helfen dabei. Als Beispiel habe ich die Antworten zu einer Anfrage auf meiner Webseite sowie meine Bedenken bezüglich der Antworten eingefügt:

- Wie lange waren Sie zusammen? (Im Beispielfall: dreieinhalb Jahre.) Ich bin immer besorgt, wenn ein Paar weniger als vier Jahre zusammen ist. Das liegt daran, dass die rosarote Brille – dieses Gefühl zu schweben, wenn sich zwei Menschen verlieben – zwischen 18 Monaten und drei Jahren anhält. In dieser frühen Phase ist die gegenseitige Anziehungskraft unglaublich stark – fast wie eine chemische Reaktion. Zum Höhepunkt der Anziehung möchte das Paar jede wache Minute zusammen verbringen, und wenn das nicht möglich ist, träumt man vom anderen oder redet mit Freunden über den geliebten Menschen. Während der Phase der rosaroten Brille kann man einfach nicht glauben, dass es außer dem geliebten Menschen noch jemanden geben könnte – ganz zu schweigen davon, mit jemand anderem eine Beziehung zu haben. Sobald die rosarote Brille verblasst – und das ist unvermeidbar –, beginnt die echte Beziehungsarbeit. Leider glauben viele Menschen, sie würden den anderen nicht mehr lieben, wenn ihnen die rosarote Brille abhandenkommt, und fangen an, sich nach jemand anderem umzuschauen, mit dem sie dieses Hochgefühl wieder erleben können.

- Wie stark ist die Verbundenheit zwischen Ihnen und Ihrem Partner? (Im Beispielfall: »Wir wollten heiraten, hatten schon die Namen unserer Kinder ausgesucht und wo wir wohnen wollten …«) Leider kann Verbundenheit allein auf Ihren Überzeugung basieren, wie die Dinge sein sollten – nicht auf der wahren Realität. Paare mit der größten Chance auf eine Wiedervereinigung nach der Trennung haben Kinder und gemeinsamen Besitz.
- Welche Hindernisse stehen der Wiedervereinigung im Weg? (Im Beispielfall: »Ich vermisse seine Kameradschaft, denn er war meine einzige Familie. Meine Eltern hatten mich vor die Tür gesetzt, weil ihnen nicht gefiel, welchen religiösen Einfluss er auf mich ausübte, und so wohnen wir in verschiedenen Orten. Er ist Muslim und ich bin chinesische Christin, aber ich bin bereit zu konvertieren.«) Seien Sie ehrlich, was die Hindernisse angeht. Welche Chance besteht, sie tatsächlich zu überwinden?
- Welche Unterstützung haben Sie? (Im Beispielfall: »Ich habe nur wenige Freunde, weil er mein bester Freund ist, und es ist schrecklich einsam ohne ihn. Ich fühle mich so hilflos.«) Es ist wichtig, sich bewusst zu machen, dass Sie sich auf eine schwierige Reise begeben, die sich noch schwieriger gestaltet, wenn Sie niemanden haben, der Sie emotional, aber auch ganz praktisch unterstützt.

Denken Sie immer daran, dass zwei Menschen nötig sind, um eine Beziehung gelingen zu lassen

In vielen Beziehungen ist nur einer der Partner für all die »Wir«-Momente verantwortlich, der andere Partner kann sich auf die »Ich«-Zeit konzentrieren. Diese Aufteilung kann das Selbstvertrauen des Partners, der um die Rettung der Beziehung kämpft, ernsthaft untergraben; am Ende fühlt er sich unattraktiv und nie gut genug. Was geschieht, wenn dieser Partner aufhört, SMS-Botschaften zu schicken, anzurufen und gemeinsame Ausflüge zu planen? Entweder bricht die Beziehung auseinander – es sind immer zwei Menschen nötig, um eine Beziehung gelingen zu lassen – oder der zweite Partner füllt die Lücke auf und fängt an, selbst aktiv zu werden.

Es hat noch einen Vorteil, wenn man aufhört anzurufen – und sei es auch nur für ein paar Tage. In dieser Zeit kann man über alles gründlich nachdenken. Viele Menschen, die eine Beziehung retten wollen, setzen sich kleine Ziele: »Wenn ich ihn nur davon überzeugen könnte, mich am Mittwoch auf eine Tasse Kaffee zu treffen« oder »Wenn ich sie nur dazu bringen könnte, nicht ins Gästezimmer zu ziehen«. Sie sind so besessen davon, diese Wünsche Wirklichkeit werden zu lassen, dass sie das große Bild aus den Augen verlieren. Schlimmer noch, sie lesen in das Verhalten ihres Partners tiefe und bedeutsame Absichten hinein, wenn in Wirklichkeit eine Tasse Kaffee nichts weiter ist als eine Tasse Kaffee und im Schlafzimmer zu bleiben, nur um des lieben Friedens willen, noch lange keine Liebeserklärung darstellt. Doch wenn es keine unmittelbaren Ziele am Horizont gibt, kann der Partner, der die Beziehung retten will, sich das gesamte Verhalten des anderen ansehen –

nicht nur ausgewählte Schnappschüsse – und eine kompetentere Diagnose erstellen.

Verschließen Sie sich nicht gegenüber bestimmten Möglichkeiten

Obwohl es während einer persönlichen Krise nicht ratsam ist, kopfüber in eine neue Beziehung oder einen neuen Job zu stürzen oder ans andere Ende des Landes zu ziehen, ist es wichtig, sich neuen Erfahrungen gegenüber offen zu zeigen. Wenn also aus dem Freundeskreis der Vorschlag zu einem Wellnesswochenende, einem Wanderausflug oder einem gemeinsamen Volkshochschulkurs kommt, dann sollten Sie das Angebot annehmen. Es ist viel besser, sich unter Menschen zu begeben, als zu viel Freizeit zu haben und daheim darauf zu warten, dass Ihr Partner möglicherweise anruft. Ich würde auch »Verabredungen« annehmen, da neue Menschen mögliche neue Interessen in Ihr Leben bringen und Sie dadurch erfahren können, wie es ist, wieder Single zu sein.

Das Leben allein fortsetzen

Obwohl Untreue ungeheuer schmerzt, ist es doch möglich, sich davon zu erholen, die liebevolle Zuwendung wiederherzustellen und eine bessere Beziehung als zuvor zu führen. Doch ich bin Realist. Manche Beziehungen gehen schon so lange den Bach hinunter, dass der gute Wille der Partner erschöpft ist. Die einzige realistische Option besteht in diesem Fall darin, etwas daraus zu lernen und sein Leben allein fortzusetzen. Wenn

Sie erkennen, dass Ihr Partner ein Don Juan (oder eine Doña Juana) ist oder eine Ausstiegsaffäre hat, dann ist es häufig besser, allein zu heilen.

1. Die Beziehung beenden

Der Entschluss, die Beziehung zu beenden, fällt schwer. Noch schwerer ist es, sich an diesen Entschluss auch zu halten. Für jede schlimme Erinnerung gibt es wahrscheinlich eine gute Erinnerung. Darüber hinaus gibt es auch viel Bedauern: Was wäre, wenn wir ... (setzen Sie hier Ihr persönliches Bedauern ein) und wenn wir nur ... (hier setzen Sie bitte Ihre ganz persönliche Hoffnung ein). Die ganze Situation wird noch dadurch kompliziert, dass in der Minute, in der einer der beiden beschließt zu gehen, der andere sofort seine Verwirrung ablegt und entschlossen ist, die Beziehung zu retten. Infolgedessen wird die Debatte neu eröffnet. Doch es kommt die Zeit, wenn es einfach nur Selbstquälerei wäre, weiterhin alle Optionen zu bedenken und offen zu bleiben. Das ist besonders dann der Fall, wenn aus der zweiten Chance eine dritte, vierte oder gar fünfte Chance wurde. (Falls Sie immer noch nicht sicher sind, blättern Sie zur Übung am Ende dieses Kapitels: »Sollen wir unserer Liebe noch eine zweite Chance geben?«, Seite 370.)

Lauren und Adam waren sieben Jahre abwechselnd zusammen und getrennt. Ihre Beziehung hatte während der langsamen Auflösung von Adams Ehe als Affäre begonnen, und obwohl er sich drei Jahre zuvor hatte scheiden lassen, blieb die Beziehung von Lauren und Adam in der Vergangenheit verankert. Lauren war wütend und Adam defensiv. Schlimmer noch, sie hatten angefangen, einander zu attackieren.

»Wenn er mich nur in Ruhe lassen würde, dann könnte ich mein Leben leben«, beschwerte sich Lauren. »Das will ich ja, aber du rufst mich ständig an: ›Ich habe Probleme mit meinem Auto‹«, konterte Adam. »Und sobald ich dir geholfen habe, reden wir oder haben Sex.« Wie durch Magie war die Beziehung dann wiederhergestellt. Doch es hatte sich ja nichts Grundlegendes geändert. Einige Wochen oder auch schon einige Stunden später kamen dieselben alten Streitigkeiten hoch, und sie gerieten wieder in denselben alten Kreislauf.

Letzten Endes konnte ich ihnen verstehen helfen, wie zerstörerisch ihre Beziehung geworden war, und sie zu einem wahren Ende finden lassen. Sie fühlten sich beide unendlich erleichtert. »Mir war gar nicht klar, unter wie viel Stress ich gestanden hatte«, sagte Lauren. »Wir wissen jetzt beide, wo wir stehen, und das macht es viel leichter«, fügte Adam hinzu.

2. Höflich bleiben

Jedes Paar, das sich trennt, verspricht sich am Anfang, »Freunde zu bleiben«. Doch das erfordert enormes Fingerspitzengefühl in immens schlimmen Zeiten. Wie gelingt es, diese Hürde zu nehmen? Meine goldene Regel für jede funktionierende Beziehung wird noch wichtiger, wenn ein Paar sich in aller Freundschaft trennen will: *Behandeln Sie Ihren Partner, wie Sie selbst behandelt werden wollen.* Wenn Sie sich rücksichtsvoll verhalten, wird höchstwahrscheinlich auch Ihr Partner rücksichtsvoll sein. Wenn Sie versuchen, ihn zu bestrafen, sich zu rächen oder den Märtyrer zu spielen, ist es so gut wie sicher, dass Ihr Partner auf ebenfalls nicht hilfreiche Weise darauf reagieren wird. Die Spirale aus Angriff und Gegenangriff führt dazu, dass die Trennung rasch von höflich und zivilisiert zu verbittert und vergiftet abdriftet.

Wie können Sie diesen Fallstrick vermeiden? Sie müssen verstehen, dass die Entscheidung, sich zu trennen, Ihre Perspektive drastisch verändern wird, also bereiten Sie sich darauf vor, das zu kompensieren. Martha und Clive, beide Mitte 30 mit einem Kleinkind, kamen zur Paarberatung, um ihre Beziehung entweder zu retten oder zu beenden. In den ersten Sitzungen, als wir versuchten, eine gemeinsame Zukunft für die beiden auszumachen, zeigte sich Clive sehr unentschlossen und sagte ständig »Ich weiß nicht« oder »Ich bin verwirrt«. Obwohl Martha das sehr mitnahm, riss sie sich immer zusammen. Nach einem besonders schmerzlichen Wochenende, als das Paar sich weiter voneinander entfernt zu haben schien als je zuvor, kamen sie mit einer Entscheidung in unsere Beratungssitzung. Martha erklärte: »Wir wollen uns als Freunde trennen, und da wir noch Freunde sind, scheint jetzt der beste Zeitpunkt dafür.« Clive gab ihr recht: »Sonst fangen wir noch an, uns zu hassen, und das ist nicht gut für unsere Tochter.« Also gingen wir zur nächsten Phase über und sprachen über all die Punkte, die durch die Trennung aufgeworfen wurden. Plötzlich veränderte sich Marthas Reaktion von Grund auf. Sie war nicht mehr mitgenommen, sondern verbittert. Anstatt sich wie Freunde zu verhalten, warfen sich die beiden Beleidigungen an den Kopf. Innerhalb einer einzigen Sitzung verwandelten sie sich zu meiner großen Überraschung von Freunden zu Feinden. Was war geschehen?

Jede Beziehung hat eine Schutzschicht – selbst in einer Krise. Im Allgemeinen hofft jeder Partner das Beste und interpretiert das Verhalten des anderen in relativ positivem oder wenigstens neutralem Licht. Sobald ein Paar jedoch beschließt, sich zu trennen, fürchtet jeder Partner, der andere würde rachsüchtig oder nachtragend werden, und findet rasch Beweise, die seine negativen Erwartungen bestätigen. Sobald Martha ihre rosarote Brille durch ein negatives Vergrößerungsglas ersetzt hatte, wurde aus einem Kommentar wie: »Ich weiß nicht«, der vor der Trennung als: »Er könnte wollen, dass wir zusammenbleiben« interpretiert wurde, nach der Trennung ein: »Er kann mir nicht einmal eine geradlinige Antwort geben«. Aus dem: »Ich bin verwirrt« wurde mit dieser Einstellung etwas vollkommen Negatives: »Er verbirgt etwas vor mir.« Kein Wunder, dass sich ihre Beziehung so rasch verschlechterte.

3. Den Verlust betrauern

Das Ende einer Beziehung ähnelt einem Todesfall. Selbst wenn es etwas zu feiern gibt – wenn Sie beispielsweise endlich einen Partner los sind, der respektlos und beleidigend war oder Ihr Selbstvertrauen untergrub –, gibt es dennoch verlorene Träume und zerschlagene Hoffnungen. Diese müssen anerkannt und betrauert werden. Doch in unserer Kultur kann man Verlust und Enttäuschung nur schwer zum Ausdruck bringen, und wenn wir leiden, besteht der natürliche Wunsch, so schnell wie möglich weiterzumachen. Leider verschlimmert das die Lage nur. Anstatt den Schmerz mit Alkohol, Shoppingtouren oder rezeptpflichtigen Medikamenten zu benebeln, sollten Sie sich die Zeit nehmen, um zu verstehen, was schiefgelaufen ist, und um sich von dem Verlust zu erholen. (Lesen Sie noch einmal die Übung »Den Verlust betrauern«, Seite 283.)

4. Wieder zu sich finden

Zu Beginn einer Beziehung verwandelte sich das Paar aus zwei getrennten Individuen in ein Team. Dafür haben die beiden ihre Talente vereint, und der eine Partner hat beispielsweise gekocht, während der andere die anfallenden Reparaturen im Haus erledigte. Der eine hat sich Problemen rational genähert, der andere auf der emotionalen Ebene. Bei diesem Teamaufbau haben wir unserem Partner besondere Talente zugeschrieben: Du kannst gut mit Geld umgehen oder du kannst wunderbar die Streitigkeiten unter den Kindern schlichten. Häufig vergessen wir darüber jedoch mehr oder weniger absichtlich eine wichtige Fertigkeit – nämlich dem Partner das Gefühl zu geben, dass er begehrt wird und dass er etwas Besonderes ist – oder verlieren sie aufgrund von Vernachlässigung.

Erstellen Sie also eine Liste aller Aufgaben, die in der Verantwortung Ihres Expartners lagen, sowie eine Liste mit all Ihren Aufgaben. Sehen Sie sich zuerst Ihre Liste an und rufen Sie sich dabei in Erinnerung, dass Sie ein erfinderischer, talentierter Mensch sind. Dann sehen Sie sich die Liste Ihres Partners an. Was haben Sie getan, bevor Sie ihn trafen? Welche Fertigkeiten können Sie neu entdecken? Sollte es auf Ihrer Liste wirklich Lücken geben – beispielsweise Autoreparaturen –, dann fragen Sie sich, wo Sie jemanden finden, der das für Sie übernehmen kann, gegen Geld oder als Gefallen.

5. Experimentieren

Es ist natürlich traurig, eine Beziehung zu beenden, andererseits birgt es die Möglichkeit neuer Abenteuer in sich. Anstatt wegen der leeren Stellen in Ihrem Terminkalender deprimiert zu sein – die Sie früher als Paar füllten –, sollten Sie Ausschau nach neuen Dingen halten, die Sie unternehmen könnten. Fragen Sie sich: Welchen Interessen bin ich nie nachgegangen, weil sich mein Expartner ausgeschlossen gefühlt hätte oder einfach aus Zeitmangel?

Tiffany (49) hatte immer ihre Liebe zum Gesang pflegen wollen. »Die ehrgeizige Karriere meines Mannes hatte zur Folge, dass die freie Zeit, die wir als Paar verbringen konnten, nicht nur beschränkt, sondern auch nicht planbar war, darum fiel es mir schwer, Aktivitäten nachzugehen, die regelmäßige Anwesenheit erforderten. Das änderte sich alles, als wir uns trennten. Meine Zeit gehörte wieder mir. Unser ältester Sohn studierte, und unsere Tochter hatte ihren Führerschein gemacht, darum schloss ich mich einem Chor an. Mir gefiel nicht nur das Singen, ich fand auch den gesellschaftlichen Aspekt schön.« Vereine und gesellschaftliche Aktivitäten sind gute Orte, um Menschen kennenzulernen. Außerdem sind sie nicht paarorientiert und bieten so eine gute Gelegenheit, in Gesellschaft wieder solo unterwegs zu sein.

Und wie ist es, mit einer neuen Beziehung zu experimentieren? Obwohl es dem Selbstvertrauen zugutekommt, ist es unklug, sich sofort auf eine neue Beziehung einzulassen. Man riskiert nicht nur, Altlasten in die neue Beziehung hineinzutragen, man durchläuft auch eine Phase großer Veränderung und lernt mehr über sich selbst. Was im Moment richtig erscheint, kommt einem in sechs Monaten möglicherweise gar nicht mehr so perfekt vor. Doch ein paar lockere Verabredungen und eine Mini-Beziehung – bei der es ausschließlich um das gemeinsamen Vergnügen geht – können durchaus eine gute Möglichkeit sein, um herauszufinden, was für Sie funktioniert und was nicht. Weitere Ratschläge finden Sie in meinem Buch *The Single Trap: The Two-Step Guide to Escaping It and Finding Lasting Love.*

Ein positives Ende

Wenn Ihre Beziehung irreparabel zerbrochen ist, scheint es unmöglich, dass aus dieser Erfahrung etwas Gutes entstehen kann. Doch das folgende Fallbeispiel zeigt, wie Schmerz das Sprungbrett in eine bessere Zukunft werden kann.

Rosalie entdeckte nach einem Jahr des gemeinsamen Ausgehens, dass ihr künftiger Ehemann ihr untreu geworden war. »Ich war am Boden zerstört und stellte ihn zur Rede. Anschließend flog ich nach Holland zu meinem Vater und meinem Bruder. Er fuhr zu meiner Mutter, und obwohl er sie nie zuvor getroffen hatte, flehte er sie an, ihm zu sagen, wo ich war. Daraufhin flog er ebenfalls nach Holland und fand mich. Er klopfte an die Tür, ich öffnete und war geschockt, ihn zu sehen. Er sagte mir zum ersten Mal, dass er mich liebte, und auch alles andere, was ich immer hatte hören wollen. Ich war ungeheuer geschmeichelt, dass mich jemand so sehr ›liebte‹, um so etwas für mich zu tun.«

Sie zogen zusammen und heirateten vier Jahre später. »Nach 17 gemeinsamen Jahren konnte ich an ihm ablesen, wann er log. Sein Gesicht veränderte sich dann leicht, und auch seine Körpersprache wurde anders. Er war Studiomusiker und reiste mit verschiedenen Bands um die ganze Welt. Wenn er nach

Hause kam, durchsuchte ich seine Brieftasche nach Telefonnummern, Quittungen oder Hinweisen, dass er Geld für andere Frauen ausgegeben hatte, und jedes Mal wurde ich fündig. Eines Tages erhielt ich ein großes Paket vom Management des Popstars, mit dem er auf Tour gewesen war. Es war voll von Liebesbriefen, Hunderte davon, und jeder Brief erzählte von einem Verhältnis mit ihm. Einige Frauen flehten ihn an, mich zu verlassen und zu ihnen zu kommen, andere beschrieben in aller Deutlichkeit den Sex, den sie miteinander hatten. Eine Frau schickte sogar Geschenke für unsere kleinen Kinder. Manchmal bekam ich anonyme Briefe und Anrufe. Dann wieder verriet mir ein Freund am Telefon, was mein Mann gerade trieb. Mein Bruder sah ihn mit einer anderen Frau, die meinen Sohn im Kinderwagen schob – ich war zu der Zeit bei der Arbeit. Jedes Mal vergab ich meinem Mann, aber mein Schmerz ließ sich nicht mehr in Worte fassen, und es hätte mich beinahe zerstört.«

Rosalie und ihr Mann entwickelten eine feste Routine. »Wann immer ich seine neueste Affäre herausfand, sorgte ich für einen Aufstand, indem ich zu ihr ging. Deckte ich den Betrug auf, nachdem er schon geschehen war, brüllte ich ihn an, und er zeigte sich zutiefst beschämt und flehte mich an, ihm zu vergeben. Ich zeigte ihm einige Tage lang die kalte Schulter, und er kaufte mir Schmuck oder fuhr mit mir übers Wochenende weg. Dann vergab ich ihm und war glücklich darüber, dass wir immer noch zusammen waren.« Es dauerte lange, bis die Ehe am Ende war. »Ich konnte ihm nicht mehr vergeben, aber ich wollte, dass ein Wunder mich von einer Scheidung abhielt. Ich fühlte mich diesem Mann verbunden, aber er tat alles in seiner Macht Stehende, um meine Selbstachtung zu zerstören. Schließlich war ich am Ende meiner Kraft, hatte nichts mehr zu geben, und ich wollte meine Kinder nicht unter meiner Schwäche leiden lassen. Sie halfen mir gewissermaßen, die Entscheidung zu treffen, während sie in ihren Betten schliefen – sie waren fünf und neun. Nachdem er ausgezogen war, hatte ich Zeit, um darüber nachzudenken, was ich wirklich wollte. Es gab Augenblicke, in denen ich unserer Ehe noch eine weitere Chance gegeben hätte. Doch ich hatte einen Anruf von einem Freund erhalten: Die Frau meines Bruders hatte ihn verlassen und war mit meinem Mann zusammengezogen! Das war der letzte Nagel im Sarg meiner Ehe. Hatte die Affäre direkt vor meine Nase begonnen? Es war mir egal, und ich war auf seltsame Weise erleichtert: Es war vorbei.«

Allerdings hatte Rosalies Geschichte ein Happy End. »Drei Monate, nachdem er weg war, ging ich wieder zur Schule. Ich schloss mit ausgezeichneten Noten ab und studierte – als Erste in meiner Familie. Heute bin ich 48 und leite eine Abteilung einer internationalen Firma. Nicht schlecht für jemanden, dem es so sehr an Selbstvertrauen mangelte, dass er sogar Beruhigungstabletten brauchte, um das Haus zu verlassen.«

Ich habe noch eine letzte Information, damit Sie sich etwas optimistischer fühlen: Obwohl Ihnen die Last im Moment fast zu schwer vorkommen mag, fällt es Geschiedenen im Allgemeinen leichter, Liebe zu finden, als jemandem, der nie in einer langjährigen Beziehung war. Sie hatten ja auch glückliche Jahre mit Ihrem Partner und haben wichtige Beziehungsfertigkeiten gelernt. Mit etwas Zeit und Arbeit *werden* Sie wieder fähig sein zu lieben.

Für den Überführten: Ablenkungen, Entgleisungen und Sackgassen

Wenn Sie nicht fähig waren, Ihren Affärenpartner aufzugeben, oder den Kontakt hinter dem Rücken Ihres Partners aufrechterhielten, wird sich der Heilungsprozess verlangsamen beziehungsweise völlig zum Stehen kommen. Wenn Ihnen Ihr Fehler bewusst wurde und Sie es erneut versuchen wollen, dann müssen Sie sich in die Lage Ihres Partners versetzen und das ganze Ausmaß Ihres Betrugs verstehen.

Wenn Sie immer noch eine »trockene Affäre« haben – ein Begriff der Anonymen Alkoholiker, um jemanden zu beschreiben, der zwar trocken ist, aber immer noch zerstörerisch lebt –, dann ist es Ihnen wichtig, Ihre alten Gefühle auch weiterhin zu füttern, indem Sie mit Ihrer oder Ihrem Ex »Freunde« bleiben. Die meisten trockenen Affären entstehen im Arbeitsumfeld, in dem es immer noch beruflichen, wenn auch keinen bedeutsamen Kontakt gibt. Um einen Spruch der Anonymen Alkoholiker zu verwenden: Wenn Sie Gefahr laufen, wieder abzurutschen, meiden Sie rutschige Stellen. Finden Sie heraus, wie Sie möglichst wenig Interaktionen mit der oder dem Ex haben können, und füllen Sie die Lücke in Ihrem Leben mit neuen Hobbys, mit Sport, Weiterbildung und indem Sie neue Brücken zu Ihrem Partner und Ihrer Familie bauen.

Es braucht Zeit, Ihren Partner wieder für sich zu gewinnen und die Chance zu verdienen, es erneut zusammmen zu versuchen. Erwarten Sie nicht zu viel zu schnell.

Überlegen Sie sich, welche Veränderungen Sie durchführen müssen, damit Ihre Beziehungen dieses Mal funktioniert. Nehmen Sie sich fest vor, diese Veränderungen umzusetzen und sie längere Zeit aufrechtzuerhalten – auch wenn Ihr Partner bezüglich einer gemeinsamen Zukunft noch unsicher ist.

Hören Sie sich den Schmerz Ihres Partners an, ohne zu unterbrechen, Erklärungen zu liefern, um Nachsicht zu bitten oder künftige Treue zu geloben. Stellen Sie Fragen, damit Sie den Schmerz Ihres Partners auch korrekt verstehen, und erkennen Sie hinterher das Ausmaß des Schmerzes an, den Sie verursacht haben.

Wenn Sie den Willen zur Veränderung, die Fähigkeit, aufrichtig zuzuhören, und die nötige Geduld aufbringen, ist es möglich, in die Phase der Hoffnung zurückzukehren und die Reise von der Aufdeckung bis zum Neuanfang abzuschließen.

Neue Fertigkeiten: Abschluss oder Transzendenz

Als ich in den 1980er-Jahren mit meiner Paarberatung anfing, sprachen meine Klienten nie von »Abschluss«. Doch im Lauf der Jahre stieß ich immer öfter auf diesen Begriff. Was hatte diese Veränderung herbeigeführt? Vielleicht hegen wir die Hoffnung, dass, wenn wir genau verstehen, was passiert ist und warum, oder wenn wir uns zu einer theatralischen Geste hinreißen lassen (beispielsweise die dritte Person zur Rede zu stellen oder die Kleidung unseres Partners zu verbrennen), wir damit die Vergangenheit zu einem Bündel schnüren und ihr die Macht nehmen könnten, uns zu verletzen. Meine Sorge ist, dass viele Menschen, die einen »Abschluss« suchen, nur einen raschen Ausweg aus ihrem Schmerz finden wollen. Am liebsten würden sie nur die oberflächlichen Lektionen lernen (häufiger über ihren Partner als über sich selbst) und die Trauerphase völlig überspringen. Ich frage mich sogar, ob ein »Abschluss« überhaupt möglich ist. Für zwei Menschen, die viele gemeinsame Erfahrungen zusammen gemacht und vielleicht auch Kinder haben, ist es meiner Meinung nach völlig falsch, ihre gemeinsame Geschichte zu leugnen. Das Ziel sollte doch vielmehr darin liegen, die Vergangenheit in eine veränderte Zukunft zu integrieren.

Was ist mit »Abschluss« und Untreue? Abschluss scheint auf eine leere Schiefertafel, auf einen Neuanfang hinzudeuten und klingt daher sehr verführerisch. Aber obwohl es möglich und wünschenswert ist, Ihrem Partner zu vergeben – sollten Sie das Geschehene auch vergessen? Eher nicht. Vergessen heißt, dass wir weitermachen, ohne etwas gelernt zu haben oder unseren Partner zur Verantwortung zu ziehen, wenn er erneut untreu wird. Letzen Endes sollte das Ziel in der Transzendenz bestehen. Dieser Begriff hat einen religiösen Hintergrund und bedeutet »über etwas hinausgehen« oder »sich über etwas erheben«.

Wenn Sie der dritten Person über den Weg laufen können und, anstatt wütend zu werden, sich weitgehend gleichgültig fühlen oder zumindest nicht besessen davon sind, mit wem sie zusammen ist oder was sie trägt oder tut, sondern allenfalls milde interessiert, dann ist das der Beweis, dass Sie wahrhaft darüber hinweg sind. Der Schmerz mag noch vorhanden sein, aber Sie haben sich über ihn erhoben. Endlich haben Sie Transzendenz erreicht, und meine Arbeit ist erledigt.

Zusammenfassung

- Die meisten Paare erleiden von Zeit zu Zeit auf der Reise zum Neuanfang Rückfälle, aber manche Themen – etwa Kinder, die sich in den Streit der Eltern mischen und Partei beziehen – können darüber hinaus zu echten Entgleisungen führen.

- Je länger ein Paar nach der Aufdeckung wartet, bis es die Arbeit an der Beziehung aufnimmt, desto schwerer wird die Heilung.

- Wenn Ihr Partner den Kontakt zu der dritten Person beendet hat, aber immer noch nicht wieder ganz an Ihre Beziehung glaubt, dann ist das ein Hindernis, aber kein Hemmnis für die Heilung.

- Wenn Ihr Partner wie ein Jo-Jo zwischen Ihnen und der dritten Person hin- und herwechselt, dann denken Sie daran, dass drei Personen nötig sind, um ein Dreieck zu bilden – und Sie müssen keine davon sein!

- Selbst wenn Ihr Partner geht, muss Sie das nicht davon abhalten, Heilung zu finden. Die sieben Phasen haben immer noch Geltung, aber die letzte Phase konzentriert sich dann darauf, mehr über sich selbst zu lernen, was Sie in Zukunft brauchen und wie Sie allein heilen können.

Übungen

Sollen wir unserer Liebe noch eine zweite Chance geben?

Wenn Ihr Partner sich aus dem Staub machte, als die Leichen an die Oberfläche trieben, oder wenn er mit der dritten Person verschwand, bevor Sie die Chance hatten, an der Beziehung zu arbeiten, ist es schwer, wieder genug Vertrauen zu fassen, um einen neuen Versuch zu wagen. Wie sollten Sie auf die Bitte um eine zweite Chance reagieren?

- Nehmen Sie sich Zeit zum Nachdenken. Sie müssen nicht auf der Stelle reagieren.

- Stellen Sie sich vor, wie es sein könnte. Fangen Sie damit an, wie Sie sich fühlen würden, wenn Ihr Partner zurückkäme. Stellen Sie sich die Szene in allen Einzelheiten vor. Schneller Vorlauf: Wie wird es in einer Woche sein? In einem Monat? In einem Jahr? Versuchen Sie, sich für jeden Fall das Szenario so genau wie möglich vorzustellen. (Ich würde mir Sorgen machen, wenn Ihre Bilder voller Konflikte und alter Probleme sind. Ich würde mir gleichermaßen Sorgen machen, wenn es Ihnen unmöglich ist, so weit in die Zukunft zu denken.)

- Was wäre dieses Mal anders? Was hat sich verändert, sodass Sie beide die Reise zum Neuanfang vollenden können? Das Fehlen der dritten Person allein reicht nicht aus.

- Was ist Ihnen wirklich wichtig? Jeder hat irgendetwas Grundlegendes, bei dem er auf gar keinen Fall einen Kompromiss eingehen kann. Ich hatte einmal eine Klientin, die darauf bestand, dass ihr Ehemann in das gemeinsame Schlafzimmer zurückkehren sollte und nicht ins Gästezimmer. Ich würde eher eine »Sicherheit geht vor«-Strategie fahren. Überlegen Sie sich, was Sie unbedingt brauchen. Behalten Sie das nicht für sich, reden Sie mit Ihrem Partner darüber und stellen Sie fest, was für ihn von unverrückbarer Bedeutung ist.

- Wie sehen die Negativseiten aus? Es gibt mehrere wichtige Gegenindikationen, an die es zu denken gilt. Ist Ihr Partner dominant, kontrollierend oder manipulierend? Können Sie offen und ehrlich reden? Hat Ihr Partner ein ernsthaftes Alkohol-, Drogen- oder Spielerproblem? Wollen Sie nur wieder mit ihm zusammenkommen, weil der Sex so leidenschaftlich war? Es kommt unglaublich oft vor, dass getrennt lebende oder gar geschiedene Paare heiße Stunden im Schlafzimmer verbringen (als Teil des Abschiednehmens anstatt des Aufbaus einer gemeinsamen Zukunft). Vor allem wenn Ihr Partner mit der dritten Person zusammenlebt, sich aber davonschleicht, um mit Ihnen Sex zu haben, würde ich darüber noch einmal nachdenken.

- Wenn Sie all diese Punkte durchdacht haben, ohne auf ein Hindernis gestoßen zu sein, aber immer noch voller Zweifel sind, dann sollten Sie eine Paarberatung ins Auge fassen.

Wie Sie Ihr Vertrauen wieder aufbauen können

Diese Übung zielt vor allem auf jene Betroffene ab, deren Partner beim Heilungsprozess nicht kooperierte, aber sie ist grundsätzlich auch für alle anderen nützlich:

1. Bedenken Sie: Niemand ist vollkommen.
Jeder tut bisweilen Dinge, die er später bedauert. Denken Sie an einen Freund oder ein Familienmitglied: Welche guten, welche schlechten Eigenschaften hat er? Halten seine Fehler Sie davon ab, ihn zu lieben? Bringen Sie dasselbe Mitgefühl auch sich selbst gegenüber auf.

2. Seien Sie dankbar für das, was Sie haben.
Wenn etwas Kostbares aus unserem Leben zu verschwinden droht oder wir fürchten, es zu verlieren, dann scheint uns diese Sache auf einmal so begehrenswert, dass alles andere daneben verblasst. Erstellen Sie eine Liste anderer wichtiger Dinge in Ihrem Leben: Kinder, Familienmitglieder, interessanter Job usw.

3. Listen Sie Ihre Fertigkeiten auf.
Worin sind Sie gut? Welche Ihrer Eigenschaften wissen andere Menschen zu schätzen? Versuchen Sie, mindestens fünf

Punkte aufzuschreiben. Wenn es Ihnen schwerfällt, bitten Sie Freunde um Vorschläge.

4. Nehmen Sie Komplimente mit einem Lächeln an.

Weil unsere Eltern uns beibrachten, dass »Hochmut vor dem Fall« kommt, und weil auf dem Spielplatz gnadenlos mit denen umgegangen wurde, die sich hervortaten, neigen wir dazu, unsere Leistungen herunterzuspielen. Wenn jemand uns ein Kompliment zu unserer Kleidung macht, wehren wir ab: »Ach, dieses alte Stück.« Wenn ein Kollege unsere Handhabung eines komplexen Problems lobt, sagen wir: »Das war doch nichts.« Akzeptieren Sie das nächste Kompliment mit einem Lächeln und sagen Sie einfach »Danke«.

5. Halten Sie sich an Ihre Prinzipien.

Bei dem Versuch, ihre Beziehung zu retten, tun viele Leute alles, um dem Partner zu gefallen. Dabei akzeptieren sie auch Dinge, die ihren Grundwerten zuwiderlaufen, und am Schluss können sie sich selbst nicht mehr in die Augen schauen. Eine Grenze zu setzen und diese nicht zu überschreiten ist ein wichtiger Schritt bei der Wiedererlangung Ihres Selbstvertrauens.

6. Helfen Sie anderen.

Tun Sie etwas Nettes für andere, das ist der beste Weg, sich gut zu fühlen.

7. Suchen Sie sich eine neue Herausforderung.

Legen Sie das Ziel ein klein wenig außerhalb Ihrer Bequemlichkeitszone – wenn Sie es erreichen, wird das Ihr Selbstvertrauen enorm steigern.

8. *Täuschen Sie es vor.*
Bis Sie wirklich wieder voller Selbstvertrauen sind, tun Sie so, als ob – und über kurz oder lang werden Sie sich wirklich so fühlen.

Fixpunkt
Drei Schlüsselstrategien, um Ablenkungen, Entgleisungen und Sackgassen zu überleben:

1. Es wird auf dem Weg zur Heilung Rückschläge geben. Das ist normal und heißt nicht, dass Ihre Beziehung dem Untergang geweiht ist.
2. Wenn Ihre Selbstachtung am Boden liegt, weil Sie gegen alle Widerstände um eine Beziehung kämpfen, ist es besser, einen strategischen Rückzug anzutreten, als blindlings weiterzumachen.
3. Bleiben Sie stets offen und setzen Sie keine Scheuklappen auf, weil Sie nur die »perfekte« Lösung wollen.

Untreue: Die sieben Lektionen

1. Untreue ist absolut destabilisierend. Doch sobald sie aufgedeckt wurde, bietet sie die Chance, die Beziehung auf eine Weise neu zusammenzusetzen, die sie nicht nur besser, sondern letztlich auch befriedigender macht.
2. Hören Sie einander wirklich zu und lernen Sie zu verstehen, was jeden von Ihnen bewegt. Halten Sie nichts zurück, aber brüllen und schreien Sie auch nicht.
3. Treffen Sie keine übereilten Entscheidungen. Es wird Rückschläge geben, aber mit etwas Geduld kann man sie überwinden und die Beziehung wieder auf den Weg zur Heilung bringen.
4. Umgeben Sie sich in diesen dunklen Zeiten mit positiven Menschen. Sie können lernen, wieder zu vertrauen.
5. Es ist besser, die Wahrheit zu hören – gleichgültig, wie schmerzhaft –, als aus Rücksichtnahme angelogen zu werden. (Wenn der Überführte entschlossen ist, den Kontakt zu der dritten Person beizubehalten, dann lassen Sie ihn ziehen. Die Affäre wird sich höchstwahrscheinlich selbst zerstören. Das Überleben Ihrer Partnerschaft schwebt allerdings in großer Gefahr, wenn Ihr Partner versprochen hat, die Liaison zu beenden, Sie dann aber feststellen müssen, dass er immer noch untreu ist.)

6. Die Nachbeben einer Affäre bieten Ihnen sowohl die Gelegenheit als auch die Entschlossenheit und die Konzentration, Ihre Beziehung komplett zu überarbeiten.

7. Vergebung ist ein Geschenk, das Sie sich selbst machen und das Sie für ein besseres Morgen befreit.

Dank

Mein Dank für ihren Rat, ihre Hilfe und ihre Unterstützung während meiner Arbeit an diesem Buch gilt: Richard Atkinson, Natalie Hunt, Anya Rosenberg, Marian Reid, Ignacio Jarquin, Gail Louw, Jamie MacKay, Sherrell Pit-Kennedy, Chris Taylor, Vanessa Gebbie, Catherine Grace, Debby Edwards und all meinen Klienten sowie den Teilnehmern an meiner Umfrage, die zu meinen Erkenntnissen beitrugen.

Register